ZHONGGUO CHENGSHI RENKOU YU
ZHUFANG ZHENGCE XIAOYING YANJIU

中国城市人口与
住房政策效应研究

吴耀国　李双强　邓国营　著

西南财经大学出版社
Southwestern University of Finance & Economics Press

中国·成都

图书在版编目(CIP)数据

中国城市人口与住房政策效应研究/吴耀国,李双强,邓国营著.—成都:西南财经大学出版社,2021.12
ISBN 978-7-5504-4394-5

Ⅰ.①中… Ⅱ.①吴…②李…③邓… Ⅲ.①城市人口—关系—住房政策—研究—中国 Ⅳ.①C924.24

中国版本图书馆 CIP 数据核字(2020)第 078956 号

中国城市人口与住房政策效应研究
吴耀国 李双强 邓国营 著

策划编辑:李邓超
责任编辑:王琳
责任校对:冯雪
封面设计:张姗姗
责任印制:朱曼丽

出版发行	西南财经大学出版社(四川省成都市光华村街 55 号)
网 址	http://cbs.swufe.edu.cn
电子邮件	bookcj@ swufe.edu.cn
邮政编码	610074
电 话	028-87353785
照 排	四川胖翔数码印务设计有限公司
印 刷	郫县犀浦印刷厂
成品尺寸	170mm×240mm
印 张	13
字 数	297 千字
版 次	2021 年 12 月第 1 版
印 次	2021 年 12 月第 1 次印刷
书 号	ISBN 978-7-5504-4394-5
定 价	69.80 元

前言

新冠肺炎疫情的对世界各国都是一次大考。在习近平总书记的指挥、部署下，我国疫情防控取得显著成效，得到国际社会高度赞誉。与此同时，疫情对全球政治、经济、社会产生严重影响，全球主要资本市场宽幅震荡。如果说疫情对经济的第一波冲击是经济活动的暂时性、阶段性停摆，那么国际交流锐减、全球贸易保护主义抬头，世界经济发展与增长格局的重塑则可能是疫情带来的第二波，也是更为深远的影响。

疫情发生之前，我国经济社会发展已经进入新时代，虽然城市化率仍在逐年升高，但经济发展的资本效率不断下降，资本产出比逐年增加，人口抚养比不断提升，人口红利逐渐消失。据国家统计局数据，劳动适龄人口（15~64 岁）占比自 2011 年达到 74.5% 的高峰后开始逐年下降到 2018 年的 70.2%，相应地，社会抚养比自 2010 年 34.2% 的低点逐年增加到 2018 年的 42.4%。在全球经济可能面临深度衰退的背景下，中国经济如何能够保持相对稳定的发展态势，并保持适度的增长是摆在我们面前的重大研究课题。

改革开放以来，伴随着经济快速发展，我国城市化进程不断推进，国家统计局数据显示，2019 年我国常住人口城镇化率由 1978 年的 17.9% 提高到 60.1%，人力、资本与产业不断向城市聚集，推动经济高速增长，取得举世瞩目的发展成就，世界城市排行榜单上中国城市排名持续提升。从国际发展经验、国内发展实践来看，中国作为世界最大的发展中国家，跨越中等收入陷阱，实现中华民族伟大复兴的中国梦，持续推进工业化、城市化是必由之路。2018 年 12 月召开的中央经济工作会议在重点工作任务中明确指出，"要增强中心城市辐射带动力，形成高质量发展的重要助推力"。2019年政府工作报告指出，"坚持以中心城市引领城市群发展"。人口进一步聚集，中心城市作为高效生产空间所产生的规模效应和带动作用，将成为下一步助推经济高质量发展、向改革要红利的方向之一。

在具体的国情下，我国的城市化进程也出现了一些问题。大量人口在短时期内向城市快速聚集的同时，产生了规模庞大的流动人口。国家统计局数据显示，截至2018年年末，我国流动人口达2.41亿，占总人口的17.27%，平均每6个人中就有1个流动人口。大规模的人口流动所衍生的问题，如户籍问题、农村劳动力外出务工与子女分离导致的儿童留守问题等广为社会和学术界关注。此外，城市人口在较短时期内快速增加所导致的城市住房需求快速释放，住房价格过快上涨、住房价格波动较大，可能为经济发展埋下风险隐患等问题也广受关注。

城市人口规模的扩大、结构的变化是多因素交织产生的结果，把握住城市人口变化的特征和内在影响机制，就把握住了这些因素对经济和社会影响的共同作用效果（包括住房市场）。《国家人口发展规划（2016—2030年）》把"优化人口空间布局""完善人口流动政策体系"提升到全局性和战略性的高度。人口和房地产经济已经成为影响中国经济可持续增长的两大无可争议的重要因素。2016年12月召开的中央经济工作会议再次明确指出，"要落实人地挂钩政策，根据人口流动情况分配建设用地指标"，把两大因素紧紧地绑定在一起，城市的竞争逐渐演变为"引人"的竞争。

本书聚焦新时代背景下中国城市人口与住房政策效应研究，是对我们三位作者近年来相关研究的一个总结。本书共分为八章。第一章是绪论；第二章是文献综述与理论基础，介绍城市与城市人口、住房与住房市场相关理论，并对人口与住房政策相关研究进行简要综述；第三章至第八章为实证部分，分别选取了典型人口和住房市场相关政策进行实证研究，包括城市人才招引政策、购房入户政策、住房供应调节中的"90/70"政策、住房需求调节中的住房"限购"措施等，还对人口流动与住房价格的空间差异进行了理论与实证分析。

我们深感有幸生活在一个伟大的国度、伟大的时代，自改革开放以来，无论国际风云如何变幻，祖国始终行稳致远。快速发展的中国有着众多的问题等待我们去思考与研究，作为青年学者，我们也深感责任重大。由于本书作者知识结构和研究水平有限，书中的不足在所难免，欢迎大家对书中的不当之处予以批评指正。

吴耀国

2020 年 8 月

目录

第一章 绪论 / 1

一、研究背景与意义 / 1

（一）研究背景 / 1

（二）研究意义 / 5

二、核心概念辨析与界定 / 6

（一）城市与经济发展 / 6

（二）人口迁移与人口流动 / 8

（三）住房市场与住房价格 / 9

三、研究思路、内容与方法 / 16

（一）研究思路 / 16

（二）研究内容 / 16

（三）研究方法 / 18

第二章 文献综述与理论基础 / 19

一、国内外文献综述 / 19

（一）城市住房价格影响因素的相关研究 / 19

（二）城市住房政策影响的相关研究 / 22

（三）人口迁移流动的相关研究 / 36

（四）文献评述 / 40

二、相关理论基础 / 41

（一）人口迁移流动相关理论 / 41

（二）城市住房价格相关理论 / 45

第三章 人口政策效应研究：以"抢人"为例 / 49

一、引言 / 49

二、文献回顾 / 51

三、政策梳理与理论模型 / 53

（一）政策梳理 / 53

（二）理论模型 / 54

四、数据说明与模型评估 / 56

（一）数据说明 / 56

（二）面板数据政策效应评估（HCW）/ 58

（三）连续时间 DID 模型 / 60

五、人才招引政策效应评估 / 62

（一）对常住人口增长率的效应评估 / 62

（二）对户籍人口增长率的效应评估 / 64

六、研究结论及政策建议 / 66

（一）研究结论 / 66

（二）政策建议 / 68

第四章 户籍政策效应研究：以购房入户为例 / 69

一、户籍制度及其影响 / 69

（一）户籍制度的历史沿革及其背景 / 69

（二）户籍制度影响 / 71

二、问题的提出与购房入户政策 / 74

（一）问题的提出 / 74

（二）主要城市购房入户政策梳理 / 75

（三）成都购房入户政策简介与实施效果 / 76

三、实证研究策略与数据 / 78

（一）实证研究策略 / 78

（二）数据说明 / 79

四、对住房价格影响的实证研究结果 / 81

　　　　（一）RD 回归模型结果 / 81

　　　　（二）DID 模型结果 / 84

　　　　（三）不同迁出地的支付意愿差异 / 86

　　五、户口市场价值的影响因素 / 87

　　　　（一）购房者迁入地属性的影响 / 87

　　　　（二）购房者迁出地属性的影响 / 90

　　六、结论与启示 / 92

第五章　住房供应政策效应研究：以"90/70"政策为例 / 94

　　一、引言 / 94

　　　　（一）"90/70"政策及其出台背景 / 94

　　　　（二）相关文献综述 / 96

　　二、对成交量影响的实证分析 / 97

　　　　（一）数据与描述性统计 / 97

　　　　（二）初步观察 / 98

　　　　（三）干扰分析与干扰函数 / 99

　　　　（四）实证分析结果 / 101

　　　　（五）对结果的理论解释 / 103

　　三、对成交价格影响的实证分析 / 107

　　　　（一）理论分析 / 107

　　　　（二）描述性统计分析 / 108

　　　　（三）量价变化关系 / 111

　　四、结论与启示 / 111

第六章　住房需求政策效应研究：以住房限购为例 / 113

　　一、住房限购及相关研究述评 / 113

　　　　（一）住房限购措施及其出台背景 / 113

　　　　（二）住房限购措施的影响 / 116

　　二、实证研究策略与数据 / 120

　　　　（一）实证研究策略：DID 模型 / 120

　　　　（二）成都住房限购措施与研究区域简介 / 122

（三）数据说明 / 123

三、对住房价格的抑制效果及其时间趋势 / 125

（一）理论分析 / 125

（二）实证回归结果 / 129

四、对不同面积住房的价格抑制效果 / 134

（一）理论分析 / 134

（二）实证回归结果 / 135

五、对不同类型购买者购买住房的价格抑制效果 / 137

六、对住房市场其他方面的影响 / 139

（一）对销售持续时间的影响 / 139

（二）对购房者购买住房面积的影响 / 140

七、结论与启示 / 142

第七章　人口流动与住房价格的空间差异 / 145

一、引言 / 145

二、流动人口的测算 / 147

三、流动人口与住房价格 / 150

四、数据与模型 / 151

五、动态面板回归分析 / 153

六、时空地理加权回归分析 / 159

七、结论与启示 / 163

第八章　城市住房价格对人口迁移流动的影响研究 / 164

一、引言与文献综述 / 164

（一）引言 / 164

（二）文献综述 / 165

二、基于宏观层面的实证分析 / 168

（一）模型设定 / 168

（二）描述性统计分析 / 169

（三）初步回归分析 / 169

（四）子样本回归分析 / 173

三、基于微观层面的实证分析 / 177

（一）模型设定 / 177

（二）描述性统计分析 / 179

（三）实证结果分析 / 180

四、结论与启示 / 182

参考文献 / 183

第一章 绪论

"城市，让生活更美好"是中国 2010 年上海世界博览会的主题。无论人们对城市持有怎样的态度，不可否认的是，我们生活在一个城市的时代，伴随着城市化持续推进，人口聚集带来经济效率提升，经济社会得以快速发展，人民的生活水平得以不断改善，并向着更美好生活迈进。

一、研究背景与意义

（一）研究背景

1. 我国商品住房市场制度相对完善，新建商品住房市场发展迅速

住房①是人类赖以休养生息的场所，是生活的必需品。我国的住房制度改革从 1988 年开始全面推开②，住房制度改革以前，我国城市居民的住房问题主要由居民所供职企事业单位通过实物分配方式解决，大量城市家庭居住在质量不好且拥挤的住房里，住房短缺严重，住房不具有商品属性，并不存在真正意义上的商品住房市场。

1998 年，国家宣布全面停止住房实物分配③，国有土地使用制度相应改

---

① 住房，也称为"住宅"。除某些约定俗成的用法，如"住宅产业"，本书统一采用"住房"这一用法。

② 国务院关于印发在全国城镇分期分批推行住房制度改革实施方案的通知 [EB/OL]. (1988-02-25) [2019-04-22]. https://mall.cnki.net/magazine/Article/SCZB198804000.htm.

③ 国务院关于进一步深化城镇住房制度改革加快住房建设的通知 [EB/OL]. (1988-07-03) [2019-04-24]. https://xuewen.cnki.net/CJFD-SCZB199823001.html.

革,住房主要由市场提供,住房开始拥有商品属性。从此,有中国特色的商品住房市场在实践中得以发展,住房市场相关制度逐步建立完善,不同类型的住房供应相对充足,居民可以自由购买适合自己的住房,拥有较为充分的自主选择权。

在我国住房市场的发展进程中,改革以前的城市居民住房需求快速释放,与此同时,城市化进程快速推进,我国常住人口城镇化率由 1998 年的 33.4% 提高到 2015 年的 56.1%①,城市人口在较短时期内快速增加,产生大量住房需求。这两大类住房需求在短期内叠加,住房市场得以快速发展②,居民的居住水平得到极大改善,城镇居民人均住宅建筑面积快速增加③,以住宅产业为主的房地产业成为"国民经济的支柱产业"④。

不同于西方成熟的住房市场,我国住房市场交易以新建商品住房为主。以我国 40 个大中城市商品住房市场为例,2009—2015 年新建商品住房交易面积共计 20.57 亿平方米,同期二手住房交易面积为 10.00 亿平方米,新建商品住房交易面积占商品住房市场总交易面积的 67.28%⑤。快速发展的以新建商品住房为主的住房市场,对国家的经济社会发展产生了深远的影响。

2. 人口迁移流动规模不断扩大,滋生系列社会经济问题

由于我国二元经济结构的存在,优质的资源、产业不断向城市聚集,引致城乡之间大规模的人口迁移流动。改革开放以来,我国的人口迁移数量经历了从慢到快的增长和从计划性的永久迁移向市场性的临时迁移的转变(马忠东,

① 根据国家统计局官方网站数据,采用城镇常住人口占总人口比重计算。

② 根据国家统计局官方网站数据,2000—2015 年,全国商品住宅累计销售面积为 106.61 亿平方米,累计竣工面积为 84.53 亿平方米,以 2015 年末城镇常住人口 7.71 亿人计,人均销售 13.82 平方米,人均竣工 10.96 平方米。

③ 根据历年《中国统计年鉴》,2001 年及以前相关指标为城市人均住房建筑面积,2002—2012 年相关指标为城镇居民人均住房建筑面积,2013 年之后相关数据缺失。2000 年全国城市人均住房建筑面积为 20.3 平方米,2012 年城镇居民人均住房建筑面积为 32.9 平方米。

④ 国务院关于促进房地产市场持续健康发展的通知 [EB/OL]. (2003-08-12) [2019-04-24]. http://www.gov.cn/test/2005-06/30/content_ 11344.htm.

⑤ 根据住房和城乡建设部内部统计数据计算得到。40 个大中城市指:北京、天津、石家庄、太原、呼和浩特、沈阳、大连、长春、哈尔滨、南京、杭州、合肥、上海、福州、南昌、济南、青岛、厦门、宁波、郑州、武汉、长沙、广州、南宁、深圳、海口、重庆、成都、贵阳、昆明、西安、兰州、西宁、银川、乌鲁木齐、无锡、苏州、温州、北海、三亚。

2019)①。根据国家统计局数据，截至 2017 年年末我国流动人口规模达 2.44 亿，占总人口的 17.55%，相当于每 6 个人当中就有 1 个流动人口。人口在空间上的大规模迁移流动，致使我国空间经济格局发生了深刻改变，进而对我国经济社会发展产生深远影响（李文宇，2019）②。人口的迁移流动带动各类资本的流动，资本的汇集给城市带来可持续发展的人力、物力和智力资源，推动了经济的高速增长（陈钊、陆铭，2008）③ 和城市化进程（王桂新、黄祖宇，2014）④，同时也滋生出一系列亟待解决的社会和经济问题，比如教育、医疗、养老、社会保障，尤其是以住房为代表的资产价格的大幅上涨（陆铭，2014）⑤ 和时间序列上的非平稳性发展（陈斌开、张川川，2016）⑥，给我国经济的可持续发展带来隐患。

人口迁移流动是多因素交织产生的结果，把握住人口迁移流动的特征和内在影响机制就把握住了这些因素对经济和社会影响的共同作用效果。《国家人口发展规划（2016—2030 年）》把"优化人口空间布局""完善人口流动政策体系"提升到全局性和战略性的高度。针对如此庞大的迁移流动群体，如何引导有序迁移流动和合理分布，实现人口与经济、资源环境永续共生，是摆在中国社会面前的一个重大课题。

3. 住房和住房市场的内在特性决定了住房市场需要政府管制

住房与普通商品不同，由于住房依附于土地而存在，具有不可移动性，且土地具有天然的相对稀缺性，使得住房产品具有相对稀缺性。根据管制经济学相关理论，稀缺资源的分配是管制的基本理由之一（王俊豪，2014）⑦，因此，住房市场需要政府管制，以确保住房这一相对稀缺的资源得到相对合理的分配。

---

① 马忠东. 改革开放 40 年中国人口迁移变动趋势：基于人口普查和 1% 抽样调查数据的分析 [J]. 中国人口科学，2019（3）：16-28.

② 李文宇，陈健生，刘洪铎. 为什么区域政策越来越重视"抢人"：基于一个拓展的线性模型研究 [J]. 中央财经大学学报，2019，377（1）：100-110.

③ 陈钊，陆铭. 从分割到融合：城乡经济增长与社会和谐的政治经济学 [J]. 经济研究，2008（1）：22-33.

④ 王桂新，黄祖宇. 中国城市人口增长来源构成及其对城市化的贡献：1991—2010 [J]. 中国人口科学，2014，34（2）：2-16.

⑤ 陆铭，欧海军，陈斌开. 理性还是泡沫：对城市化、移民和房价的经验研究 [J]. 世界经济，2012（1）：32-56.

⑥ 陈斌开，张川川. 人力资本和中国城市住房价格 [J]. 中国社会科学，2016（5）：43-64.

⑦ 王俊豪. 管制经济学原理 [M]. 2 版. 北京：高等教育出版社，2014.

住房除了具有居住功能外，还具有投资功能。对住房市场的过度投资炒作会严重影响住房本身的居住属性，国内媒体报道过的各种"鬼城"现象就是对住房过度投资炒作的鲜活案例。2016年年底的中央经济工作会议明确指出住房市场的定位：房子是用来住的、不是用来炒的，这表明了中央对住房市场理直气壮地进行行政干预的态度。

自古以来中国人有置办房产的传统，省吃俭用甚至穷其一生置办房屋的情况并不鲜见，从古语"穷无立锥之地"到古诗"安得广厦千万间，大庇天下寒士尽欢颜"，都折射出深入人心的住房观念。由于住房问题关系民生，在住房市场发展过程中，政府需要对其进行管制，以保证"居者有其屋""人人享有适当的住房"。

在住房市场快速发展、城镇居民住房条件日益改善的同时，社会也积累了巨大的财富。国家统计局城调总队2002年对各省城镇居民家庭的抽样调查结果显示，住宅资产在城镇居民家庭资产中的占比为47.9%[①]；中国家庭金融调查与研究中心2011年所开展的调查显示，住房资产在城市家庭和农村家庭总资产中的占比分别为37.6%和59.2%[②]，住房是家庭乃至社会财富的重要组成部分。鉴于房地产业之于国民经济和国民财富的重要性，以住宅产业为主的房地产业需要政府强有力的管制，以"实现房地产市场持续健康发展"。

4. 政府管制在住房市场发展中起到了重要作用

在我国商品住房市场的发展过程中，为促进房地产市场健康发展，从土地市场中的指标管制、土地出让制度、土地开发系列制度，商品住房供应中的商品房预售制度、商品住房交易中的备案制度等，到限价房、经济适用房、公租房、廉租房全范围覆盖的住房保障体系等，政府出台了多种管制政策，这些政策在房地产市场发展的不同阶段、层次、方面，对市场实施了行之有效的管制，确保了商品住房市场的平稳健康发展。

此外，随着我国市场经济体制的不断完善，在社会主义政府的固有职责下，政府职能的转变，使得政府管制不断加强。政府对经济社会的许多方面实行了各种经济性管制和社会性管制，尤其是部分社会性管制，不针对住房市

---

① 刘洪玉，郑思齐. 住宅资产：居民家庭资产组合中的重要角色 [J]. 经济与管理研究，2003（4）：39-41.

② 甘犁，尹志超，贾男，等. 中国家庭资产状况及住房需求分析 [J]. 金融研究，2013（4）：1-14.

场，但对住房市场具有重要影响。

以个人和家庭层面相关的户籍与教育方面的管制为例。城市拥有更多的就业机会和更大的发展空间，很多公共服务则与户籍挂钩，买房是获得部分大中城市户籍的重要方式之一；如果通过其他方式获得城市户口，最终户口迁移到城市也需要住房作为落户地点。总之，在城市化进程快速推进的背景下，与住房联系紧密但改革进程相对缓慢的户籍制度，对住房市场有着重要影响。教育是经济社会发展的基石，中国人历来重视子女教育问题，而相对有限的优质教育资源往往集中在大中城市市区，为确保教育相对公平，我国实行"就近入学"原则，适龄儿童分片区上学，其重要依据就是住房，从而产生"学区房"现象。

以企业和社会层面的环境管制为例。当前，以空气、水为代表的环境问题引发社会广泛关注，与住房类似，或优良或恶劣的环境在一定时间、空间范围内也具有不可移动性，环境的外部性则往往体现在周边住房价格上。Zheng 等（2014）利用中国 80 余个城市的空气质量和房地产价格数据，有效识别了居民对清洁空气的支付意愿，结果表明，平均意义上，相邻地区的空气污染下降 10% 会使得本地区住房价格上涨 0.76%，并且这种边际效应在相对富有的城市表现更明显，同时，户口的劳动力转移壁垒作用则被削弱（Zheng，2014）①。

（二）研究意义

1. 理论意义

住房问题与住房市场是城市与房地产经济学关注的传统重点，房地产经济学主要从空间和资产两个角度分析与住房相关的经济现象。毫无疑问，住房和住房市场本身的许多特性决定了需要政府对其进行管制，住房市场是一个政府管制较多的市场，现代政府管制经济学主要关注企业的垄断问题、对企业的经济性管制和环境等社会性管制问题，已有的政府管制对行业（产业）的研究，主要集中于电信、环境等，少数研究主要从政府对房地产市场的宏观调控视角进行。从微观视角探索政府管制对住房市场的影响，丰富了房地产经济学相应

---

① ZHENG S, JING C, KAHN M E, et al. Real estate valuation and cross-boundary air pollution externalities: evidence from Chinese cities [J]. Journal of real estate finance & economics, 2014, 48 (3): 398-414.

研究视角，也是对政府管制经济学相关研究的一个有益补充。

经济学注重研究经济行为者在一个经济体系下的行为，以及他们彼此之间的互动，从这一角度上讲，不同政府管制对不同类型住房、不同来源或年龄段购买者产生了怎样的影响，值得关注，也应该是住房经济学领域的重要内容，对其进行研究，有利于丰富房地产经济学相应研究视角。

2. 现实意义

本书的研究可以在一定程度上为住房市场宏观调控提供科学决策参考。从经济学诞生之日起，政府与经济的关系就是学科争论的焦点之一，在真实的经济活动中，政府对经济生活的干预几乎没有缺席。住房市场牵涉众多上下游行业，关系到居民生活福祉，影响国家经济金融发展，其宏观调控是一个复杂且系统的工程，需要较全面的学术研究为决策者提供科学参考。与已有许多住房市场研究不同，本书的研究着眼点在于政府管制对微观结构层面的影响，这相对于宏观层面的住房价格等更为细致。本书通过严谨的经济学理论分析与经验实证，研究不同政府管制政策下新建商品住房市场所受影响，客观分析购房家庭的决策机制，科学评价政策实施效果，从而了解住房市场发展中的各种规律及其背后成因，这有助于行业相关管理部门在制定住房市场政策时，充分尊重并利用市场规律，做好科学决策。

二、核心概念辨析与界定

（一）城市与经济发展

城市的概念由来已久。通过夜晚地球灯光照片人们可以发现，黑夜里大地上灯火通明的地方就是生机勃勃的城市，有些许暗淡灯光的地方则是散布的村落或活力不足的小城镇。这给我们一个直觉就是，城市是人口聚集的地方，因为人的聚集，产生了城市。城市的表现形式如此之多，很难用一种定义来概括。汉语中，城，指城墙，或城墙以内的地方，是地域行政功能划分的标志；市，为集中买卖货物的固定场所。城市，往往集行政区划与经济发展的功能于一体。追溯城市的起源、人类能力的发展、人类自我的扩大、人类活动的职业分化，都是城市形成发展过程中绕不开的话题。

城市之所以会存在，是因为人类科技已经创造出了生产和交换系统。城市经济学中有关城市的五个公理包括：①通过调整价格实现区位平衡，这一区位均衡包括住宅、写字楼、工厂等，交通不便利的土地价格因此较低；②自我强化效应产生极端结果，相同或类似的产业容易在这一作用下产生聚集效应，聚集在提升创造力的同时，吸引更多的产业资源；③外部性导致非效率，城市的拥挤、城市的便利，往往让人又爱又恨；④生产受规模经济影响，生产投入要素的不可分割性和专业化因素，使得规模经济在城市经济中扮演重要角色；⑤竞争导致零经济利润，每个厂商都因为异质性产品的独特而具有垄断地位，但相类似的产品对消费者来说具有替代性，市场的竞争也使得厂商在一定程度上处于经济零利润。

农业生产过剩、城市居民从事生产、拥有用于交换的运输体系被认为是城市发展必须满足的三个条件。可以说，城市的形成与发展，始终伴随着生产力的发展，在生产力发展的过程中，人们产生了分工协作，聚集因而产生活力。现代城市是以非农产业和非农人口聚集的区域，是具有较高人口密度的地理区域。

2017 年，我国 35 个大中城市（直辖市、副省级城市、省会城市及自治区首府，不含拉萨）以全国 23.45% 的常住人口，创造了全国 39.94% 的 GDP，城市的活力与繁荣由此可见一斑。改革开放以来，我国城市化水平不断提升，常住人口城镇化率从 1978 年的 17.92% 提升到 2019 年的 60.60%，伴随着城市化水平不断提升，城市在经济社会发展中的作用愈发重要，人均 GDP 从 1978 年的 385 元增长到 2019 年的 70 892 元，按名义价格年均增长 18.3%，按可比价格年均增长 11.2%。

从经济角度，一般以人口密度定义城市，在更广泛的意义上，区别城市与乡村的密度包括人口密度、资本密度、知识密度、基础设施密度等。从行政角度定义城市，则与经济角度有所区别。在我国，城市的行政级别包括直辖市、副省级城市、地级市、县级市。部分省会城市是副省级城市，高于一般省会城市，在福建省，较为特别的是，厦门市是副省级城市，但福建省省会福州却不是副省级。此外还包括香港、澳门特别行政区，以及我国台湾省的直辖市、省辖市、县辖市等。通常意义下，城市又包括两个不同意义的统计口径：市辖区和市域。除了少数发展水平较高的城市（如深圳），即使是市辖区，仍然包括大量非城市化的区域。

与国家经济相比，城市经济具有两个重要特点。首先，城市隶属于国家，城市没有货币和独立财政，央行和财政部的货币政策、财政政策都对城市产生影响，当然，城市的经济社会发展也能反作用于央行的货币政策与国家财政政策，但城市没办法独立于国家之外。其次，城市经济在国家内是完全开放的，与国家间的进出口贸易不同，城市间商品、劳动力、资本的流动，不存在任何法律、语言、文化上的障碍。

（二）人口迁移与人口流动

联合国《多种语言人口学辞典》将人口迁移定义为：人口在两个地区间的空间流动或者地理流动，并且这种流动通常伴随着居住地由迁出地到迁入地之间的永久性改变，这种迁移称为永久性迁移，与其他人口流动的最主要区别是永久居住地的变化。从该定义来看，可引申出人口迁移的两个属性：第一，人口迁移的时间属性。只有那些居住地发生"永久性"改变的人口移动才能成为人口迁移，而由日常通勤、旅游、探亲等原因发生的短期的人口移动不属于该范畴。第二，人口迁移的空间属性。人口迁移的迁入地和迁出地必须具有一定的空间距离，一般以跨越行政界线为依据，同一行政区域内改变居住地的人口移动不属于人口迁移。从人口迁移是否跨越国界来区分，人口迁移可分为国际人口迁移和国内人口迁移。国际人口迁移指跨越国界的，人口从某个国家向另一个国家的长期人口移动，如大航海时代欧洲人口向北美的迁移、15世纪至19世纪中叶非洲黑奴向美洲的被迫迁移等，都属于世界历史上规模较大的人口迁移。相比与国际人口迁移，国内人口迁移为人口在某国境内的迁移，且更加普遍，如近现代美国西部、中国东北等地开发，中国"三线建设"等都导致了大规模的国内人口迁移；同时，伴随着科技进步和生产率的提高，人口由乡村向城市的迁移也属于国内人口迁移范畴。

人口流动是人口在不同地区之间所做的各种各样短期的、重复的或周期性的运动，其最主要的特征为一般不会变更户籍所在地，是短期暂时性的人口移动，如大学生上学、外出务工、探亲旅游等，都属于人口流动。

依据人口流动的时间特征，人口流动可分为四类：第一类，长期人口流动，指离开户籍所在地一年以上，在外寄居，但户口仍在原地的人口流动；第二类，暂时人口流动，指离开户籍所在地一天以上、一年以下的，在外寄居，但户口仍在原地的人口流动；第三类，季节性人口流动，指有规律的离开户籍所在地和返回户籍所在地，又称周期性人口流动；第四类，往返性人口流动，一般指早出晚归、不在户籍所在地以外区域过夜的人口流动①。

从国际上来看，人口迁移与人口流动的区分不是十分严格，一般只用人口迁移形容人口跨区域的流动，并且主要指一年及以上流动，诸如旅行、探亲等短距离的人口运动不属于该范畴，人口流动这一概念在国外不太常见。然而，从中国国内来看，人口迁移与人口流动存在较大的差别，从现有文献研究来看，其区别主要可以分为以下三点：

第一，依据户籍所在地是否发生了变更来区别人口迁移与人口流动，如户籍所在地变更，则为人口迁移；反之，则为人口流动。

第二，依据流动的时空特征来区别人口迁移与人口流动，一般情况下认为人口迁移较人口流动，流动距离更远、时间更长。

第三，依据居住地是否发生改变来区别人口迁移和人口流动，如居住地发生长期或永久性的改变，则为人口迁移，反之，则为人口流动。

事实上，这些区别主要与我国的户籍制度密切相关，在我国特有的户籍管理制度下，仅仅以户籍所在地是否发生变更来区分人口迁移和人口流动，不能反映我国真实人口迁移情况；依据上文对人口迁移与人口流动的概念界定，本书主要以居住地长期或者永久性发生改变来区别人口流动与人口迁移，其中，长期指半年及以上。

（三）住房市场与住房价格

1. 住房及其特性

居住是人类的基本需求，住房是生活的必需品，人类生活不能脱离住房而存在，因而住房问题是社会普遍关心的重要问题。当前，我国城市地区已经建立起相对完善的商品住房市场，住房具有商品属性。与普通商品不同，住房有其固有特性。

第一，空间固定性。空间固定性是住房区别于普通商品的最大特点。住房必须建设在土地之上，不能脱离土地而存在，虽然偶见报道，可以对住房或其他建筑采用现代科技方法进行短距离移动，但这是极特殊情形，一般情况下，住房在空间上是相对固定的，这一特性又称为不可移动性。原建设部（现住

---

① 吴忠观. 人口科学辞典［M］. 成都：西南财经大学出版社，1997.

房和城乡建设部）颁发的《房屋登记办法》在第八条中明确规定"办理房屋登记，应当遵循房屋所有权和房屋占用范围内的土地使用权权利主体一致的原则"，即俗称的"房地一致"原则①。住房不可移动、空间相对固定，使得住房拥有区别于其他普通商品的不同特点。其一，与住房所处区位相伴随的区位特征、邻里特征都是住房所蕴含的重要属性；其二，若住房所处区位拥有的资源相对稀缺，则住房具有一定程度上的垄断性，尤其当所处区位拥有相对稀缺的优质资源，例如优良的气候条件、特殊的水景、便利的交通等，则住房的垄断性更强。

第二，异质性。住房是典型的异质性商品，可以说，世界上没有完全相同的两套住房，从相对宏观到微观层面的特征来看，住房的异质性来源于以下几个方面。其一，住房的空间固定性使得住房与所在区位属性，尤其是自然条件、经济社会发展水平、公共服务水平相关联，包括交通通达性、自然环境、教育医疗购物环境等，不同区位的条件自然有所差异，因而不同区位间的住房具有异质性。其二，对同一区位的住房来说，由于不同小区之间物业类型和品质的差异，修建小区的开发商、提供物业管理服务的物业服务企业不同，小区之间的居住品质会有较大差异，因而具有异质性。其三，即使是同一小区，不同住房的套型、楼层、朝向、用途属性等微观层面的差异也使得不同住房之间存在明显的异质性。其四，即使是同一套住房，在不同时点也不能视为完全同质，一方面，随着时间的推移，住房所在区位所享受的公共服务可能会有所差异，例如新修建开通的地铁会提升站点周边小区的通达性和便利度，这使得地铁开通前后的住房所享受的公共服务不同；另一方面，随着时间的推移，房屋在使用过程中会出现老化，或者翻新改造的情形，从而使得同一套住房在不同的时间点有差异。

第三，耐久性。一方面，住房是耐用品，建筑质量较好的住房使用寿命可以达到上百年或者更长时间，在住房使用的过程中，相对于住房价值来说，维护其基本功能的维修费用并不高；另一方面，住房依附于土地而存在，住房与住房所依附的土地具有一致性，即使住房由于年代久远或其他原因灭失，但其所依附的土地不会消亡。耐久性使得在一般情况下存量住房是住房市场的供应主体，尤其对于相对成熟的住房市场来说。我国的住房市场发展起步较晚，目

---

① 中华人民共和国建设部. 房屋登记办法 [M]. 北京：中国建筑工业出版社，2008.

前大部分城市新建商品住房交易仍然占据市场交易的绝大部分，但对北京、上海等起步较早、发展相对成熟的城市来说，存量住房已经是市场供应和交易的主体。耐久性还使得住房具有投资属性，当然，住房的资产价格则与住房的空间固定性、异质性等多种特性相关。

第四，高价值性。住房依赖于土地建设，而适宜人类居住的土地具有天然的稀缺性。一般来说，现代住房是采用现代建筑科技、使用多种建筑材料建设而成，凝聚着人类的智慧与劳动，天然具有高价值属性。住房的生活必需品性、高价值性和住房的耐久性，使得住房具有投资属性，即住房既是消费品又是投资品。作为生活必需品，住房缺乏价格弹性，房价的上涨不会导致需求减少，反而由于住房具有投资属性，购房者具有买涨不买跌的投资心理，使得需求增加。作为投资品，住房流动性差，因此不会出现类似于股票的价格剧烈波动的情况。

除了以上几种相对重要的特性，住房还具有生活必需品性、不可分割性、弱流动性等特性。住房的这些特性中，异质性尤其重要，如何解决异质性导致的问题，是住房经济学的重要课题之一。

2. 住房市场及其特性

任何社会活动的最终产品都要在市场上交换以实现其价值和使用价值的转换，狭义的住房市场就是为住房消费品提供的买卖、租赁等交易的场所；广义的住房市场不仅包括住房交易的场所，还包括在住房交易过程中所产生的经济关系和社会关系。相对于普通商品市场来说，住房市场是一个典型的不完备市场。自住房制度改革以来，我国城市地区已建立相对完善的住房市场制度，在城镇化快速发展的背景下，住房市场迅速发展。由于住房商品不同于普通商品，住房的特性决定了住房市场区别于其他商品市场，有其自身的发展规律和路径选择。

第一，区域性。住房属于不动产，一旦建成，就不能再移动它的位置，因此住房的客户人群受到很大的地理限制，其供求具有显著的区域性：不同国家，甚至同一国家不同地区由于经济发展水平、社会文化以及城市化发展水平等的差异，住房的建筑标准、价格存在很大差异。我国住房市场在发展中不断分化，住房市场的区域性也逐渐显著。住房市场的区域性特征不利于投资者从全局把握市场未来的走向，单个市场的情况无法代表整个市场的发展全貌。与住房市场的区域性相适应，我国关于住房的调控政策也逐渐从"一刀切"转为差别化、地方化、"因城施策"。

第二，垄断性。在一个完全竞争的市场中，有很多的生产者和消费者，并且都只是价格的接受者，产业集中度低，产品都是同质的，市场信息是完备的，并且不存在进入壁垒。在垄断市场中，从垄断竞争、寡头垄断到完全垄断，产业集中度逐渐增加至100%，产品差异逐渐增大，进入壁垒逐渐增高。住房市场的区域性则为其垄断性提供了便利性条件：不同地区的住房不可以流动，进而不能随意调整住房供给以相互平抑价格，住房市场因而具有区域垄断特征。国内学者基本认为我国住房市场具有垄断特征，但对其垄断程度存在争议。余凯（2007）认为我国的房地产市场具有区域寡头垄断特征，并且认为垄断是我国房价上涨的根本原因①。黄振宇（2010）对我国各省（区、市）的产业集中度、产品差异以及进入壁垒进行分析，最终发现我国房地产市场具有垄断竞争性的市场结构，因为住房投资占房地产市场70%的份额，进而推出住房市场的垄断竞争特征；同时他认为垄断并不能成为房价上涨的根本原因②。

第三，投资性与投机性。住房具有投资品属性，其价值高且能够自我增值，使得投资住房通常可以获得收益。但是，风险与收益并存。土地资源稀缺，住房的生产和使用周期较长，住房市场投资带来高收益的同时也意味着要承担相比一般商品市场更加高的风险。同时，住房的交易过程比较复杂，通常存在信息不对称的情况。这些会吸引投机者进行楼盘、楼王的炒作，并从中赚取高额利润。因此，在住房市场同时存在投资性和投机性。

第四，房地产用地供给的垄断性。由于土地资源稀缺，住房市场的垄断性特征以及存在的投机性，住房市场的机制难以对市场供求进行自发调节，以实现社会资源最优配置。加之住房的社会福利属性，保证低收入者解决住房问题，政府必须对住房市场进行调控和管制。在我国，政府是国家所有土地的唯一代表，代表国家进行房地产用地的供给，但是由于土地的有限性和地方政府短期利益行为，导致土地供给不能完全满足完全竞争市场的需求，造成房地产价格的不完全合理。

第五，住房市场与金融密切相关。住房的开发建设与消费都离不开金融的支持。住房建设往往需要很大的投资额，而且投资时间也比较长，因此在住房

---

① 余凯. 我国寡头垄断下的房地产价格形成机制研究 [J]. 城市发展研究. 2007 (3)：63-71.
② 黄振宇. 中国住宅市场结构与住宅价格的关系分析 [J]. 宏观经济研究. 2010 (5)：50-55.

建设中往往需要进行大规模的融资。并且，住房价值高，居民通常以按揭贷款的方式来满足购买住房需求。因此，住房市场的发展与金融的发展密切相关：金融市场的稳定与波动会直接影响到住房市场中的稳定与波动，反之，住房市场中泡沫的破裂也会影响到金融，甚至整个经济的稳定与发展。

第六，住房市场的收入再分配功能。住房市场中投资性与投机性并存，住房价格的变动会引起收入在不同阶层之间的再分配。住房市场的过度投机会使得房价过快上涨，最终使得以满足居住为目的的普通居民的收入转移至投机者手中，收入再次分配，但同时也会加剧社会收入分配不公。

3. 住房价格及其度量

（1）住房价格

对一套具体的住房而言，住房价格通常指一个人（自然人和法人）从另一个人手中获得该住房所需要付出的代价，常用货币表示，一般表现为总价或建筑面积单价的形式。影响一套住房价格的因素则是多种多样的，主要包括社会、经济、政治等宏观背景因素，也包括住房本身的物理属性与法律属性等微观因素。在一笔住房交易中达成的交易价格，可以认为是交易双方在综合考量了该住房的各种微观特性，以及交易所处的宏观环境后所达成的。

当考察住房市场的整体价格水平及其变化时，则需要利用住房市场中发生的各宗住房交易信息，通过计算得到住房市场的价格统计量。

住房平均价格 $\bar{p}$ 是用所有交易住房总价值除以总成交面积得到的，其实质是以单套面积在总面积中的占比为权重的住房价格加权平均值。住房平均价格是最为普遍、简单的住房价格统计量。现实意义上，平均住房价格代表了房价绝对值水平。从卖方角度看，它反映了卖出商品住房的平均价格水平；从买方角度看，它反映了购房者为购买的住房所支付的资金。

另一种常用的住房价格统计量是中位价格 $\tilde{p}$。对指定市场内的住房交易样本 $X = (x_1, x_2, \cdots, x_n)$ 的分量样本 $P = (p_1, p_2, \cdots, p_n)$，将 $p_1, p_2, \cdots, p_n$ 按从小到大的次序排列为 $p_① \leqslant p_② \leqslant \cdots \leqslant p_n$，则 $(p_①, p_②, \cdots, p_n)$ 称为样本 P 的次序统计量。称

$$\tilde{p} = \begin{cases} p_{(m+1)}, & n = 2m + 1 \\ \dfrac{1}{2}(p_{(m)} + p_{(m+1)}), & n = 2m \end{cases} \tag{1-1}$$

为中位价格。

理论上，虽然样本均值对样本中位数有较强的优越性，但在实际应用中，样本如果存在较大的过失误差，均值就没有多少现实意义了。单个观测值的异常对中位价格 $\tilde{p}$ 的影响是极其有限的，而对平均价格 $\bar{p}$ 的影响则是无限的。因此，从稳健性统计学的角度来看，中位价格 $\tilde{p}$ 比平均价格 $\bar{p}$ 具有更好的稳健性，这在现实应用中非常重要。此外，考虑到受所交易住房的区位、结构等差异影响，房屋价格为平均价格水平的真实住房并不一定存在，但中位价格的住房则一定是真实存在的，购房者通常可以在市场中买到中位价格附近的住房。

2. Hedonic 住房价格模型

20 世纪 60 年代，新古典住房经济学（neoclassical housing economics）在系列假设之上，提出了住房市场的完整理论，其中住房被简化和抽象为住房服务（housing service），即住房为居民提供的庇护、休息、娱乐和生活空间的服务。这种服务被视为一种同质的和连续性的商品，是家庭收入、住房价格、其他商品和服务价格、家庭偏好的函数，部分研究认为家庭偏好是家庭特征的函数，因此在模型中用家庭特征替代家庭偏好[1]。

新古典住房经济学假设住房消费对象为无法被直接观测的住房服务，而非市场中观察到的住房，许多学者发现其合理性不足，给后续研究带来困难[2]。这一住房市场需求模型忽略了住房有别于普通商品的重要特征，包括耐久性、异质性、空间固定性，而这些特征使得住房需求分析较为复杂[3]。

Hedonic 模型最早是在研究汽车价格和汽车属性之间的关系时提出的[4]，罗桑（Rosen，1974）将其引入房地产市场研究，以处理住房的异质性问题[5]。"hedonic" 一词起源于希腊单词 "hedonikos"，是 "快乐"（pleasure）的意思，温海珍（2005）对 Hedonic 模型相关理论进行了全面介绍，并采用我国台湾地

---

① 郑思齐. 住房需求的微观经济分析：理论与实证 [M]. 北京：中国建筑工业出版社，2007.

② OLSEN, E O. A competitive theory of the housing market [J]. American Economic Review, 1969, 159 (4)：612-622.

③ MACLENNAN D. Housing economics [M]. New York：Longman Press, 1979.

④ COURT A T. Hedonic price indexes with automotive examples：The dynamics of automobile demand [M]. New York：General Motors Corporation, 1939.

⑤ ROSEN S. Hedonic prices and implicit markets：product differentiation in pure competition [J]. Journal of Political Economy, 1974, 82 (1)：34-55.

区学者的译法，称其为特征价格模型①。在 Hedonic 住房价格模型中，一个住房单元被用 n 维可度量的住房特征向量来表示，这些特征都有其隐含价格。Hedonic 模型的引入给住房价格度量带来了深刻的影响。

国内学者在利用 Hedonic 模型进行实证研究方面快速发展。Jim 等（2007）利用 Hedonic 模型，从消费者偏好和环境溢价的视角对广州住房市场特征进行了实证研究②；马思新等（2003）、王旭育（2006）利用 Hedonic 模型，分别对北京、上海等城市的住房市场各种特征属性进行了严格的实证研究③。Wu 等（2014）利用 Hedonic 模型构建了中国新建商品住房价格指数体系，并得到了官方认可，在全国 90 个大中城市推广应用④。

对住房而言，特征价格模型认为，一套住房由一系列可度量的住房特征组成，这些特征都有各自的隐含价格，住房价格则决定于其包含的各种特征的数量以及每种特征的特征价格。其一般形式为

$$p = f(S, \ L, \ N) \tag{1-2}$$

其中，p 为住房价格，S 为结构特征，L 为区位特征，N 为邻里特征。特征价格模型的具体的函数形式视研究对象和数据结构而定，最典型的为对数线性形式：

$$\log p = c + \sum_{i=1}^{n} \beta_i x_i + \varepsilon \tag{1-3}$$

其中，c 为常数项，x_i 为住房的第 i 项特征，β_i 为第 i 项特征的特征价格，ε 为随机误差项。在实证分析中，特征价格 β_i 的估计量 $\hat{\beta}_i$ 可以通过将样本的住房价格对住房特征向量进行回归得到，常用的最优回归准则是最小二乘法。

使用特征价格法对住房价格进行分析研究所遇到的住房经济学现实问题是，影响住房价格的住房特征很多，而这些数据非常难以收集，研究者往往只能抓住其中较为容易收集并认为是主要影响因素的那些指标，纳入实证分析的回归方程中。即使影响住房价格的大量特征数据是齐备的，遇到的新问题则是

① 温海珍. 城市住宅的特征价格：理论分析与实证研究 [M]. 北京：经济科学出版社，2005.

② JIM C Y, Chen W Y. Consumption preferences and environmental externalities：a hedonic analysis of the housing market in Guangzhou [J]. Geoforum，2007，38（3）：414-431.

③ 马思新，李昂. 基于 Hedonic 模型的北京住宅价格影响因素分析 [J]. 土木工程学报，2003（9）：59-64.

④ WU J，Deng Y，Liu H. House price index construction in the nascent housing market：the case of china [J]. Journal of Real Estate Finance and Economics，2014，48（3）：522-545.

统计学难题：维数灾难，以及计量方面的内生性问题，进而导致系数的偏误。增大所考虑因子的数量就需要成指数地增加计算资源，这是包括 Hedonic 模型在内的参数体系无法回避的缺点，但现代计算机信息与网络技术能采集大量标准化数据，在一定程度上解决了计算过程中所需的数据量较大的问题。

三、研究思路、内容与方法

（一）研究思路

本书的研究思路主要遵循理论研究→现状表述→实证检验的分析思路，紧紧围绕城市人口、住房政策效应这一核心。首先，对国内外相关文献及理论进行梳理和描述，构建本书的文献基础和逻辑起点。其次，针对近年来我国各城市出台的各项人才政策，采用面板数据政策效应评估模型和连续时间 DID 模型，对城市人才招引政策的户籍人口效应和常住人口效应进行了评估。接着以购房入户为例，研究了户籍政策对城市住房价格的影响，并对户口市场价值的影响因素进行了分析。继而，以"90/70"政策、住房限购政策研究了住房供应、住房需求政策对城市住房市场的影响。最后，将人口迁移流动与城市住房价格紧密联系起来，一是采用动态面板数据模型和时空地理加权模型探讨了人口迁移流动对城市住房价格的空间影响差异；二是从宏观和微观两个层面探讨了城市住房价格对人口迁移流动的影响。

（二）研究内容

全书的主要内容共分为八个章节，各章节的主要内容与结构安排具体如下：

第一章，绪论。本章首先对本书的研究背景、研究意义进行了阐述和介绍，其次对本书研究所涉及的几个核心概念进行辨析和界定；最后阐明了本书的研究思路、内容与方法。

第二章，文献综述与理论基础。本章首先从城市住房价格影响因素，城市住房政策影响，人口迁移流动的相关研究三个方面对国内外现有文献进行了回顾，形成了支撑全书研究的文献基础；其次对人口迁移流动理论、城市住房价格相关理论等进行介绍，奠定了全书研究的理论基础。

第三章，人口政策效应研究：以"抢人"为例。本章首先对我国城市出台的人才政策进行了梳理，并在托达罗（Todaro，1969）模型的基础上，构建了一个简化的城市间人口迁移与人才招引的理论模型，从理论上阐释"抢人"政策对人口迁移流动的影响；其次，综合运用面板数据政策效应评估（HCW）方法和连续时间 DID 模型对 38 个城市"抢人"政策的户籍人口效应和常住人口效应进行了评估；最后，结合本章研究结论，提出了相应的政策建议。

第四章，户籍政策效应研究：以购房入户为例。本章首先对我国户籍制度的历史沿革与背景进行了介绍，对我国主要城市的购房入户政策进行了梳理，并对研究样本即成都市的购房入户政策与实施效果进行了简要分析与描述；其次采用断点回归模型（RD）和双重差分模型（DID）研究了户籍政策对住房价格的影响，并对影响的异质性进行了剖析；最后分析了影响户口市场价值的相关因素。

第五章，住房供应政策效应研究：以"90/70"政策为例。本章以"90/70"政策为例，研究了住房供应政策对住房市场的影响，首先采用干扰分析的方法研究了"90/70"政策对住房成交量的影响，并分面积段探讨了政策的异质性；其次研究了"90/70"政策对住房价格的影响，并对住房成交的量价变化关系进行了分析。

第六章，住房需求政策效应研究：以住房限购为例。本章首先对成都住房限购措施和研究区域进行了简要介绍，并结合研究样本设定了本章的实证研究策略；其次，从理论上分析了住房限购政策对住房价格的影响，并运用双重差分模型（DID）进行了实证检验，并对影响的异质性进行了探讨。最后，还研究了住房需求政策对销售持续时间和购买面积的影响。

第七章，人口迁移流动对城市住房价格的空间影响差异。本章首先对中国283 个城市的流动人口进行了测算，并对中国流动人口的现状进行统计上的描述；其次，利用动态面板模型实证研究了人口流动对住房价格的区域影响差异，为了减小内生性的影响，文章还引入了气温作为人口迁移流动的工具变量；最后，运用时空地理加权模型研究了流动人口对中国城市住房价格的空间影响差异。

第八章，城市住房价格对人口迁移流动的影响研究。本章旨在考察住房价格对人口流动的综合作用机制。首先，宏观层面，基于 2005—2016 年我国 286

个地级市的面板数据，为了消除内生性的影响，还采用人均土地出让面积作为住房价格的工具变量，研究了住房价格对人口迁移流动的影响，并分子样本进行了异质性分析；其次，微观层面，结合全国人口动态监测调查数据，实证检验了城市住房价格对微观个体城市居留意愿的影响。

（三）研究方法

本书依据房地产经济学、人口经济学、管制经济学、城市经济学等相关学科的理论，对城市化背景下我国住房市场中和住房市场之外其他有代表性的政府管制对住房市场可能带来的影响进行理论分析，再以成都市，包括郊区（市）县近 10 年的全样本微观交易数据作为研究样本，辅以相关的区位、开发企业、教育等微观信息以及成都市和全国各地其他城市的经济发展、人口等宏观信息作为研究数据，采用合适的计量模型对具体问题进行实证研究，从而达到将理论与实际相结合进行实证分析的目的。

本书以实证研究做为最终的落脚点和研究重点，力图充分分析和解释现实问题。在实证研究中，注重定性分析和定量分析相结合，并以定量分析为主，定性分析为辅。定量分析方法以微观计量经济学中的方法为主，包括最小二乘法、DID 模型、RD 模型、动态面板模型、时空地理加权模型等，涉及的其他方法包括住房经济学中常用的 Hedonic 模型、统计学中的非参数估计、面板数据政策效应评估方法、时间序列分析技术中的干扰分析、ADF 检验、协整关系分析、Granger 因果关系检验等。

在选取实证方法时，本书尽量选择合适于问题本身的研究方法，力求方法在解释问题上的合理性，讲求方法本身的"简单"，而不追求技术上的复杂，并兼顾计量经济学的各分支，以识别政策效应。在采用上述计量经济学方法进行定量分析的同时，也尽量避免过分依赖于计量经济分析，辅之以合适的描述性统计分析、必要的定性分析，作为具体问题的分析方法。

第二章　文献综述与理论基础

一、国内外文献综述

（一）城市住房价格影响因素的相关研究

国内外文献对城市住房价格重点关注两个方面：价格的空间传导与空间差异，对于前者的研究要远远多于后者。国外学者有关住房价格"空间差异"的研究主要分为两类：一类是对文献关注度量方法的讨论。大部分研究基于特征价格模型（hedonic pricing model，HPM）的框架与传统的空间计量相结合（Wu & Deng，2015）[①]，其中"空间扩展法"（Casetti，1972）是使用比较广泛的一种方法[②]。但比特（Bitter，2007）研究认为，"地理加权回归法"相比"空间扩展法"更易于空间范围内每个点位的局部回归[③]，而且在探索变量空间变化关系及对未来结果预测过程中具备明显优势（Farber & Yeates，2006）[④]。而赫尔比克（Helbich，2014）则认为地理加权回归法无法把全域性

---

①　WU J，DENG Y. Intercity information diffusion and price discovery in housing markets：evidence from Google searches ［J］. The Journal of Real Estate Finance and Economics，2015，50（3）：289-306.

②　CASETTI E. Generating models by the expansion method：applications to geographical research ［J］. Geographical Analysis，1972，4（1）：81-91.

③　BITTER C，MULLIGAN G F. Incorporating spatial variation in housing attribute prices ［J］. Journal of Geographical Systems，2007（9）：81-91.

④　FARBER S，YEATES M. A comparison of localized regression models in a hedonic price context ［J］. Canadian Journal of Regional Science，2006：29-42.

的共性影响因素和局部影响因素共同纳入同一个模型当中①，进而所得到的回归结果会存在偏误（Wei & Qi，2012），"混合地理加权回归法"可以规避这一问题，尤其是对于区域性小范围的研究更加适合，采用这种方法作者发现，奥地利作为一个小国其住房价格也存在显著的区域性差异。

另一类文献主要关注差异存在的原因分析。叶芝（Yeates，2002）研究发现，家庭收入的极化效应是造成澳大利亚各地区房价差异的主要因素。鲍蒙特（Baumont，2004）通过法国第戎市（Dijon）的住房数据发现，其空间差异源自离中央商务区的远近②。杜（Du，2011）研究得出土地政策是造成中国住房价空间差异的主要因素③，同样的观点还存在于其他国家，比如葛利瑟（Glaeser，2012）④对美国大都市区住房市场的研究。除了以上因素之外，不少的国外学者研究发现货币政策尤其是利率（Galvao，2013）⑤是比较重要的影响因素。由于市场环境的不同，不同国家相关因素的研究也存在一定区别，但综合来看基本上都在关注：收入、城市属性、货币政策等方面，对于人口因素的研究近年来开始有所涉及（Burke & Hayward，2011）⑥，但相对较少。

2012年以来我国城市住房价格的空间传导开始弱化，空间差异开始凸显（邱少君，2014）⑦，甚至在城市内部亦是如此（王京海 等，2015）⑧。针对国内市场的研究主要集中在产生空间差异的影响因素上，除了人口以外，大致可以分为三类：一是货币政策和信贷规模的影响差异；二是供需的差异；三是城市属性和地理环境的空间差异。

---

① HELBICH M. Spatial heterogeneity in hedonic house price models：The case of Austria ［J］Urban Studies，2014（51）：1-22.

② BAUMONT，CATHERINE，ERTUR，et al. Spatial analysis of employment and population density：The case of the agglomeration of Dijon 1999 ［J］. Geographical Analysis，2004，36（2）：146-176.

③ DU H，MA Y，AN Y. The impact of land policy on the relation between housing and land prices：Evidence from China ［J］. Quarterly Review of Economics & Finance，2011，51（1）：19-27.

④ GLAESER E L，GOTTLIEB J D，TOBIO K. Housing booms and city centers ［J］. American Economic Review，2012，102（3）：127-133.

⑤ GALVAO J R，ANTONIO F. Quantile autoregressive distributed lag model with an application to house price returns ［J］Oxford Bulletin of Economics and Statistics，2013（75）：7-321.

⑥ BURKE T，HAYWARD D. Melbourne's housing past，housing futures ［J］. Urban Policy & Research，2011，19（3）：291-310.

⑦ 邱少君. 我国房地产市场的分化及其趋势 ［J］. 中国房地产，2014（7）：33-35.

⑧ 王京海，孙晨，姚婉，等. 公共服务设施可达性对房价影响及其空间解读：以南京市鼓楼区与建邺区为例 ［J］. 2015中国城市规划年会，2015：384-393.

国内学者关于货币政策和信贷规模对城市住房价格影响差异的研究较多，早先梁云芳和高铁梅（2007）研究发现，东、西部城市的房价更易于受到信贷规模的影响[1]，尤其是西部地区（魏玮、王洪卫，2010)[2]，而中部地区房地产市场更多依赖于地区的经济发展状况。此外，国内很多学者就货币政策冲击对住房价格的区域异质性影响进行实证检验，袁科和冯邦彦（2007）从货币政策对区域性房价造成差异的视角入手，认为货币政策传导对区域房地产市场具有非对称性效力，货币政策对房地产价格的效力由东向西依次递增[3]；王先柱等（2011）进一步深入到利率对需求和供给的影响，从需求端看，利率对房地产需求的抑制效果，东部要好于中、西部，从供给端看，较中、西部而言，东部地区的房地产开发投资对利率变化更为敏感[4]；余华义和黄燕芬（2015）通过 GVAR 模型进一步验证货币政策对房地产市场的影响存在区域差异，货币供应量冲击对一线城市和东部城市房价有较大的正向影响，但对中、西部城市房价影响较弱[5]。

关于供需对住房价格的影响。刘学良（2014）在利用城市人口增长、城市发展水平增长等需求端因素解释房价增长率差异失败后，从需求的角度出发，认为城市间住房供给差异是导致区域房价差异的主要原因[6]，倾向内地的土地供应政策将会导致沿海地区房价上涨过快（陆铭，2015)[7]，沿海地区和内地大城市的土地供给受到限制，而这些地区人口流入较多，内地城市土地供给较多，人口却是流出，这种供给与需求的错配造成房价的空间差异（韩立

① 梁云芳，高铁梅. 中国房地产价格波动区域差异的实证分析 [J]. 经济研究，2007（8）：133-142.

② 魏玮，王洪卫. 房地产价格对货币政策动态响应的区域异质性：基于省际面板数据的实证分析 [J]. 财经研究，2010（6）.

③ 袁科，冯邦彦. 货币政策传导对区域房地产市场非对称性效力研究 [J]. 南方金融，2007（9）：20-22.

④ 王先柱，毛中根，刘洪玉. 货币政策的区域效应：来自房地产市场的证据 [J]. 金融研究，2011（9）：42-53.

⑤ 余华义，黄燕芬. 货币政策效果区域异质性、房价溢出效应与房价对通胀的跨区影响 [J]. 金融研究，2015（2）：95-113.

⑥ 刘学良. 中国城市的住房供给弹性、影响因素和房价表现 [J]. 财贸经济，2014（4）：125-137.

⑦ 陆铭，张航，梁文泉. 偏向中西部的土地供应如何推升了东部的工资 [J]. 中国社会科学，2015（5）：60-84.

彬和陆铭，2018)①，住房供需的空间错配同样也会导致大小城市间房价的分化，持续宽松的货币政策将会使这种分化进一步加剧（倪鹏飞，2019)②。

关于城市属性和地理环境的空间差异。吴璟（2009）研究得出，我国的住房价格短期波动差异性可以通过城市属性给予解释③，尤其是教育资源在不同城市和城市内部不同区域的分布不均导致了住房价格空间上的显著差异（冯皓、陆铭，2010)④，在教育资源丰裕的地区拥有更多的高校毕业生，他们更倾向于留在本地生活，形成住房刚需，推动房价上涨（陈斌开、张川川，2016)⑤。城市环境质量（Zheng，2011)⑥ 和基础设施建设也对住房价格产生了显著的影响，比如高铁等交通设施（Geng，2015)⑦。

（二）城市住房政策影响的相关研究

1. 实施住房政策的必要性

（1）管制经济学视角下的必要性

一般按照市场的竞争程度，可以把市场分为完全竞争市场和不完全竞争市场两大类，但是现实房地产市场，并不满足完全竞争市场的假定条件，建立在完全竞争市场结构上的一般均衡理论和福利经济学是不存在的。

一是住房市场的空间垄断性。住房具有不可移动性（空间固定性），"位置，位置，还是位置"这一名言折射了住房的空间垄断性，也就是说，住房在一定区域内具有某种程度的自然垄断特征，滋生了卖方垄断权利。对具有自然垄断特征的市场，政府需要对其进行经济性管制。对住房市场来说，基于住房的不可移动性和自然垄断特征，我国地方政府主要通过禁止开发企业捂盘惜售、出让土地时控制土地规模、增加开发进度约束、打击囤地行为等管制方

① 韩立彬，陆铭. 供需错配：解开中国房价分化之谜 [J]. 世界经济，2018，41（10）：126-149.

② 倪鹏飞. 货币政策宽松、供需空间错配与房价持续分化 [J]. 经济研究，2019，54（8）：87-102.

③ 吴璟. 中国城市住房价格短期波动规律研究 [D]. 北京：清华大学，2009.

④ 冯皓，陆铭. 通过买房而择校：教育影响房价的经验证据与政策含义 [J]. 世界经济（12）：91-106.

⑤ 陈斌开，张川川. 人力资本和中国城市住房价格 [J]. 中国社会科学，2016（5）：43-64.

⑥ ZHENG S, CAO J, KAHN M E. Chinese's rising demand for green cities: evidence from cross-city real estate price hedonics [J]. NBER Working Papers, 2016（9）：92.

⑦ GENG B, BAO H, LIANG Y. A study of the effect of a high-speed rail station spatial variations in housing price based on the hedonic model [J] Habitat International, 2015（49）：333-339.

式，对其空间垄断性进行约束。

二是住房市场的外部性。其一，住房的使用具有外部性。孟母三迁为择邻，就是获得住房居住正外部性的典型例子，在当前城市住房市场，住房的不合理使用则往往造成油烟、噪音等负外部性。其二，住房小区的开发必然会对原有环境造成影响，可能形成正的外部性，如改善人居环境、提升土地价值；也有可能造成负的外部性，如破坏自然景观、造成交通堵塞等。除此之外，住房具有耐久性，由于不同时代人们观念意识、建筑水平等因素的影响，失败的建筑并不少见。对失败的建筑来说，其带来的负面影响甚至危害同样持久，耗费大量成本拆除也是社会资源的极大浪费。因而，大多数国家和地区都以各种形式对房地产的开发和建设进行政府管制[1]。我国在房地产开发中实行规划审批、建设工程许可等制度，以确保建筑符合城市规划，并控制住房建筑质量，确保建筑外观设计的基本审美，以及同周边环境的统一和谐。其三，住宅产业的负外部性。从金融视角考察房地产业的负外部性，当从经济全局的角度来考察房地产业时，作为"支柱产业"的房地产业的经济绩效是片面的，其收益小于社会成本，其负外部性包括：推动通货膨胀、对实体经济的挤出效应、伦理道德代价、不公平的财富再分配等[2]。

三是住房市场的信息不对称性。这一信息不对称主要指住房质量。新建住房的开发商和二手住房的卖方、中介能掌握住房的质量、周边环境等信息，一般购房者、买方由于缺乏足够的信息往往被动地接受价格和承担风险。由于信息不对称，可能引发"逆向选择"和"道德风险"问题。对楼盘相关信息的不对称，政府一般要求开发商在销售现场公开楼盘相关信息，包括不利因素的提示等。对建筑质量方面的信息不对称，政府通过工程监管等系列方式加强政府管制，以确保建筑质量可靠。此外，在住房市场制度建设相对不健全的时候，还可能存在"一房多卖"的情形，这也是开发企业利用了住房交易信息的不对称。针对这种情况，政府一般要求开发企业在售楼现场对不同房源的可售信息进行现场公示，有条件的地区会在楼盘现场提供基于政府楼盘表管理的网络查询工具，从根本上杜绝"一房多卖"的情形，保护购房者利益[3]。

---

① 刘洪玉，郑思齐. 城市与房地产经济学 [M]. 北京：中国建筑工业出版社，2007.

② 白钦先，主父海英. 我国房地产业的金融负外部性考察 [J]. 经济评论，2011 (6)：97–103.

③ 中华人民共和国建设部. 房地产市场信息系统技术规范：CJJ/T 115–2007 [S]. 北京：中国建筑工业出版社，2007.

四是住房是稀缺资源。住房不能脱离土地而存在，由于适合人类居住的土地具有天然稀缺性，人类生活需要的现代化基础设施和优质的公共服务也具有相对稀缺性，这些服务常常与住房相关联，这使得住房具有稀缺性。住房是生活的必需品，作为必需品同时具有稀缺性，需要政府管制，以确保稀缺资源的相对公平分配。我国政府在保证居民的改善性住房需求的同时，也提高了多套住房的首付比例要求，增加购房家庭同时购买多套住房的难度，在一定意义上，保证作为生活必需品的住房这样一种相对稀缺资源的公平分配。

五是住房市场中的不平等议价能力。在新建商品住房交易的过程中，购房者是相对弱势的一方，当需求相对刚性的时候，购房者只能被动接受价格。对此，相应的政府管制措施是，要求开发企业在楼盘现场明码标价，一房一价，部分城市要求楼盘在申领预售许可证时，填报最高卖价，实际成交价格不能超过申报价。在住房价格快速上涨的时候，相对紧张的供求关系容易引起购房者恐慌，政府在引导舆论，努力增加供应的同时，往往对开发商的住房价格上涨进行一定程度的控制，以保护购房者的权益不受侵害。

（2）社会利益理论视角下的必要性

住房市场对经济社会发展有重要影响，着眼于经济社会稳步发展的宏观目标，政府常常对住房市场进行微观管制。

一是以住宅产业为主的房地产业是国民经济发展的重要支柱产业①。房地产业与建筑业、建材、冶金、纺织等50多个物质生产部门间接相关，并直接影响家电、家具以及金融、旅游、运输等行业的发展，对整体经济发展的连带效应比较大②。因此，政府需要对其进行恰当的管制，以确保行业的健康发展。

二是住房市场关系国家经济金融稳定。由于住房价值高，大部分家庭购买住房采用了抵押住房按揭贷款的方式，因此住房市场与金融市场具有密切联系；同时，住房是大部分家庭资产的重要组成部分，是居民首要的生活资料，因此关系到国家经济社会的发展与稳定；因而，政府需要对住房市场进行适当的干预，以确保其平稳健康发展。2008年发生的美国次贷危机，进而演化成

---

① 国务院关于促进房地产市场持续健康发展的通知 [EB/OL]. (2003-08-12) [2019-04-24]. http://www.gov.cn/test/2005-06/30/content_11344.htm.

② 谢家瑾. 房地产这十年：房地产风雨兼程起起伏伏之内幕 [M]. 北京：中国市场出版社，2009.

全球金融危机，就是住房市场影响国家金融稳定的最现实例子。

三是住房具有居住属性和改善民生的社会功能。作为社会主义国家，住房政策需要关注人民群众的基本居住需求和合理的改善性需求。随着住房市场的发展，住房价格快速上涨，享有适当住房的基本人权要求一定的社会保障制度来保证低收入人群在市场化条件下能够妥善解决自身的住房问题。因此，部分地方政府对住房市场的调控确立了"放开高端，调控中端，保障低端"的思路，是政府管制与放松管制的体现。

四是不同地区、档次之间住房市场相互影响，存在波纹效应。住房市场中的波纹效应（ripple effect）是指不同地区、不同档次、不同类型住房价格在彼此之间传递，又称"多米诺骨牌效应"（domino effect）。自 20 世纪 90 年代初，国外学者开始逐步关注住房价格地区传导机制，其中以研究英国区域间房价趋同性居多。最早霍尔曼（Holmans，1990）研究发现，英国东南部伦敦地区房价对其他地区的房价有明显的领导作用，长期来看各地房价具有趋同性[1]。近些年来对其他国家和地区的住房市场类似的研究成果也在不断地出现，Ho 等（2008）对 1987—2004 年我国香港地区不同档次的房价关系进行了分析，认为受政策影响的住房价格及其成交量的变动存在由低档次住房向高档次传递的现象[2]。内地住房市场也有波纹效应。位志宇和杨忠直（2007）基于上海、江苏和浙江三个省市的房屋销售均价的数据的实证研究发现，上海房价的上升带动了江苏和浙江两省房价的上涨，反之影响不大[3]。在解释我国住房量价变化方面，贺京同等（2009）以我国 35 个大中城市的商品房市场的量价悖论为研究对象对我国房地产市场进行实证研究，结果表明我国住房市场存在严重的羊群行为，它是促进我国商品房销售量、价格飙升的重要因素[4]。

① HOLMANS A. House prices：changes through time at national and sub-national level ［R］. GovernmentEconomicServiceWorking Paper，1990（10）.

② HO L S，MAY，HAURIN D R. Domino effects within a housing market：the transmission of house price changes across quality tiers ［J］. Journal Real Estate Financial Economy. 2008（37）：299-316.

③ 位志宇，杨忠直. 长三角房价走势的趋同性研究 ［J］. 南京师大学报（社会科学版），2007（3）：43-48.

④ 贺京同，战昱宁，万志华. 房地产市场中的羊群行为及其对商品房交易量的影响 ［J］. 浙江大学学报（人文社会科学版），2009（2）：172-180.

五是住房价格的高低及其波动影响居民消费。况伟大（2011）对房东和租客分别建立两期房价与消费关系模型，并使用35个大中城市1996—2008年家庭数据，考察了房价变动对居民消费变动的影响，实证结果表明，房价对家庭非住房消费影响为负[1]。李春风等（2013）将房价、住房面积、消费习惯及借贷约束等变量引入消费者最优选择模型中，采用我国29个省（区、市）的年度数据，运用动态系统广义矩阵方法进行实证研究，结果显示，房价波动对非居住消费的影响为正，但对不同地区影响存在差异，对东、西部地区影响为正，对中部地区为负[2]。杜莉等（2013）基于上海市入户调查数据的实证研究结果，发现近年来上海的房价上升总体上提高了居民的平均消费倾向[3]。显然，学术界对此并未有统一结论，但住房市场影响消费是毋庸置疑的。

六是住房市场发展的其他影响。住房市场的发展尤其是高房价还对居民的幸福感、储蓄率和福利水平产生影响。林江等（2012）的研究表明，城市房价上涨程度对居民和租房者的幸福感具有显著的负面影响，但对多房者和仅有一套房产者的幸福感有显著正向效应，且对多房者幸福感的正向效应更高[4]。陈彦斌和邱哲圣（2011）的研究显示，高房价使得居民储蓄、投资行为扭曲，降低了城镇居民的福利水平[5]。此外，高房价还会影响投资[6]和大学毕业生就业[7]等。

2. 住房供应政策及其影响

（1）土地政策及其影响

我国"实行土地的社会主义公有制，即全民所有制和劳动群众集体所有制"，而"城市市区的土地属于国家所有"，"全民所有，即国家所有土地的所有权由国务院代表国家行使"；政府出让的是土地使用权而非所有权。土地管

---

① 况伟大. 房价变动与中国城市居民消费 [J]. 世界经济，2011（10）：21-34.

② 李春风，陈乐一，刘建江. 房价波动对我国城镇居民消费的影响研究 [J]. 统计研究，2013（2）：14-22.

③ 杜莉，沈建光，潘春阳. 房价上升对城镇居民平均消费倾向的影响：基于上海市入户调查数据的实证研究 [J]. 金融研究，2013（3）：44-57.

④ 林江，周少君，魏万青. 城市房价、住房产权与主观幸福感 [J]. 财贸经济，2012（5）：114-120.

⑤ 陈彦斌，邱哲圣. 高房价如何影响居民储蓄率和财产不平等 [J]. 经济研究，2011（10）：25-38.

⑥ 罗时空，周亚虹. 房价影响企业投资吗：理论与实证 [J]. 财经研究，2013（8）：133-144.

⑦ 夏高发. 高房价对大学毕业生择业的影响 [J]. 中国青年研究，2011（6）：56-59.

理的基本制度包括：土地登记制度、土地有偿有限期使用制度、土地用途管制制度和耕地保护制度。国有土地使用权的出让，也称批租或土地一级市场，由国家垄断。郑翔（2011）系统地介绍了房地产开发用地方面的政府管制措施，包括开发企业的市场准入和退市、开发用地的取得、开发用地的使用以及开发用地地上与地下的空间开发，都有相应的管制措施①。

在我国当前的市场环境下，土地供应对住房供应具有重要影响，城市土地供应量与住房供给量有显著的正相关关系，紧缩的土地供应政策通过降低供给弹性，最终推高住房价格②。政府土地供应是住房价格变化的重要影响因素，通过影响市场参与者对未来房价的预期，作用于当前房价的变化③；当住房需求旺盛、住房价格快速上涨时，政府增加土地供应能有效提高住房供应④。

基于耕地保护制度，国家层面控制各地区新增建设用地指标。Zhang 等（2013）建立理论模型，分析了我国划分耕地保护红线对住房价格的影响，模型分析和参数估计结果表明，实施耕地保护使得住房价格上升，并降低购房者福利⑤。

黄忠华等（2009）基于 1995—2006 年上海市季度数据，采用 Granger 因果检验和基于预期的房地产价格模型，分析土地供应对住房价格的影响，实证结果表明，土地供应通过预期对住房价格产生影响，稳定土地供应有利于稳定住房价格，增加土地供应有助于抑制住房价格过快上涨；政府应该抑制土地囤积行为，以防止土地囤积减弱住房价格对土地供应变化的时效⑥。

杜江等（2011）基于 2000—2008 年中国 4 个直辖市和西部大中城市房屋销售价格指数和土地交易价格指数，采用 Panel Data 无约束模型，分析了地价

---

① 郑翔. 中国房地产开发用地政府管制研究 [M]. 北京：北京交通大学出版社，2011.

② 王松涛，刘洪玉. 土地供应政策对住房供给与住房价格的影响研究 [J]. 土木工程学报，2009（10）：117-121.

③ 任荣荣，刘洪玉. 土地供应对住房价格的影响机理：对北京市的实证研究 [J]. 价格理论与实践，2007（10）：40-41.

④ 任荣荣，刘洪玉. 土地供应对住房供应的影响研究 [J]. 建筑经济，2008（3）：25-27.

⑤ ZHANG D, CHENG W, NG Y K. Increasing returns, land use controls and housing prices in China [J]. Economic Modelling, 2013（31）：789-795.

⑥ 黄忠华，虞晓芬，杜雪君. 土地供应对住房价格影响的实证研究：上海市为例 [J]. 经济地理，2009（4）：625-627+634.

对房价的影响，实证结果表明，地价对房价的影响具有一致性①。同样基于西部城市数据，白忠菊和杨庆媛（2012）以重庆为例，从土地供应数量、结构和方式三方面分析不同区域土地供应对房价波动的影响，结果表明，商品住房用地供应要体现差别化，一方面要增加普通商品房用地供应，以防止房价过快增长；另一方面要严格限制高档商品房用地供应，以抑制投机性需求②。

丰雷等（2011）基于 1999—2007 年中国 30 个省（区、市）的季度面板数据，采用结合中国实际修正的存量—流量模型，实证分析土地供应管制与住宅价格波动的关系，研究表明，土地供应管制对住宅价格水平及波动都有显著影响，且土地供应管制环境的松紧影响投机行为作用的大小，当土地供应管制加强时，投机因素对房价波动的影响更大③。

张东和杨易（2014）基于中国 1999—2010 年 10 年左右的省级非平衡面板数据，实证研究房地产供给对住房价格的影响，结果表明，相对土地供应对房价的影响，新增住房供应和存量住房供应对住房价格的影响更为显著④。

土地供应管制不仅导致住房价格上涨，以及价格波动，还使得区域间住房价格出现分化。陆铭等（2015）基于中国 286 个地级市 2001—2010 年数据，研究土地供应政策与工资增长的关系，结果发现，政府 2003 年以来实行倾向于中、西部地区土地供应、相应压缩东部地区土地供应的策略，使得东部地区房价快速上升，进而导致东部地区的工资上涨⑤。

"土地是财富之母"⑥，如何突破土地使用用途、数量限制自然成了专家学者们关注的问题。各大城市周边层出不穷的小产权住房，以其价格相对低廉为特点，一度成为众多中低收入家庭的购房选择。有关小产权房的话题引起了法

① 杜江，许多，李恒. 中国大中城市地价对房价影响的实证研究 [J]. 重庆大学学报（社会科学版），2011（1）：30-34.

② 白忠菊，杨庆媛. 土地供应、房价波动与地方政府的或然态势 [J]. 改革，2012（11）：83-90.

③ 丰雷，苗田，蒋妍. 中国土地供应管制对住宅价格波动的影响 [J]. 经济理论与经济管理，2011（2）：33-40.

④ 张东，杨易. 中国房地产市场供给对房价影响的实证分析 [J]. 统计与决策，2014（12）：133-136.

⑤ 陆铭，张航，梁文泉. 偏向中西部的土地供应如何推升了东部的工资 [J]. 中国社会科学，2015（5）：59，83，204-205.

⑥ 威廉·配第. 赋税论 [M] 马妍，译. 北京：中国社会科学出版社，2010.

学界和经济学界众多学者的兴趣，他们并从不同视角对小产权房进行探讨①。突破土地出让时对建设住房的数量合约也是较为常见的现象。Cai 等（2016）基于中国 30 个主要城市的地块及商品房项目信息研究发现，超过 20% 的商品房项目突破了土地出让过程中所约定的容积率，这些项目建筑面积平均超过容积率上限建筑面积 21.5%，且位置相对优越的地块突破容积率上限的可能性更大②。

刘学良（2014）注意到不同城市住房价格表现差异明显，文章基于 35 个大中城市 1998—2009 年的住房价格和开发建造数据的实证研究表明，不同城市住房供给弹性的差异对住房价格差异具有很好的解释力，而城市人口、人均GDP 等指标的解释力则相对有限，其中，影响城市住房供给弹性的重要指标有城市的经济密度和土地市场开发管制；基于这一结论的政策性启示是，通过打压需求难以实现抑制住房价格快速上涨这一调控目的，政策应该向促进供给这一方向转变，包括提高可供开发土地比例，减少地方政府对土地市场的开发管制③。

（2）规划和其他供应政策及其影响

当然，上述不同文献基于不同视角得出的研究结论和相应政策建议与启示，仍然需要符合公共利益，不能放任开发企业无约束开发。单一的市场机制不仅无法解决住房市场的问题，还可能使市场发生某些方面的恶化④，而政府干预住房市场的重要途径之一就是城市规划。

我国通过《中华人民共和国城乡规划法》对城乡建设进行管控，其中城市规划管理通过相关法规，"对城市规划区内的各项建设进行统一的安排和控制"⑤。在项目规划与建设阶段，住房项目的开发建设都必须符合相应的规划

① 张良悦，刘东. 道是非法却有情：小产权房开发的经济学分析 [J]. 财贸经济，2009（4）：104-110.

② CAI H，WANG Z，ZHANG Q. To build above the limit? implementation of land use regulations in urban China [J]. Journal of Urban Economics. 2016 (4)：1-11.

③ 刘学良. 中国城市的住房供给弹性、影响因素和房价表现 [J]. 财贸经济. 2014 (4)：125-136.

④ YAMADA Y. Affordability crises in housing in Britain and Japan [J]. Housing Studies, 1999, 14 (1)：99-110.

⑤ 住房和城乡建设部房地产市场监管司. 房地产管理基本制度与政策 [M]. 北京：人民出版社，2011.

条件，或者政府行业主管部门的审批，相应的管制手段包括选址意见书、建设用地规划许可、建设工程规划许可、勘察设计管理、建设工程施工与质量管理等。

"90/70"政策是具有中国特色的通过规划管制来调控住房市场的手段。本书第5章专门对此进行理论分析与实证研究。

在住房项目的预（销）售环节，住房市场行业管理部门还需要对项目开发进度进行现场勘察，达到一定条件才能获得预（销）售许可。在开发企业的项目推广阶段，仅仅是对楼盘项目的广告，政府就有一系列的明确管制措施，包括不能虚假宣传、不得含有升值或者投资回报的承诺等。

邢海峰（2011）基于公共政策理论视角，探讨了城市规划调控住房供应的功能及其实现途径，文章认为，城市规划的主要功能是公权力在促进经济、社会、环境发展时兼顾效率和公平，而当前城市规划简单强调技术转型，忽视了住房市场化所带来的住房供应增长不平衡、中低收入家庭难以自我解决住房需求等问题；在此基础上，文章提出要通过市场来增强住房供应的能力，同时发挥规划管制的作用，以减少和避免市场内在的不经济性[1]。

陶金和于长明（2011）以场景分析法剖析城市规划与住房可支付性之间的关系，认为城市规划对住房市场具有双重作用，城市规划对土地利用在数量和质量上的限制作用可能导致住房价格上涨，而城市规划通过对稀缺资源进行优化配置的公共政策属性则可以在一定程度上提高住房的可支付性；城市规划通过土地分配倾斜、增加开发强度、减小单位容量的直接干预手段增加住房供给，从而在整体上提高住房的可支付性，此外，作者还建议在我国现实条件下，通过规划机制对住房价值增值进行再分配，以提升住房可支付性[2]。

胡若函（2015）从理论角度探讨了住房规划（限制性土地利用政策）对住房市场的影响，包括可能降低区域的住房总供应量、提升受限地区商品住房的相对价格、提高受限地区新建商品住房的平均单套面积，基于北京市数据的实证研究证实了作者的理论分析；由此得到的启示是，城市规划应当突出公共投资的引导作用，缩小郊区和中心城区的区位差距，而不是通过强行限制中心

① 邢海峰. 城市规划调控住房供应的功能及其实现途径：基于公共政策理论视角的分析[J]. 城市规划. 2011（1）：72-76.

② 陶金，于长明. 城市规划对住房可支付性的影响[J]. 城市问题，2011（9）：42-47，76.

城区的开发行为，以免对住房市场的正常运转造成不必要的干扰①。

丁杰和李仲飞（2014）基于住房存量调整模型，理论分析了住房供给方对住房需求冲击的反应，并基于1999—2012年我国大陆30个省级地区（不含西藏）的年度数据，实证研究我国住房供给相对于需求变化的调整速度，结果表明，面对住房市场上的正向需求冲击，供给方（开发商）不能做出快速反应以增加住房供给，导致这一较慢反应速度的主要原因不是住房建设周期，而是基于房价的预期而采取的囤积土地、延长开发周期等行为，以及政府对土地的严格管制②。这一结论为地方政府在住房价格上涨较快、供求关系相对紧张时期，常常采取的促开工、促建设等供给方管理措施提供了科学依据。

3. 住房需求与价格政策及其影响研究述评

从需求角度进行的政府管制相对较少，最为典型的是于2010年开始的住房限购措施，本书第6章将对此进行较为系统的介绍，并基于成都市新建商品住房交易数据，对限购措施的实施效果进行实证分析。

在住房市场相对过热的时候，各地政府往往会临时增加一些管制措施。如2016年11月成都市政府出台了《关于推进供给侧结构性改革促进我市房地产市场健康发展的意见》，意见指出，"房地产开发企业在申请商品住房预售许可时，应根据项目楼面地价及建安成本等合理确定申报价格，不得虚高申报，不得以精装修、提高设施设备档次等为名变相抬高价格，损害购房者权益"。在一定程度上，限制了开发企业不合理涨价的权利。

熊毅（2008a，2008b）认为住房价格并非完全由市场决定，住房生产所需要素特点、住房需求的相对刚性的分析决定了住房市场是一个卖方垄断市场，并从经济效率、经济公平、经济稳定三个角度阐述了政府对开发企业的涨价牟利行为进行政府管制的必要性③。

谢波和施建刚（2014）指出，政府对限价的商品住房的分配，一般采用寻租型、随机型两种配给机制，并从社会福利的视角对价格管制政策干预房价的机理进行了探讨，理论分析结果表明，经济适用房、限价商品房等形式的住

① 胡若函. 北京住房建设规划对住房可支付性的影响 [J]. 城市规划，2015（3）：81-85.

② 丁杰，李仲飞. 开发商行为、土地管制与住房供给的动态调整 [J]. 当代财经，2014（9）：18-27.

③ 熊毅. 房价需要政府管制吗：基于市场垄断和政府职能的考察 [J]. 东南大学学报（哲学社会科学版），2008a（2）：55-58，127.

房限价政策并不能真正达到抑制住房快速上涨、促进社会公平、保障中低收入家庭住房权利的效果；基于上海市 2008—2011 年经济适用房数据（月度）的实证研究表明，以经济适用房为代表的保障性住房政策对住房价格的影响程度较小，难以达到抑制房价上涨的目标①。

4. 社会政策对住房市场影响

房地产市场的发展不仅由房地产本身的供求关系和相应的政府管制决定，还受到其他层面政府管制的影响，这些因素共同决定了房地产市场的发展。

（1）人口政策对住房市场的影响

本质上，住房的需求来源于人的居住需求，住房的投资需求则跟投资者对未来住房市场的预期有关，这又与未来人口的变化有关，因而有关人口的管制政策自然对住房市场产生重要影响，这也是学者们研究的重要课题。户籍制度是人口管制政策中具有中国特色、对经济社会发展影响较大、实施时间长、广受社会关注的政策之一；户籍与城市公共服务相联系，地方政府提供良好的公共服务使得城市户籍具有吸引力，而户籍与住房挂钩，使得能享受良好公共服务的住房具有稀缺性。对居民户籍的管制，会在很大程度上影响住房需求，本书第 4 章讨论户籍管制对住房市场的影响。

陈斌开等（2012）基于人口普查微观家户数据，对我国人口结构与住房需求的关系进行了实证研究，研究发现，20~50 岁人口是市场住房需求的主要力量，基于人口结构转变的住房需求估算结果很好地拟合了 2004 年以来住房价格的变化，人口结构变化是我国住房价格变化的关键因素②。

黄燕芬和陈金科（2016）在绝对收入消费理论、生命周期消费理论和收入代际转移理论的基础上，提出老年抚养比对住房消费的影响存在拐点、少儿抚养比对住房消费存在瓶颈的理论假说，即在拐点之前住房消费随老年抚养比的增加而增加，拐点之后住房消费随老年抚养比的增加而减少，少儿抚养比上升会增加住房消费意愿，但同时也增加其他刚性消费，使得家庭收入成为住房消费的瓶颈；采用这一理论假说并结合实际数据，文章对当前我国住房消费随着老年抚养比、少儿抚养比的增加而增加进行了解释；文章还关注我国 2016

---

① 谢波，施建刚. 价格管制政策对住房价格的干预机理与效果分析 [J]，统计与决策. 2014 (10)：131-134.

② 陈斌开，徐帆，谭力. 人口结构转变与中国住房需求：1999—2025：基于人口普查数据的微观实证研究 [J]. 金融研究，2012 (1)：129-140.

年1月1日起开始实施的"全面二孩"政策，是否能改变人口年龄结构的变化趋势，进而对住房消费产生的影响，文章给出的理论预测是，"全面二孩"政策不能改变预测期间内住房消费量先增后减的态势，但将增加住房消费总量[1]。

李超等（2015）观察到土地稀缺、人民币升值、预期和投机等因素无法解释2003年前后住房价格的跳跃性变化，试图从人口结构视角考察中国住房需求持续高涨之谜，文章利用面板数据和GWR模型对住房需求的影响因素、时空效应以及未来走势进行了考察，结果表明，常住人口和流动人口数量、居民收入分配、人力资本状况以及人口抚养比对住房需求产生了显著影响，当前我国的城市化进程在人类历史上规模空前，因而给住房市场带来巨大压力，但考虑到当前人口年龄结构变化，预期未来住房需求将呈倒"U"形特征，未来应注意防范人口结构变化使得住房市场出现大起大落[2]。

刘学良等（2016）以家庭世代交叠模型和古诺垄断竞争模型为基础构建了住房市场局部均衡模型，从理论上证明了外生人口冲击对住房市场需求和住房价格变化产生重要影响，基于30个省级行政区面板数据的实证研究显示，20世纪80年代"婴儿潮"人口集中进入婚龄是2004年以来中国城市住房价格持续、快速上涨的重要原因之一[3]。

徐建炜等（2012）从人口结构变化的视角，基于19个发达国家1970—2008年的数据，考察人口抚养比对住房价格的影响，实证结果表明，无论是少年还是老年抚养比的上升，最终都会导致住房价格下降，并且这是一种长期效应；进一步，分析考察人口结构变化对我国住房价格的影响，结果表明，2000年以后中国的少年抚养比例迅速下降，使得同期房价迅速攀升，但与国际经验不同，中国的老年人口的房屋需求也很旺盛，老年人口比重的上升并没有带来房价下降，作者将此放在中国住房制度改革的大背景下，将此解释为特定历史阶段的特殊情况[4]。

---

① 黄燕芬，陈金科. 我国人口年龄结构变化对住房消费的影响研究：兼论我国实施"全面二孩"政策的效果评估 [J]. 价格理论与实践，2016（2）：12-19.
② 李超，倪鹏飞，万海远. 中国住房需求持续高涨之谜：基于人口结构视角 [J]. 经济研究，2015（5）：118-133.
③ 刘学良，吴璟，邓永恒. 人口冲击、婚姻和住房市场 [J]. 南开经济研究，2016（1）：58-76.
④ 徐建炜，徐奇渊，何帆. 房价上涨背后的人口结构因素：国际经验与中国证据 [J]. 世界经济，2012（1）：24-42.

杨华磊等（2015）基于一个住房市场均衡理论框架，考察我国1960—2010年出生人口的年龄结构对住房市场的影响，结果表明2001年"80后"人口高峰进入住房需求时期，对住房市场产生了重要影响，文章还基于仿真结果对未来住房需求走势进行了预判[1]。

邹瑾（2014）考察我国不同地区人口老龄化对住房价格的影响，基于系统广义矩估计的实证结果表明，我国老年人口占比与住房价格成正比，与"资产消融"假说相悖，文章给出的解释与徐建炜等（2012）的解释类似；文章同时分地区考察了青年人口比例对住房价格的影响，结果显示，我国东部地区青年人口比例对住房价格的影响为负，文章认为，造成这一现象的原因在于人口流动性与支付能力，即部分地区住房价格可能已经脱离实体经济，应予以重视[2]。

（2）环境管制对住房市场的影响

环境影响住房价格是住房经济学中的传统话题，在住房经济学中广为应用的Hedonic模型就强调邻里环境对住房价格的影响，其本质是，良好的环境使得相应的住房需求增加，而优质的环境是相对稀缺的资源，使得临近优美环境的住房供应有限，在其他条件相同的情况下，其价格超出不享有优质环境住房的部分，即可视为购房者对优质环境的支付意愿。

对具有天然的优良景观的城市，地方政府往往会通过地方立法等形式，对景观及其周边建筑规划进行保护，如浙江省和杭州市对西湖的保护、青岛市对胶州湾的保护等[3]。温海珍（2012）的实证研究表明，西湖对周边住宅的住房价格产生显著的正向外部性效应，在平均的影响范围5.62千米内，到西湖的距离每增加1%，住房价格下降约0.226%[4]。李京梅和许志华（2014）采用特征价格法实证研究青岛海景对住房价格的影响，结果表明海景房与海岸线的最

---

① 杨华磊，温兴春，何凌云. 出生高峰、人口结构与住房市场 [J]. 人口与经济，2015（5）：87-99.

② 邹瑾. 人口老龄化与房价波动：来自中国的经验证据 [J]. 财经科学，2014（6）：115-124.

③ 参见《杭州西湖风景名胜区保护管理条例》《杭州西湖水域保护管理条例》《青岛市胶州湾保护条例》等。

④ 温海珍，卜晓庆，秦中伏. 城市湖景对住宅价格的空间影响：以杭州西湖为例 [J]. 经济地理，2012（11）：58-64.

近距离每缩小 1 米，其单位价格增加 4.07 元/平方米①。

包振宇和王思锋（2011）讨论旅游城市住宅市场的负外部性，文章认为旅游城市为了发展旅游业实施严格的环境保护和控制性规划措施，使得其住宅发展受到制约；同时，由于旅游城市环境优美，很多家庭到旅游城市购买住房作为第二居所，增加了旅游城市住宅市场的需求，容易导致市场失灵②。

（3）教育政策对住房市场的影响

子女教育是居民关心的重要问题，一般来说，名校学区内的住房价格显著高于周边非名校学区房。

布莱克（Black，1999）基于美国马萨诸塞州三个郡 1993—1995 年住宅交易数据，在控制了邻里特征、物业税率、学校开支等因素之后，发现考试成绩每提升 5%，家长对相应学区住房的支付意愿增加超过 2.5%③。胡婉旸等（2013）利用"租买不同权"的入学制度，基于学区房与相邻非学区房的配对数据，精确度量了优质教育资源的隐含价格，实证研究结果发现，2011 年北京市重点小学学区房的溢价约为 8.1%④。毛丰付等（2014）采用 Hedonic 模型，基于 2008 年 10 月—2009 年 9 月杭州市 5 大城区 202 个小区 7789 套住宅交易记录，研究优质教育资源对学区房价格的影响，实证结果表明，在控制其他区位特征和邻里特征后，杭州市区重点中学学区房溢价为 25.5%，重点小学学区房溢价为 12.8%，重点幼儿园则对房价影响不显著⑤。刘润秋和孙潇雅（2015）对成都市武侯区小学学区房的实证研究表明，小学教育质量每增加一个等级，住房价格平均上涨 2.97%，其中最优质小学的学区房溢价能达到 12.86%⑥。

---

① 李京梅，许志华. 基于内涵资产定价法的青岛滨海景观价值评估 [J]. 城市问题，2014（1）：24-28.

② 包振宇，王思锋. 旅游城市住宅市场负外部性及其矫正策略研究 [J]. 人文地理，2011（2）：150-153.

③ BLACK S E. Do better schools matter? Parental valuation of elementary education [J]. Quarterly Journal of Economics，1999，114（2）：577-599.

④ 胡婉旸，郑思齐，王锐. 学区房的溢价究竟有多大：利用"租买不同权"和配对回归的实证估计 [J]. 经济学（季刊），2013（4）：1195-1214.

⑤ 毛丰付，罗刚飞，潘加顺. 优质教育资源对杭州学区房价格影响研究 [J]. 城市与环境研究，2014（2）：53-64.

⑥ 刘润秋，孙潇雅. 教育质量"资本化"对住房价格的影响：基于成都市武侯区小学学区房的实证分析 [J]. 财经科学，2015（8）：91-99.

我国实行居民子女就近入学原则，其他基于租金率、土地价格的相关文献则从不同侧面证明了，是学区教育管制政策，而非优质教育资源距离对住房价格产生显著影响。张牧扬等（2016）认为学区房价值受到教育政策改革、教育质量变动、对口学校搬迁等因素影响，具有一定的政策风险。文章利用学区房"租买不同权"，基于上海市二手房挂牌出售和出租数据，应用 Hedonic 模型和边界固定效应方法，分析学区房的租金率折价，结果表明，学区房的租金收益率平均而言比非学区房低 5%，小户型住房更可达 19%，且租金率折价存在较大的波动①。周业安和王一子（2015）以北京市 2008—2013 年出让的 396 宗居住性质用地为样本，运用 Hedonic 模型研究教育资源、教育政策对土地价格的影响，结果表明，在小学、初中及高中三者中，只有初中与地块之间的距离对土地价格有重要影响，文章分析了小学距离不显著的可能原因，认为这一实证结论背后的深层次原因是，与既定的学校资源空间分布相比，不同的教育政策对商品住房和土地价格的影响可能更为关键②。

（三）人口迁移流动的相关研究

由于没有户口制度，国外学者对人口迁移与流动并未作出区分，西方主流文献对人口迁移流动的研究主要集中在解释"迁移流动的影响因素"和"迁移流动的形式"两个方面。

关于影响因素的研究。拉文施泰因（Ravenstein，1885）在《人口迁移规律》一文中提出了迁移定律，产生了逐步迁移（step-wise migration）的概念③。随后从"推拉理论"（Herberle，1938）④ 开始，发展经济学和新古典经济学派分别从各自的角度对其进行拓展。发展经济学侧重于对发展中国家"乡→城"人口流动的解释，从"刘易斯模型"（Lewis，1954）⑤ 到"托达罗模型"

---

① 张牧扬，陈杰，石薇. 租金率折价视角的学区价值测度：来自上海二手房市场的证据 [J]. 金融研究，2016（06）：97-111.

② 周业安，王一子. 教育资源、教育政策对城市居住用地价格的影响：基于北京市土地市场的数据分析 [J]. 中国人民大学学报，2015（5）：79-89.

③ RAVENSTEIN E G. The laws of migration [J]. Journal of Royal Statistical Society，1885（52）：241-301.

④ HEBERLE R. The causes of rural-urban migration a survey of german theories [J]. American Journal of Sociology，1938，43（6）：932-950.

⑤ LEWIS W A. Economic development with unlimited supplies of labour [J]. Manchester School，1954，22：139-191.

（Harris and Todaro，1970）① 比较一致的观点是认为"收入差距"是影响人口流动最为重要的因素（蔡昉，1995）②。而新古典经济学对这一问题的认识则显得更具有争议性，其中"收益—成本理论"支持者认为，迁移的决策取决于在迁入地所获取的收益是否能超过迁出成本（Grogger & Hanson，2008）③，迁入地的选择与生活质量、工资和住房价格直接相关（Berger & Blomquist，1992）④。而佩德森和皮特利科娃（Pedersen & Pytlikova，2008）则认为，在迁入地是否具有良好的社会网络关系和公平竞争性的劳动力市场准入制度，对迁移的决策更为重要，社会福利影响并没有我们想象的那么重要⑤。综合这些研究，产生分歧的原因与学者研究的国别和时间阶段直接相关。反观我国，地区经济与社会的发展更是日新月异，因此对此类问题的研究也需要采用"动态"的思维进行思考。

关于迁移形式研究。影响最大的莫过于泽林斯基（Zelinsky，1971）所提出的人口移动转变假说，他将人口迁移流动转变特征与社会经济发展水平相联系，分为：现代化前的传统时期、早期转型时期、晚期转型时期、发达时期、以及未来超先进社会时期5个阶段。到了晚期转型时期之后，"乡→城"人口迁移逐步被"城↔城"和城市内部移动所替代⑥。后续针对发达国家的研究也进一步证实了这一假说（Bell and Hugo，2000；Bell，2015）⑦。西方学者在此类研究中还提出了生命周期理论（life cycle theory）和生命过程方法（life course approach）。生命周期理论认为生命周期内由家庭决定人口迁移轨迹；生命过程方法则指出不同社会背景的人群的人生迁移轨迹也各不相同。同样，自

---

① TODARO M P. A model of labor migration and urban unemployment in less developed countries. [J]. American Economic Review，1969，59（1）：138-148.

② 蔡昉. 人口迁移和流动的成因、趋势与政策 [J]. 中国人口科学，1995（6）：8-16.

③ GROGGER，JEFFREY，HANSON，et al. Income maximization and the selection and sorting of international migrants [J]. Journal of Development Economics，2011，95（1）：42-57.

④ GLENN C BLOMQUIST，MARK C BERGER. Mobility and destination in migration decisions：the roles of earnings，quality of life，and housing prices [J]. Journal of Housing Economics，1992，2（1）：37-59.

⑤ PEDERSEN P J，PYTILKOVA M，SMITH N，et al. Selection or network effects? migration flows into 27 OECD countries，1990—2000 [J]. Iza Discussion Papers，2008，52（7）：1160-1186.

⑥ ZELINSKY W. The hypothesis of the mobility transition [J]. Geographical Review，1971，61（2）：219-249.

⑦ BELL M，HUGOG J. Internal migration in Australia 1991—1996：overview and the overseas-born [J]. Canberra：Department of Immigration and Multicultural Affairs，2000.

2011 年开始我国流动人口在流入地的生活、就业趋于稳定（朱宇，2016）[①]，"乡→城"人口流动的增长率在下降，并出现"流动人口不流动"的现象（段成荣，2013）[②]。直观判断这种现象与"假说"有相似之处，但仍需严谨的学术研究来进行判定。这一问题现今国内学术界很少涉及，假如符合"假说"，那么相关"城↔城"和城市内部移动的研究要引起我们的重视，因为这种形式的迁移流动，无论与住房价格还是城市内部的居住分层、隔离问题都存在更为直接的联系。

由于我国户籍制度的特殊性，国内相关研究把"迁移流动"根据"有无户籍转移"进行区分，"无户籍转移"就是我们通常意义上所讲的"流动人口"，研究的焦点主要是我国人口迁移流动的特征、影响因素以及空间格局，使用的数据主要采用 2010 年及以前的人口普查数据或抽样调查数据。

关于人口迁移流动特征。20 世纪 80 年代以来，省际人口迁移规模越来越大，经历了快速增长后进入了调整期（段成荣，2019）[③]，人口迁移流动的特征也逐步被学界所关注。顾朝林（1998）通过对中国人口流动宏观分析发现，流动人口向大中城市集聚趋势明显，且就城、就近、就富迁移，呈现明显的家庭式迁移的特征[④]，严善平（2007）的研究也发现了迁移人口越来越向主要的输出地和输入地集中，呈现出明显的两极分化趋势[⑤]；马忠东（2019）认为人口迁移已实现从计划性的永久迁移向市场性的临时迁移的转变，同时，人口迁移也实现了从个人行为向家庭行为的转变[⑥]。从微观特征变化来看，流动人口在年龄上逐步年轻化、时间短期化、学历高级化（马红旗和陈仲常，2012）[⑦]；段成荣（2019）通过对改革开放以来的第三、四、五、六次人口普查以及

---

① 朱宇，林李月，柯文前. 国内人口迁移流动的演变趋势：国际经验及其对中国的启示 [J]. 人口研究，2016，40（5）：50-60.

② 段成荣，吕利丹，王宗萍. 我国流动儿童生存和发展：问题与对策：基于 2010 年第六次全国人口普查数据的分析 [J]. 南方人口，2013，28（4）：44-55.

③ 段成荣，谢东虹，吕利丹. 中国人口的迁移转变 [J]. 人口研究，43（2）：14-22.

④ 顾朝林，蔡建明，张伟，等. 中国大中城市流动人口迁移规律研究 [J]. 地理科学进展，1998，66（3）：204-212.

⑤ 严善平. 中国省际人口流动的机制研究 [J]. 中国人口科学，2007（1）：71-77.

⑥ 马忠东. 改革开放 40 年中国人口迁移变动趋势：基于人口普查和 1% 抽样调查数据的分析 [J]. 中国人口科学，2019（3）：16-28.

⑦ 马红旗，陈仲常. 我国省际流动人口的特征：基于全国第六次人口普查数据 [J]. 人口研究，2012（6）：89-101.

2005、2015 年 1%的人口抽样调查数据分析后，总结了人口迁移流动的几个大趋势：流动人口规模经历了长期增长后步入调整期；流动人口中老年趋势明显且老年和儿童流动人口规模快速增加；跨省流动快速增长，"城↔城"流动显著增加，并将继续增加；流动人口人力资本禀赋持续升级①。与此同时，户籍制度一直作为人口迁移的桎梏制约着人口迁移的发展（王桂新，2019）②。

关于人口迁移流动空间格局。受"三线"及"支边"建设等影响，改革开放之前人口迁移主要表现为由东向西、向北的迁移模式（王桂新，2019）③；改革开放后，从东向西的开发型迁移向由西向东的经济迁移转变（张善余，1990）④，通过对"五普"和"六普"数据的对比，20 世纪 90 年代以来，中国省际人口迁移的区域模式总体上相当稳定，人口迁移分布具有明显的顽健性（王桂新、潘泽瀚，2016）⑤，但也出现了某些局部性的变化，如人口迁入地和迁出地都呈一定的集中趋势，人口迁移重心北移，长三角都市圈取代珠三角都市圈成为省际人口迁入的主要地区；丁金宏（2005）采用"五普"的数据和国务院人口普查办公室、国家统计局人口及社会科技统计司的 10%抽样调查数据，着重分析了中国人口省际人口流动的区域差异性，发现东部沿海和西部新疆地区等为净迁入地区，而中南部地区为人口净迁出地区⑥；蒋小荣、汪胜兰（2017）基于百度迁移大数据，结合复杂网络分析方法，分析了中国城市间人口日常流动的网络特征，发现城市间人口流动网络呈现明显的等级层次性，东部沿海三大都市圈依旧是人口流动的热点区域，整个网络结构在空间上呈现以北京、上海为"两大"中心，重庆、西安、广州和深圳为"四小"中心的"两大四小"的格局⑦。

关于人口迁移流动的影响因素。国内外诸多学者认为经济因素是影响人口

① 段成荣，谢东虹，吕利丹. 中国人口的迁移转变［J］. 人口研究，2019，43（2）：14-22.

② 王桂新. 新中国人口迁移 70 年：机制、过程与发展［J］. 中国人口科学，2019（5）：2-14.

③ 王桂新. 新中国人口迁移 70 年：机制、过程与发展［J］. 中国人口科学，2019（5）：2-14.

④ 张善余. 我国省际人口迁移模式的重大变化［J］. 人口研究，1990（1）：2-8.

⑤ 王桂新，潘泽瀚. 中国人口迁移分布的顽健性与胡焕庸线［J］. 中国人口科学，2016（1）：2-13.

⑥ 丁金宏，刘振宇，程丹明等. 中国人口迁移的区域差异与流场特征［J］. 地理学报，2005（1）：106-114.

⑦ 蒋小荣，汪胜兰. 中国地级以上城市人口流动网络研究：基于百度迁徙大数据的分析［J］. 中国人口科学，2017（2）：35-46.

迁移流动的首要因素（Todaro，1969）[1]，国内学者的实证研究也表明区域经济差异是影响中国人口迁移流动的重要因素（李拓、李斌，2015）[2]，如严善平（2007）采用"四普""五普"的数据和1995年1%人口抽样调查数据研究发现，20世纪末我国地区间的经济和预期收入差距，以及地缘和血缘关系是影响人口省际迁移流向的重要因素[3]。除了收入因素，第三产业的发展程度也是引致省际流动人口的重要因素（张耀军、岑俏，2014）[4]。潘竟虎、李天宇（2009）[5]、于涛方（2012）[6]、张坤（2014）[7]等研究结果也表明生活质量、创新能力、高端服务业发展及产业结构等因素也是影响人口迁移流动的重要因素。除经济因素外，一些学者还从城市公共服务视角，发现城市公共服务的供给能力是影响人口迁移流动的重要因素，人们更愿意向公共服务的城市迁移流动（杨晓军，2017）[8]。当然，还有一些学者研究了气候变化对人口迁移的影响，认为随着气温的升高，人口流动率会显著提高，直接证实了气温对人口流动有显著影响（卢洪友，2017）[9]。这些研究说明，对人口迁移流动的研究需根据产业结构等相关影响因素的变化，区分省内、省外和城市内部进行研究。

（四）文献评述

纵观现有文献，本书发现以下几点欠缺：

第一，过往关于我国人口迁移流动特征与规律的研究基本都是基于2010

---

① TODARO M P. A model of labor migration and urban unemployment in less developed countries. [J]. American Economic Review, 1969, 59 (1)：138-148.

② 李拓, 李斌. 中国跨地区人口流动的影响因素：基于286个城市面板数据的空间计量检验 [J]. 中国人口科学, 2017 (02)：75-85.

③ 严善平. 中国省际人口流动的机制研究 [J]. 中国人口科学, 2007 (1)：71-77.

④ 张耀军, 岑俏. 中国人口空间流动格局与省际流动影响因素研究 [J]. 人口研究, 2014, 38 (5)：54-71.

⑤ 潘竟虎, 李天宇. 甘肃省人口流动空间格局和影响因素的 ESDA 分析 [J]. 统计与信息论坛 2009 (9)：63-67.

⑥ 于涛方. 中国城市人口流动增长的空间类型及影响因素 [J]. 中国人口科学, 2012 (4)：49-60.

⑦ 张坤. 中国农村人口流动的影响因素与实施对策：基于推拉理论的托达罗修正模型 [J]. 统计与信息论坛, 2014 (07)：23-29.

⑧ 杨晓军. 城市公共服务质量对人口流动的影响 [J]. 中国人口科学, 2017 (2)：104-114.

⑨ 卢洪友, 文洁, 许文立. 气候变化对中国人口流动的效应研究 [J]. 湖北社会科学, 2017 (2)：77-83.

年"六普"及之前的数据，但近10年以来，我国的城市住房价格、产业结构、落户政策等社会经济环境与自然环境都发生了很大的变化，对人口的新的迁移流动特征与规律，尤其是实证分析这些特征与规律的研究相对缺乏。

第二，针对住房价格的研究，现有文献主要集中在其空间传导上，而对住房价格空间差异化特征较少，文献综述中所列举的部分文献虽有涉及，但并不是学者们研究的重点。

第三，相关我国城市住房价格与人口互动关系的研究，基本都是从人口规模、人口结构的角度进行展开，而从人口迁移流动的角度并不多见。即使现有涉及人口迁移流动的相关研究，对流动人口指标的测算方法和使用也有待改进。

第四，关于人口迁移流动与经济变量之间的研究基本是分离的。人口学研究仅对人口流动特征进行数据上分析归纳，经济学研究仅把人口迁移流动作为一个变量观测其影响程度，并未将其纳入到统一的研究框架之内对两类变量之间的互动影响关系进行探讨。即使现有关于人口结构、劳动力转移对住房价格空间差异影响的研究，对中间的影响机制也未进行解释。

第五，研究方法上，针对本书所研究的内容，现有文献基本都是从经验分析角度出发，缺乏理论的实证基础。城市住房价格的影响因素比较复杂，需要系统的理论分析框架将微观和宏观因素纳入其中进行综合分析，继而细分在不同条件下均衡的变化。最好的研究方式是，先通过严谨的理论框架推导出各变量之间的逻辑关系，然后运用宏微观数据实证这些关系的现实存在性。

二、相关理论基础

（一）人口迁移流动相关理论

人口迁移问题一直受经济学家、人口学家、社会学家等关注，但此领域的研究起步较晚，理论体系也不尽完善，仍然需要有关学者继续研究。拉文施泰因是研究人口迁移理论最早的学者之一，他提出的"人口迁移法则"是公认最早的人口迁移理论。在此之后，学者们从经济学、人口学、社会学、地理学等各个角度提出不同的人口迁移理论，使有关人口迁移的理论渐渐充实和丰满，并从不同角度提出了自己的学说。国内关于人口迁移理论的研究则较为缺乏，中国学者大都沿用西方学者提出的迁移理论和模型，并根据实际情况进行优化。下面介绍几个主流的人口迁移理论模型。

1. 推拉理论

美国人口统计学家拉文施泰因是最早研究人口迁移规律的学者之一，他认为，人口迁移本质上是人们趋利避害、追求自身利益改善的一种自觉行为。他从人口迁移的原理机制着手，提出了著名的"迁移法则"，这是研究人口迁移的最早成果之一。在此之后，各国学者纷纷提出解释人口迁移规律和原理的理论。最早提出推拉理论的应该是何勃拉（Herberle），他在1938年发表的《乡村城市迁移的原因》一文中系统阐述了推拉理论，他认为，迁移是由于一系列的推力与拉力共同作用的结果，推力是指迁移者对目前所处地区的不满心态，而拉力则是指迁移者准备迁往地对迁移者的吸引力。何勃拉还提出，推拉理论的成立是建立在两个基本假设成立的基础上：第一，信息是充分的，即迁移者对目前所在地和准备迁入地都有全面客观的了解，对迁入的成本和收益也有准确的比较；第二是迁移者都是理性人，他们所做的行为都是为了追求自身利益的最大化。这一理论经过一些学者的发展，现在已经成为研究人口迁移最重要的理论之一了，在研究人口迁移过程中哪些因素对人口迁移造成引力或拉力方面起着重要的作用。

后来一些研究人口迁移流动的学者提出一系列量化模型，使人口迁移推拉理论具备了进行实证分析的可能。美国社会学家吉佛模仿物理学中万有引力公式的形式，将人口规模和两地之间的距离等因素纳入模型内，提出了影响人口迁移量的引力模型。他认为，两地之间迁移人口与两地人口规模成正比，与两地之间距离成反比，并基于此提出了引力模型：

$$M_{ij} = k \frac{P_i P_j}{d} \qquad (2-1)$$

式（2-1）中，M_{ij} 为 i 地与 j 地之间的人口迁移量，P_i、P_j 分别为两地的人口规模，d 为两地之间的距离，k 为常数。

与自然科学不同，社会科学研究人的行为，在精确性上难以做到尽善尽美。引力模型也有着相同的问题存在，但它确实为我们了解人口迁移的机制原理提供了思路。除此之外，传统的引力模型也存在着一定的局限性，它只将影响人口迁移量的两地人口规模和两地之间的地理距离纳入模型之中，而忽略了诸如城市基础设施建设、经济发展程度等其他影响人口迁移的因素。因此，国外许多学者对引力模型做出了改进，引入了收入、失业率、教育水平、年龄结构等一些重要的社会经济指标，试图将引力模型进一步完善，以使其最大程度贴近实际。

2. 新古典经济学理论

新古典经济学家认为，人口迁移本质上是不同地区之间人才的供求状况不同所导致的，人们会从人才供大于求的地区向人才供小于求的地区迁移，这种区域间的供求不平衡导致了人口迁移。根据舒尔茨的人力资本理论，作为一种特殊的生产要素，人力资本也遵从其他生产要素遵从的经济规律，即任何生产要素都会自动的从收益低的领域或地区向收益更高的领域或地区移动。作为理性人，每个人都会自觉地追求自身效用的最大化，从收益率较低的地区向收益率较高的地区移动。从这个角度看，人口迁移就是人力资本自然选择的结果。

此外，家庭因素在人口迁移中所起的作用也不可小觑。一些学者认为，人口的迁移往往是一个家庭权衡利弊后做出的决策，而新古典经济学家们以人作为迁移的最小单位，在实际研究中并不能完全说明迁移的真实动机。由此诞生出了家庭迁移理论。此理论认为在人们做出迁移决策时往往是整个家庭意志的体现，迁移者本人也是出于家庭利益最大化及风险最小化的动机做出迁移的决定。这一理论认为除了预期工资水平、收益率等因素，家庭在人口迁移中的作用也值得引起我们的注意。尤其是在东亚、南亚等地，受中华儒家思想的影响，家庭因素在实际中所起到的作用更值得关注。

3. 双重劳动力市场理论

双重劳动力市场理论认为，存在着两个不同类型的劳动力市场，一种劳动力市场进入门槛较低，往往并不需要很高的专业化水平或复杂的劳动技能，从事的工作主要以简单的机械性劳动或低端服务业为主。自然地，此类劳动力市场工资水平也不高，劳动者并不能从工作中谋求高质量的生活保障。与此相适应，在绝大多数情况下，此类劳动力市场往往需要来自落后地区的劳动力来填补。另一类劳动力市场则需要较高专业水准，由于其专业分工较为深入，只有此领域的专业人才可以胜任。此类工作由于劳动的附加价值高，故其工资水平也较高。值得注意的是，这类劳动力市场大都被本地受过良好教育或专业训练的居民所占据。对于那些来自外地的迁移人口来说，迁移地或许可以提供就业岗位，但高质量的工作还是被本地居民占据。

4. 发展经济学说中的人口迁移理论

发展经济学理论以刘易斯和托达罗模型为代表。刘易斯于 1954 年首先在其《劳动无限供给条件下的经济发展》一文中提出了"城乡二元经济结构"。在农村，可用于耕种的土地是有限，相对于有限的土地供应，农村人口数量过多，加之农业技术不会短时间内迅速取得重大突破。有限土地所需要的农民远远少于农村人口，此时再增加一个农民的边际生产率几乎等于零，甚至有时候是负效率。此时，我们将那部分超过正常农业生产活动所需的人口称为"零值劳动人口"。而大量"零值劳动人口"的存在也被认为是许多发展中国家发展停滞不前、劳动生产率低下，以致与发达国家发展差距加大的重要原因。在现代化的城市工业体系中，劳动生产率的不断提高可以使人均生产效率和工资率提高，每一次的技术革新都会带来更大的经济价值。城市现代化的工业体系可以从农业部门吸收农村剩余的劳动人口，在获得规模效益的同时提高农民的生产附加值和工资水平。只要城市工业部门的工资率比农村的收益率高，哪怕只是高一点，也可以吸引大量农民。这样城市工业部门在不断获得低成本的劳动力的同时，也解决了农村剩余人口的就业，提高了农民的生活水平，节约下来的劳动成本也可以再次投入到生产中去，从而形成一个良性循环，逐步打破城乡二元结构的壁垒。

美国经济学家托达罗在 1970 年正式提出农村劳动力向城市迁移决策和就业概率劳动力流动行为模型，又称三部门模型。托达罗认为，农村与城市就业环境的不同造成两部门预期收入的差异，正是这种差异势能驱使农村人口向城市迁移流动。托达罗还认为，城市能够创造的就业机会越多，城市失业人口就会越少，农村迁移流动劳动力也就越容易找到工作。托达罗基于理性人的基本假设，认为迁入地与迁出地的经济比较差异是造成人口流动的最主要原因，只要城市就业机会多于农村，城市的工资水平高于农村，就会有源源不断的农村劳动力由农村迁移至城市。当然，还有一点很重要，迁入的收益要大于迁出的成本。只有存在比较差异的优势，理性人出于追求自身利益最大化的动机才会做出迁移决策。当然，我们也应该看到，托达罗模型依然存在着一些缺陷：首先，托达罗在关注迁移成本时，只看到了迁出和迁入本身的成本，但却没有关注这些迁移者在迁移目的地的生活成本。其次，托达罗模型认为城市就业机会或者说在城市找到工作概率的大小直接影响迁移人口规模，但事实上农村劳动力向城市迁移很大情况下是盲目的，并不存在信息完全对称的情况，在这一点上看，托达罗模型并不能很好地解释人口流动的实际原因。

5. 年龄—迁移率理论

该理论认为，受教育程度较高的青年人士往往更倾向于迁移。为了得到迁移比例与年龄之间的比例关系，美国人口学家罗杰斯（Rogers，1978）利用瑞典等国的人口普查资料进行了实证分析，提出了"年龄—迁移率理论"模型。根据罗氏理论，年龄与迁移率之间有如下关系：在幼儿园阶段迁移率较高，这个阶段的迁移人口一般都是随父母迁移，而他们的父母也处于青年阶段。到初等义务教育阶段，迁移率下降较快。但在此阶段结束后，迁移率又显著上升，并在 20 到 30 岁的年龄段达到峰值，在此之后又会缓慢下降。值得注意的是，在 50 至 60 岁这个年龄阶段，人口迁移率又会形成一个小高峰。典型的罗杰斯曲线，由前劳动力成分（0~14 岁）、劳动力成分（15~64 岁）、后劳动力成分（>64 岁）和不受年龄影响的常数成分等 4 个相对独立的部分组成。罗氏理论从年龄结构入手研究其对人口迁移与人口流动的特征影响机制，为人口流动研究提供了新的视角，也为研究发达地区年龄结构问题和人口老龄化提供了重要借鉴。

（二）城市住房价格相关理论

1. 特征价格理论

特征价格模型（hedonic pricing model）又称"享乐价格模型""隐含价格模型"，是一种处理异质产品差异特征与产品价格间关系经常采用的模型。住房价格特征模型认为，房地产价格是由许多维度的特征所决定的，这些特征会影响人们消费房地产产品时所得出的效用。所以，在研究房地产价格时，可以将影响房地产价格的诸多因素进行分解并逐一进行分析，可以单独研究此因素与房地产价格的关系，也可以将它们相互组合来研究特征组与房地产价格的关系。这些影响房地产价格的因素有地理位置、房屋结构、楼层、采光、建筑年限、建筑质量等。

特征价格法的基本思路是：将影响房地产价格的因素进行分解，单独研究某一项或某几项特征对房地产价格的影响；或者使影响房地产价格的诸项因素保持不变，借鉴自然科学中控制变量的思想，来研究单纯的供求关系对房地产价格的影响。当影响房地产价格的某个特征变化时，房地产价格也会随之变动，特征价格模型可以以微积分为工具，对想要研究的目标变量求导，来得出此变量与房地产价格间的关系。这样，在缺乏同质商品的情况下，可以用非同质的房地产在基期与报告期之间进行比较，从价格的总变动中逐项剔除特征变动的影响，最后剩下的便是纯粹由供求关系引起的价格变动了，这样计算的价格指数便是基于特征价格法的房地产价格指数。

根据这一理论，房地产价格与各特征因素之间的关系可以表示为

$$P = f(S, L, N, T) \tag{2-2}$$

其中，P 为房地产价格，S 为机构特征，L 为区位特征，N 为邻里特征，T 为时间因素。

2. 地理加权回归法

在地学空间分析中，观测数据通常代表在不同地理位置获取的样本，n 组观测数据就是在 n 个不同的地理位置所获取的样本，全局空间回归模型就是假设回归参数是一个外生变量，不受地理位置的影响或在地理位置这一变量中保持相对的稳定，这样除了地理位置因素，在 n 个不同地理位置上所获取的样本点实际上可以看作是在同一地理位置所获得的 n 个样本点，其回归模型与最小二乘法回归模型相同，采用最小二乘估计得到的回归参数既是该点的最优无偏估计，也是研究区域内所有点上的最优无偏估计。但在实际中，回归参数往往并不能与地理位置独立，而是受地理位置影响的，随着地理位置的不同，回归参数也会发生变化。在这种情况下，全局空间回归模型已经不能很好地解释实际问题了，这样得出的回归参数并不能很好地反映空间的真实特征，只能反映整个研究区域间的平均值。为了更好地拟合实际情况，国外有些学者提出了空间变参数回归模型，在这个模型中，学者们将空间结构也放入了模型之中，回归参数不再是外生的，而是地理位置的函数，随着地理位置的变动而变动。在空间变系数回归模型基础上利用局部光滑思想，提出了地理加权回归模型。

地理加权回归模型（GWR）是对普通线性回归模型（OLR）的扩展，将样点数据的地理位置嵌入到回归参数之中，即：

$$y_i = \beta_k(u_i, v_i) + \sum_{k=1}^{n} \beta_k(u_i, v_i) x_{ik} + \varepsilon_i \quad i = 1, 2, \cdots, n \tag{2-3}$$

式（2-3）中：(u_i, v_i) 为第 i 个样点的坐标(如经纬度)；$\beta_k(u_i, v_i)$ 是第 i 个样点的第 k 个回归参数；ε_i 是第 i 个样点的随机误差。

3. 住房市场供求理论

从本质上阐述，住房实质是一种商品，因此住房价格也是由住房市场供求决定的，供求价格机制理论则是住房价格形成机制理论的基础理论。供求价格

理论机制最早由亚当·斯密提出，重点研究市场在供给和需求的双方作用下，住房价格如何形成。

根据文献综述，产业结构、收入、人口等因素是影响住房需求的主要因素。若某一国或某一地区产业结构不断优化升级，将推动住房价格的提升。一方面，产业结构在合理化进程中，各产业保持一定的比例和速度关系，产业间的比例不断适应需求结构的比例，使得资源在各产业间进行合理分配，实现各产业平衡发展，从而提高整个经济效率，同时，经济发展稳定会提高人们对未来经济形势的预期，从而增加对房地产潜在的需求；另一方面，产业结构向高级化推进，意味着更多劳动力向第三产业转移，劳动者的收入水平上升，为了更好地满足高收入人群对居住的要求，居住条件和住房价格相应增加，同时，人口不断向第三产业流动，这必然挤压原居民城镇生产、生活空间，而被挤压的原居民为让渡空间使用权往往会索取不菲的货币补偿与住房补偿，这也使得住宅价格上涨（任行伟和张强，2018）[①]。住房需求是指有能力获取且愿意选择的住宅数量，因此，居民的收入水平是购房支付能力的最直接体现，即使是选择按揭贷款购房，购房者具有一定的收入能力是能够申请按揭贷款的前提条件。同时，地区收入差异是影响人口流动的最主要原因，一个地区平均收入水平越高越能吸引更多人流入，从而增加住房需求。关于人口对城市住房价格的影响，下文将单独列一章详细分析流动人口对城市住房价格的影响路径，因此不在此赘述。

住宅供给是指住房持有者在某一特定时期内、某一价格水平上愿意并且能够出售的房屋数量[②]。固定资产投资、政策等因素是影响城市住房供给的重要因素。固定资产投资主要包括房地产开发投资，根据供需理论，固定资产投资的增加意味着开发商投入更多资本，在需求不变或者需求增加有限的情况下，开发商住房供给增加使住房价格下降。同时，强烈的房地产投资间接反映出房地产的热度，会吸引更多闲余资金进入房地产，刺激投机性住房需求，当需求大于供给时，会推动住房价格的上涨。业界比较一致的观点认为："房地产市场长期看人口，中期看土地，短期看金融"。土地和金融都与政府政策密切相

---

① 任行伟，张强. 服务业发展对房地产价格的影响研究：基于产业结构升级视角 [J]. 价格理论与实践，2018（12）：147-150.

② 况伟大. 预期、投机与中国城市房价波动 [J]. 经济研究，2010（9）：67-78.

关，因此，政府的货币政策的制定和土地供应量将影响住房价格，如土地的供应减少将直接增加开发商的拿地成本，在其他因素控制的情况下，将推高城市住房价格。

在短期中，假设土地供应是有限的，则住房供给弹性为零，表现为住房供给曲线是一条垂直直线（见图2-1），产业结构的优化、居民人均收入水平的提升、流动人口的增加等会推动住房价格上涨，表现为需求曲线由D_1移至D_2，住房价格P_1上涨至P_2，受住房供给的影响，住宅数量不会随着住房价格上涨变动。在长期中，除了需求端的产业结构、收入水平、人口等因素会变化外，住房供给变得有弹性，供给端的固定资产投资等因素的变化，会影响住房供给曲线的改变，从而使得住房均衡价格和均衡数量会随着供求曲线移动而变动（见图2-2）。

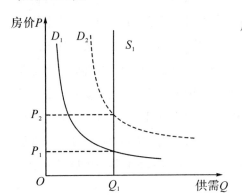 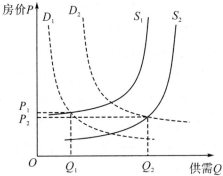

图2-1　短期住房市场中均衡变化　　图2-2　长期住房市场中均衡变化

第三章 人口政策效应研究：以"抢人"为例

一、引言

人口是城市发展的关键因素之一，人口的迁移流动与汇集给城市带来可持续发展的人力、物力和智力资源，促进经济持续增长，持续推进城市化进程①。改革开放以来，我国的人口迁移数量经历了从慢到快的增长，和"从计划性的永久迁移向市场性的临时迁移的转变"②。据国家统计局数据，截至2018年年末我国流动人口规模达 2.41 亿，占总人口的 17.27%，平均每 6 个人中就有 1 个流动人口。人口在空间上的大规模迁移流动，致使我国空间经济格局的发生了深刻改变，进而对我国经济社会发展产生深远影响③。

2010 年以来，我国经济发展告别了高速增长阶段，人口红利逐渐衰减，人口结构发生了重大转变，老龄化、少子化等问题凸显④，据国家统计局数据，劳动适龄人口（15~64 岁）占比自 2011 年达到 74.5% 的高峰后开始逐年下降，社会抚养比则自 2010 年 34.2% 的低点后开始逐年增加。受经济发展方

---

① 谌新民，吴森富. 流动人口的结构特征与影响因素研究：以广东省为例 [J]. 中国人口科学，2003 (1)：7.

② 高波，陈健，邹琳华. 区域房价差异、劳动力流动与产业升级 [J]. 经济研究，2012 (1)：14.

③ 郭志仪，刘红亮. 甘肃省流动人口的结构特征：基于六普数据的分析 [J]. 西北人口，2013 (1)：5.

④ 李超，倪鹏飞，万海远. 中国住房需求持续高涨之谜：基于人口结构视角 [J]. 经济研究，2015，50 (5)：16.

式转型升级、人口总体增长速度放缓、人口结构变化等因素影响，2017年年初以来，由西安、武汉、成都、杭州等二线城市率先实施人才招引政策， 线和三、四线城市迅速跟进，据不完全统计，截至2019年5月全国共有48个城市①陆续出台政策，广泛招引人才，媒体形象地称之为"抢人大战"，引发社会广泛关注。

在愈演愈烈的"抢人大战"中，相继出台政策的城市常住人口和户籍人口均有一定的增长，而且大多数实施"抢人"政策城市的户籍人口增长率大于常住人口增长率（见图3-1，大部分城市位于45°线左上方）。由此，也延伸出了两个问题：

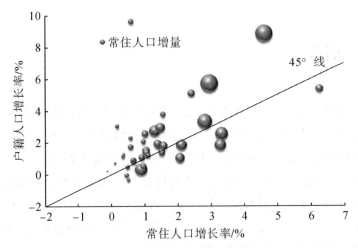

图3-1　城市常住人口与户籍人口增长率对比②

第一，在城市化继续推进的背景下，如果没有这些"抢人"政策，部分城市常住人口和户籍人口仍有可能增长，那么，"抢人"政策的实施是否能够

---

① 另有23个城市也出台了人才招引政策，但仅限于特定少数人群，例如，以两院院士为代表的科学家，或城市发展亟需的特定行业人才，或部分综合排名靠前高校的毕业生，或地方政府、高校引进人才。两类共71个城市。

② 基于数据可得性，本章实际研究了2017—2018年出台"抢人"政策的38个城市。重庆、深圳、南京、杭州、宁波、厦门、济南、青岛、武汉、成都、西安、郑州、长沙、昆明、无锡、合肥、惠州、珠海、台州、长治等20个城市出台"抢人"政策时间为2017年，相应数据为2017—2018年平均增长率；天津、广州、福州、东莞、石家庄、太原、南昌、南宁、兰州、呼和浩特、泉州、中山、烟台、扬州、潍坊、洛阳、淄博、新余等18个城市出台政策时间为2018年，相应数据年份为2018年。其中，青岛、郑州、长沙2018年户籍人口数据缺失，相应增长率用2017年对应指标代替。

有效为城市吸引到人才？这些城市"抢人"政策的实施效果如何？

第二，如果人才政策的实施使得城市户籍人口显著增加，那么这些增加的户籍人口，是否由城市原有常住人口中的非户籍人口转化而来？即在"抢人大战"中城市降低落户门槛的基本政策下，是否存在常住人口户籍化现象？

本章首先对我国城市出台的人才政策进行了梳理，并在 Todaro（1969）模型的基础上，构建了一个简化的城市间人口迁移与人才招引的理论模型，从理论上阐释"抢人"政策对人口迁移流动的影响；其次，综合运用面板数据政策效应评估（HCW）方法和连续时间 DID 模型对 38 个城市"抢人"政策的户籍人口效应和常住人口效应进行了评估；最后，结合本章研究结论，提出了相应的政策建议。

二、文献回顾

西方主流文献对人口迁移流动的研究主要集中在解释"迁移流动的影响因素"和"迁移流动的形式"两个方面。由于本章重点关注的是人才招引政策对人口迁移流动的影响，因此本章主要回顾了人口迁移流动影响因素的相关文献。

自拉文施泰因（Ravenstein，1885）提出迁移定律[1]，从"推拉理论"开始，发展经济学和新古典经济学派分别从各自的角度对其进行拓展。发展经济学侧重于对发展中国家"乡→城"人口流动的解释，从"刘易斯模型"到"托达罗模型"，比较一致的观点认为"收入差距"是影响人口流动最为重要的因素[2]。新古典经济学对这一问题的认识则显得更具有争议性，其中"收益—成本理论"支持者认为，迁移的决策取决于在迁入地所获取的收益是否能超过迁出成本[3]，迁入地的选择与生活质量、工资和住房价格直接相关[4]。

---

① 李丁，郭志刚. 中国流动人口的生育水平：基于全国流动人口动态监测调查数据的分析[J]. 中国人口科学，2014（3）：13.

② 李拓，李斌. 中国跨地区人口流动的影响因素：基于 286 个城市面板数据的空间计量检验[J]. 中国人口科学，2015（2）：11.

③ 林李月，朱宇. 中国城市流动人口户籍迁移意愿的空间格局及影响因素：基于 2012 年全国流动人口动态监测调查数据[J]. 地理学报，2016.

④ 刘志军，王宏. 流动人口医保参保率影响因素研究：基于全国流动人口动态监测数据的分析[J]. 浙江大学学报（人文社会科学版），2014（445）：161-174.

而佩德森和皮特利科娃（Pedersen & Pytlikova, 2008）则认为，在迁入地是否具有良好的社会网络关系和公平竞争性的劳动力市场准入制度，对迁移的决策更为重要，而社会福利影响并没有我们想象的那么重要①。综合这些研究，产生分歧的原因与学者研究的国别和时间阶段直接相关。反观我国，地区经济与社会的发展更是日新月异，因此对此类问题的研究也需要采用"动态"的思维。

国内学者的研究也表明区域经济差异是影响中国人口迁移流动的重要因素②，严善平（2007）采用"四普""五普"的数据和 1995 年 1% 人口抽样调查数据研究发现，20 世纪末我国地区间的经济和预期收入差距，以及地缘和血缘关系是影响人口省际迁移流向的重要因素③。除了收入因素以外，第三产业的发展程度、生活质量、创新能力、高端服务业发展等也是影响人口迁移流动的重要原因④。一些学者还从城市公共服务视角进行研究，发现城市公共服务的供给能力是影响人口迁移流动的重要因素，人们更愿意向公共服务质量较高的城市迁移流动⑤。此外，还有学者研究了气候变化对人口迁移流动的影响⑥。

纵观现有文献，从政策角度对人口迁移流动进行研究的尚不多见，经验分析更是匮乏。本章的边际贡献主要为，一是从理论上阐释了人才招引政策对城市人口迁移流动的影响，延续并深化了该领域的研究；二是率先对城市的人才招引政策效应进行了系统性的评估，弥补了现有研究的不足，同时对于各地的人才引进政策的优化、调整具有一定的现实意义。

---

① 卢洪友，文洁，许文立. 气候变化对中国人口流动的效应研究 [J]. 湖北社会科学，2017（2）：77-84.

② 陆铭，欧海军，陈斌开. 理性还是泡沫：对城市化、移民和房价的经验研究 [J]. 世界经济，2014（1）：25.

③ 陆铭，张航，梁文泉. 偏向中西部的土地供应如何推升了东部的工资 [J]. 中国社会科学，2015（5）：25.

④ 钱瑛瑛，刘璐. 户籍迁入人口对上海市商品住房价格的影响：基于面板数据的实证 [J]. 中国房地产，2015（36）：7.

⑤ MANKIW N G, WEIL l D N. The baby boom, the baby bust, and the housing market [J]. Reg Sci Urban Econ, 1989, 19（2）：235-258.

⑥ ARELLANO M, BOND S. Some Tests of Specification for Panel Data：Monte Carlo Evidence and an Application to Employment Equations [J]. Review of Economic Studies, 1991（58）：277-297.

三、政策梳理与理论模型

（一）政策梳理

通过梳理本章研究的 38 个城市人才招引政策（见表 3-1），可以发现，政策主要从放开落户限制、支持就业创业、服务人才安居、提供生活补贴等方面发力，广泛招引人才，但不同城市政策力度有所不同。

放开落户限制方面。在户籍制度改革稳步推进的背景下，所有城市在落户限制上均对人才有所放开①，但是政策力度有一定差异，如深圳、西安、郑州等城市对学历的最低要求为专科，天津、成都、厦门等城市则要求本科及以上学历且有年龄限制；此外，深圳、厦门、济南等 20 个城市还为高层次人才提供配偶子女户口随迁、子女就学等支持。

支持创业就业方面。22 个城市为人才创业就业提供不同形式的支持，主要支持方式包括设置或提供投资基金、担保贷款、贴息贷款、财政补贴、场租补贴、社会保险费补贴、职业培训补贴等，成都、呼和浩特等少数城市还为参加面试的外地人才提供短期免费住宿。

服务人才安居方面。绝大部分城市重视人才安居问题，仅有 10 个城市未出台相关政策，服务人才安居的主要方式包括提供租房补贴、购房补贴、实物住房配租、人才公寓等，如郑州市为符合条件的博士、硕士、双一流高校本科毕业生首次购房，分别给予 10 万元、5 万元、2 万元购房补贴。

提供生活补贴方面。深圳、厦门、郑州等 15 个城市为符合一定学历、学位等条件的人才在一定年限内发放生活补贴，如深圳市为本科以上学历人才提供 1.5~3 万元的补贴；此外，还有个别城市为符合一定条件的应届毕业生给予在校期间学费代偿。

总体来看，为了"抢到人"，这些城市使出浑身解数，从多方面为人才提供便利与支持，吸引人才来就业、创业，为城市发展提供新的动能。

---

① 扬州、潍坊两城市在 2014 年 7 月国务院公布《关于进一步推进户籍制度改革的意见》后，基本实现落户零门槛，户籍政策无进一步改进空间，故其人才招引政策不再涉及户籍。

表 3-1　中国 38 个城市人才招引政策

城市	放开落户	就业创业	人才安居	生活补贴	城市	放开落户	就业创业	人才安居	生活补贴
重庆	√	×	√	×	长治	√	√	√	√
深圳	√	×	√	√	天津	√	×	×	×
南京	√	√	√	×	广州	√	×	×	×
杭州	√	×	√	×	福州	√	×	×	×
宁波	√	√	√	×	东莞	√	√	√	√
厦门	√	√	√	√	石家庄	√	√	√	√
济南	√	√	√	×	太原	√	×	√	√
青岛	√	√	×	×	南昌	√	√	√	√
武汉	√	√	√	×	南宁	√	√	√	√
成都	√	√	√	×	兰州	√	√	√	√
西安	√	√	√	√	呼和浩特	√	√	√	√
郑州	√	√	√	√	泉州	√	×	×	×
长沙	√	√	√	√	中山	√	×	×	×
昆明	√	×	×	×	烟台	√	×	×	×
无锡	√	√	√	√	扬州	×	×	√	√
合肥	√	√	√	√	潍坊	×	×	√	√
惠州	√	×	×	×	洛阳	√	×	√	√
珠海	√	√	√	×	淄博	√	√	√	√
台州	√	×	√	×	新余	√	√	√	√

（二）理论模型

本章借鉴托达罗提出的欠发达国家农村—城市劳动力迁移两阶段模型①，构建一个简化的城市间人口迁移与人才招引的理论分析模型。从城市人才招引主要政策的梳理可以看出，当前大中城市所实施的人才招引政策的对象，主要是具有年龄优势的高学历专业人才，往往为城市现代部门所急需。为此，本章忽略托达罗模型中所讨论的迁移人口在现代部门获得工作的概率（或等待时

---

① MA X, ZHANG J, DING C, et al. A geographically and temporally weighted regression model to explore the spatiotemporal influence of built environment on transit ridership [J]. Computers, Environment and Urban Systems, 2018 (70): 113-124.

间）这一问题，而将讨论的重点放在人才从小城市迁移到大城市所导致的收益与成本改变上①。

假定存在一个大城市 b 和小城市 s，两个城市人口数量分别为 N_b 和 N_s，同时由于本章主要研究的是短期人才政策对人口迁移流动的影响，不考虑总人口的变化，因此 $N_b + N_s = N$，N 为某一常数。

代表性迁移者在两个城市中的生活性消费性支出 c 和工资性收入 w 和分别为

$$c_i = c(N_i) \qquad (3-1)$$

$$w_i = w(N_i) \qquad (3-2)$$

由于城市的规模效应和现代物流的高效率，日常生活消费价格与城市人口规模关系较小，但是，在住房供应相对刚性的情况下，更高的人口增长率 $\Delta N/N$ 对城市住房价格具有正向影响②，考虑到住房以及与住房相关的支出在城市居民消费支出中占比较高③，我们假设更大规模城市具有更高的生活支出，即 $c'(N) > 0$。

同时，从理论上来看，人口的迁入使得劳动力供应增加，对工资的增长具有负向影响；考虑到工资的黏性特征，本章对 $w'(N)$ 的正负不做假设，但假设相对于生活支出，人口的迁入对工资收入的影响较小。即：

$$c'(N) - w'(N) > 0 \qquad (3-3)$$

为了使模型便于求解，本章在此不对迁移成本进行考虑④。同时，为了使模型更具一般性，本章不对消费者工资性收入和生活消费性支出函数形式进行假定；仅假设消费者从小城市迁移到大城市，大城市劳动力的变化百分比取决于预期可支配收入之间差额的百分比 α，即：

$$\frac{\Delta N_b}{N_b} = F(\alpha), \quad \alpha = \frac{(w_b - c_b) - (w_s - c_s)}{w_s - c_s}, \quad F' > 0 \qquad (3-4)$$

---

① 诚然，这些被吸引（迁移）到大城市的人才，仍然存在短时间内未能找到合适工作的可能，但一般来说，这些人才在短时期内找到工作的概率比较大，简单起见，我们可以将这一摩擦性失业所导致的机会成本视为一次性迁移成本的一部分。

② 陆铭等（2014）的研究表明，外来人口（移民）占比更高的城市房价更高，移民占比和移民占比变化对房价的影响，主要是通过城市移民和收入水平较高的移民来实现的。

③ 根据国家统计局 2013—2018 年城镇居民人均消费支出分项数据，居住消费占比（22.8%）位列第 2 位，此外，由于房地产业是国民经济的基础性产业，其他消费分项也会在一定程度上受到房价影响。学术界对房价与居民消费的关系结论不一，但一般来说，房价越高的城市，居民消费也越高。

④ 在模型中引入迁移成本，仅增加模型的复杂度，但不会对模型的结论产生实质性改变。

静态下，政策前后人口迁移均处于稳态，即 $F(\alpha_1) = F(\alpha_2)$，由于 $F(\alpha)$ 的单调性，有 $\alpha_1 = \alpha_2$。因此，均衡状态下有

$$N_b + N_s = N \tag{3-5}$$

$$\frac{w_{b1} - c_{b1}}{w_{s1} - c_{s1}} = \frac{w_{b2} - c_{b2} + m}{w_{s2} - c_{s2}} \tag{3-6}$$

其中下角标 1、2 分别指代政策前、后（下同），将由城市人才招引政策对人才迁入给予的各项优惠、补贴等，量化为 m。$w_{b2} = w(N_{b2})$、$w_{s2} = w(N_{s2})$ 在 N_{b1}、N_{s1} 处作泰勒展开，不考虑二次项，容易得

$$w_{b2} \approx w_{b1} + w'(N_{b1})\Delta N; \quad w_{s2} \approx w_{s1} - w'(N_{s1})\Delta N \tag{3-7}$$

其中 $\Delta N = N_{b2} - N_{b1} = -(N_{s2} - N_{s1})$，第二个等号基于人口总量平衡式（3-5）。类似地，有

$$c_{b2} \approx c_{b1} + c'(N_{b1})\Delta N; \quad c_{s2} \approx c_{s1} - c'(N_{s1})\Delta N \tag{3-8}$$

将上述泰勒展开式代入（3-6）式，有

$$\frac{w_{b1} - c_{b1}}{w_{s1} - c_{s1}} \approx \frac{(w_{b1} - c_{b1}) - [c'(N_{b1}) - w'(N_{b1})]\Delta N + m}{(w_{s1} - c_{s1}) + [c'(N_{s1}) - w'(N_{s1})]\Delta N} \tag{3-9}$$

化简并基于前述假设，容易得

$$\Delta N \approx \frac{m}{[c'(N_{b1}) - w'(N_{b1})] + (1 + \alpha)[c'(N_{s1}) - w'(N_{s1})]} \tag{3-10}$$

$$\frac{\partial \Delta N}{\partial m} = \frac{1}{[c'(N_{b1}) - w'(N_{b1})] + (1 + \alpha)[c'(N_{s1}) - w'(N_{s1})]} > 0 \tag{3-11}$$

依据式（3-11），ΔN 与 m 的关系为正向线性相关。即从理论上看，城市的人才招引政策能够为城市的发展吸引到人才，且人才招引政策力度越大，越有利于城市吸引人才，政策效果越突出。此外，降低大城市的生活成本（如住房价格），增加就业收入，均有利于政策发挥更大的效果。考虑到中国的户籍制度，下文将从常住人口和户籍人口效应两个方面进行评估。

四、数据说明与模型评估

（一）数据说明

本章搜集了 2008—2018 年地级以上城市常住人口、户籍人口年度数据，

由于不同城市人口绝对数量差异较大，本章采用相对数而不是绝对数，即常住人口、户籍人口年度同比增长率作为考察变量①。

特别需要指出的是，2010 年是全国第六次人口普查年份，大部分城市 2010 年年末常住人口数据较 2009 年出现了较大幅度调整，由于人口普查的频率为 10 年一次，2010 年数据调整的大部分是对累积 10 年误差的一次性修正，并非当年常住人口的变动。因此，出于数据平稳性和实际情况的综合考虑，在对常住人口增长率数据进行建模评估政策效应时，本书剔除了 2010 年增长率。人口增长率描述性统计见表 3-2。

表 3-2　人口增长率描述性统计

指标	年份	样本数	平均值	标准差	最小值	最大值
常住人口	2007—2018	2 745	0. 526	1. 735	−14. 693	13. 113
	2010	224	0. 143	4. 443	−13. 561	13. 113
	2007—2018（不含 2010）	2 521	0. 560	1. 232	−14. 693	11. 184
户籍人口	2007—2018	3 369	0. 545	1. 916	−19. 722	17. 996

数据来源：国家统计局官网、各省市统计年鉴与统计公报、Wind 数据库。

此外，在使用连续时间 DID 模型评估政策对城市人口增长率的影响时，本章还引入了系列解释变量，以控制经济社会发展对人口增长的影响，其描述性统计见表 3-3。

表 3-3　控制变量描述性统计

指标	指标含义	样本数	平均值	标准差	最小值	最大值
lnpergdp	人均 GDP 自然对数	3 329	10. 720	0. 666	8. 252	16. 806
fiscal	财政支出/GDP	3 340	0. 167	0. 104	0. 025	2. 702
density-pop	人口密度	3 328	1. 387	0. 801	0. 010	8. 894

① 数据主要来源于国家统计局官网、各省市统计年鉴与统计公报、Wind 数据库。部分城市未直接公布年末常住人口数的，采用"常住人口＝GDP/人均 GDP"进行了计算补充；所有数据均为全市口径；由于数据可得性的原因，极少部分城市数据缺失；对城市行政区划调整（如成都、合肥）、统计范围调整（如西咸新区数据计入西安）的，相应年份人口同比变化率调整为同口径区域比较，部分城市调整部分数据无法获取的，剔除该城市样本；对城市人口年度同比变化超过±5%的，进行了逐一校核。

表3-3(续)

指标	指标含义	样本数	平均值	标准差	最小值	最大值
lndoctor	人均医生数自然对数	3 329	3. 398	0. 478	1. 386	4. 986
prop-tertiary	第三产业比重	3 379	44. 318	11. 489	8. 580	81. 844

数据来源：国家统计局官网、各省市统计年鉴与统计公报、Wind 数据库。

（二）面板数据政策效应评估（HCW）

政策效应评估的关键在于获取个体未接受政策干预情况下的"反事实"结果，实际值与反事实的差距，便是政策效果。对反事实的估计方法可分为参数法和非参数法两种，参数法缺点是对数据的要求量较大，且其评估结果依赖于模型设定的准确性[①]。非参数法主要包含极大似然估计法、合成控制法和面板数据政策效应评估方法。其中，极大似然估计法在样本量有限的情况下，对信噪比等因素更为敏感，预测误差更大[②]。合成控制法将政策以外的其他因素对政策绩效的贡献剔除，虽然突破了共同趋势假设的限制，但将滞后项的信息包含在模型当中，截面单位的权重对可观测的协变量和不可观测的公共因子的选择非常敏感，导致政策效应对此也非常敏感，有可能造成结果是有偏的[③]。为了克服合成控制法的这一不足，Hsiao（2012）提出面板数据政策效应评估方法，运用回归方法选择截面的单位的权重，对实验组在不受政策干扰下的评估变量进行反事实拟合。

对城市 i，记 P_{it}^1 和 P_{it}^0 分别为第 t 年年末实施和未实施人才招引政策情况下的人口增长率。因此，第 t 年 i 城市的人才招引政策效应为政策干预下的实际结果与反事实结果之差，即：

$$\Delta_{it} = P_{it}^1 - P_{it}^0, \quad i = 1, \cdots, N, \quad t = 1, \cdots, T \qquad (3-12)$$

然而，我们不能同时观测到 P_{it}^1 和 P_{it}^0，实际观测到的变量结果可表示为

$$P_{it} = d_{it}P_{it}^1 + (1 - d_{it})P_{it}^0 \qquad (3-13)$$

其中，d_{it} 为虚拟变量，表示 i 城市在第 t 年是否参与了"抢人大战"或继续实

---

① MANKIW N G, WEIL l D N. The baby boom, the baby bust, and the housing market [J]. Reg Sci Urban Econ, 1989, 19 (2): 235-258.

② MCFADDEN D L. Demographics, the Housing Market, and the Welfare of the Elderly [J]. Nber Chapters, 2009 (7861): 225-288.

③ WATTAM S. Are there booms and busts in the UK housing market? [J]. stuart wattam, 2005.

施人才招引政策，是则 $d_{it}=1$，否则为 0。

参照 Hsiao 等（2012），假设有 K（$K<N$）个不可观测（随时间变化）的因素 f_t，共同作用于 P_{it}^0。在实施人才招引政策之前，人口变量的实际值可表示为

$$P_{it}^0 = a_i + b_i' f_t + \varepsilon_{it}, \quad i=1, \cdots, N, \quad t=1, \cdots, T \qquad (3-14)$$

其中，a_i 表示个体固定效应；K 维列向量 b_i' 为共同变量 f_t 的系数，b_i' 随个体的不同而变化；ε_{it} 为随机干扰项。

不失一般性，假设城市 $i=1$ 从第 T_1+1 年开始实施人才招引政策，第 t 年该城市人口变量的实际值为

$$P_{1t}^1 = a_1 + b' f_t + \Delta_{1t} + \varepsilon_{1t}, \quad t=T_1+1, \cdots, T \qquad (3-15)$$

其中，Δ_{1t} 即为该城市实施人才招引的政策效应。而其他地区则不受政策干扰，在整个样本期间内：

$$P_{it}^0 = a_i + b' f_t + \varepsilon_{1t}, \quad i=2, \cdots N, \quad t=1, \cdots, T \qquad (3-16)$$

假定 $P_t = (P_{1t}, \cdots, P_{Nt})'$ 为第 t 期人口增长率的 $N\times1$ 列向量，则在没有实施人才招引政策之前，P_t 可表示为

$$P_t = P_t^0 = a + B f_t + \varepsilon_t, \quad t=1, \cdots, T_1 \qquad (3-17)$$

其中，$a=(a_1, \cdots, a_N)'$，$B=(b_1, \cdots, b_N)'$ 为 $N\times K$ 矩阵，$\varepsilon_t=(\varepsilon_1, \cdots, \varepsilon_N)'$。在城市 $i=1$ 实施人才招引政策后，该城市和其他城市的人口增长率分别为

$$P_{1t} = P_{1t}^1, \quad t=T_1+1, \cdots, T \qquad (3-18)$$

$$P_{it} = P_{it}^0 = a_i + b' f_t + \varepsilon_{1t}, \quad i=2, \cdots N, \quad t=1, \cdots T \qquad (3-19)$$

在实施人才招引政策后，P_{1t}^0 就不能被观测到，必须使用反事实的方法对 P_{1t}^0 进行估计。当 N 和 T 都足够大时，可采用极大似然估计对 a_1，b_1，f_t 进行识别和估计（Bai and Ng, 2002）。现实情况中，样本量往往不够大，Hsiao 等（2012）指出可用 $\widetilde{P}_t = (\widetilde{P}_{2t}, \cdots, \widetilde{P}_{Nt})$ 代替 f_t 对 P_{1t}^0 进行估计。

假定存在 $N\times1$ 的向量 $\alpha=(1, -\gamma')'=(1, -\gamma_2, \cdots, -\gamma_N)'$，使得 $\alpha'B=0$，$\alpha \in N(B)$，则由 $P_t^0=a+B f_t+\varepsilon_t$ 可得

$$\alpha' P_t \equiv P_{1t}^0 - \gamma' \widetilde{P}_t = \alpha' a + \alpha' \varepsilon_t \qquad (3-20)$$

$$P_{1t}^0 = \gamma_1 + \gamma' \widetilde{P}_t + u_{1t} \qquad (3-21)$$

式（3-21）是对式（3-20）的改写，其中，$\gamma_1 = \alpha' a$，$u_{it} = \alpha' \varepsilon_t = \varepsilon_{1t} - \gamma' \widetilde{\varepsilon}_t$，$\widetilde{\varepsilon}_t = (\varepsilon_{2t}, \cdots, \varepsilon_{Nt})'$。

通过式（3-21），可对 P_{it}^0 进行拟合和预测。理论上，在 $T>N$ 的情况下，且 $N/T_1 \to 0$，使用越多的 N，反事实的拟合效果就越好；现实情况下，T_1 往往不够大，采用过多的截面去估计，一是会丧失自由度，二是容易导致多重共线性问题，估计量的方差也变大。为了在样本内拟合效果和样本外预测误差之间取得均衡，萧和万（Hsiao & Wan 2014）指出采用拟合优度（R^2）、似然值和 AIC、AICC 和 BIC 等准则对最优模型进行选择。

第一步：使用 $N-1$ 个截面单位中的 j 个对 P_{it}^0 进行预测和拟合，以模型拟合优度和似然值从 $M(j)^*$ 选择最佳拟合效果的方程，记为 $M(j)^*$，$j=1$，2，$\cdots$，$N-1$；

第二步：依据方程选择标准（AIC、AICC 或 BIC 等）从 $M(1)^*$，$M(2)^*,\cdots$，$M(N-1)^*$ 中选择最优的 $M(m)^*$。

综上，城市人才招引政策在 t 期的政策效应为

$$\Delta_{it} = P_{it}^1 - P_{it}^0, \ t = T_1 + 1, \ \cdots, \ T \qquad (3-22)$$

虽然 P_{it}^0 不可被观测，但可通过式（3-21）对其进行拟合，得到其拟合值 $\widehat{P}_{it}^0$，由此，可以得到政策效果的拟合值

$$\widetilde{\Delta}_{it} = P_{it}^1 - \widehat{P}_{it}^0, \ t = T_1 + 1, \ \cdots, \ T \qquad (3-23)$$

并且可计算得到样本期间的平均政策效应

$$\widetilde{\Delta}_i = \frac{1}{T - T_1} \sum_{t=T_1+1}^{T} \widetilde{\Delta}_{it} \qquad (3-24)$$

在本章控制组选择上，对给定的实验组城市，本章从未出台"抢人"政策的城市中，选择该城市的省内城市、周边城市以及同等级城市，作为备选控制组①，并结合本书研究实际情况，将模型最大控制组的截面个数设置为 6 个，对常住人口、户籍人口增长率的反事实结果进行拟合。

（三）连续时间 DID 模型

除了采用 HCW 方法对具体城市政策效应进行评估外，本章还采用连续时

---

① 备选控制组中，省内及周边中小城市是大城市人口迁移的主要来源（王桂新和黄祖宇，2014），同等级城市则具有类似的人口发展规律（对应 HCW 模型中的共同因子 f）。"周边"以直线距离 400 千米以内为标准，相应控制组城市数量平均为 22.8 个，最少为 11 个；若以 500KM 以内为标准，则平均增加 8.2 个；城市等级参考《第一财经周刊》"城市商业魅力排行榜"给出的分类。

间 DID 模型对整体政策效应进行评估。常规 DID 模型就时间和组别分别设置两个虚拟变量，分别表征时间前后、组间的差异。本章中，城市政策出台年份分别为 2017 年和 2018 年，若以常规 DID 模型进行政策效应评估，一个时间虚拟变量无法表征 2017 年以前、2017 年、2018 年三个不同政策时期；一个组别虚拟变量也无法表征未出台政策城市、2017 年出台政策城市、2018 年出台政策城市三个组别。为此，参照有关文献的做法，将 DID 模型扩展如下：

$$P_{it} = \beta_0 + \beta_1 \mathrm{d}t_{2017} + \beta_2 \mathrm{d}t_{2018} + \beta_3 \mathrm{group}_{2017} + \beta_4 \mathrm{group}_{2018} + \beta_5 \mathrm{treat}_{it} + \gamma X_{it} + \varepsilon_{it}$$

$$(3-25)$$

其中 $\mathrm{d}t_{2017}$、$\mathrm{d}t_{2018}$ 分别为 2017 年、2018 年年度虚拟变量；group_{2017}、group_{2018} 分别为 2017 年、2018 年出台人才招引政策的城市组别虚拟变量；X_{it} 为控制变量；treat 为处理效应对应虚拟变量，即：

$$\mathrm{treat} = \begin{cases} 1 & \mathrm{group}_{2017} \cdot (\mathrm{d}t_{2017} + \mathrm{d}t_{2018}) = 1 \\ 1 & \mathrm{group}_{2018} \cdot \mathrm{d}t_{2018} = 1 \\ 0 & else \end{cases}$$

$$(3-26)$$

模型中各参数的含义见表 3-4。容易理解，如果政策对人口增长率有显著影响，相应 β_5 的系数应该显著。

表 3-4　DID 模型中参数的含义

	$\mathrm{d}t_{2017}=0$, $\mathrm{d}t_{2018}=0$	$\mathrm{d}t_{2017}=1$, $\mathrm{d}t_{2018}=0$ （2017 年）		$\mathrm{d}t_{2018}=1$, $\mathrm{d}t_{2018}=0$ （2018 年）	
		参数	Difference	参数	Difference
$\mathrm{group}_{2017}=0$, $\mathrm{group}_{2018}=0$	β_0	$\beta_0+\beta_1$	β_1	$\beta_0+\beta_2$	β_2
$\mathrm{group}_{2017}=1$, $\mathrm{group}_{2018}=0$	$\beta_0+\beta_3$	$\beta_0+\beta_1+\beta_3+\beta_5$	$\beta_1+\beta_5$	$\beta_0+\beta_2+\beta_3+\beta_5$	$\beta_2+\beta_5$
$\mathrm{group}_{2017}=0$, $\mathrm{group}_{2018}=1$	$\beta_0+\beta_4$	$\beta_0+\beta_1+\beta_4$	β_1	$\beta_0+\beta_2+\beta_4+\beta_5$	$\beta_2+\beta_5$
DID	—	—	β_5	—	β_5

五、人才招引政策效应评估

（一）对常住人口增长率的效应评估

基于 HCW 方法的城市"抢人"政策对常住人口增长率的效应评估结果见表 3-5。从中可以看出，不同城市"抢人"政策的常住人口增长率效应具有异质性，政策对一半城市的常住人口增长起到了积极作用，其中珠海、西安市政策效果最好，常住人口增长效应均超过了 5%。珠海市在出台政策之前，落户门槛较高，本次政策放开力度较大，全日制专科（高职）应届毕业生、中级以上专业技术人员均可落户，同时给人才发放租房和生活补贴，为人才提供就业创业支持，加之人口基数较小，政策相对效果较好；西安市较早启动实施"抢人"政策，且政策力度大，在全国引发极大反响。

表 3-5　常住人口增长率政策效果

排名	城市	效应	排名	城市	效应	排名	城市	效应
1	珠海	5.515	14	青岛	0.400	27	天津	-0.431
2	西安	5.417	15	重庆	0.335	28	昆明	-0.449
3	郑州	2.437	16	新余	0.222	29	太原	-0.457
4	宁波	2.394	17	兰州	0.209	30	台州	-0.686
5	杭州	1.513	18	无锡	0.080	31	长沙	-0.688
6	厦门	1.057	19	潍坊	0.054	32	东莞	-0.693
7	洛阳	0.715	20	南宁	-0.022	33	武汉	-0.849
8	烟台	0.615	21	合肥	-0.106	34	长治	-0.970
9	扬州	0.608	22	淄博	-0.111	35	中山	-1.002
10	深圳	0.459	23	泉州	-0.261	36	惠州	-1.203
11	济南	0.434	24	石家庄	-0.281	37	呼和浩特	-1.263
12	南京	0.425	25	成都	-0.311	38	广州	-1.812
13	南昌	0.416	26	福州	-0.337			

为对理论模型进行实证检验，同时弥补 HCW 方法对评估结果缺乏显著性检验的遗憾，进一步，本章采用连续时间 DID 方法进行政策效应评估。根据 HCW 方法政策效应结果的符号，将城市分为正效应组和负效应组，以未出台人才招引政策的城市作为控制组，分别评估不同城市组的政策效应。回归结果见表 3-6。

表 3-6　常住人口增长率连续时间 DID 结果

变量	正效应组		负效应组	
	（1）	（2）	（3）	（4）
treat	0.931*** (0.353)	1.151*** (0.393)	−0.325 (0.239)	−0.217 (0.254)
dt_{2017}	−0.00330 (0.082 9)	−0.175* (0.105)	−0.0565 (0.080 2)	−0.235** (0.101)
dt_{2018}	0.126 (0.101)	−0.0623 (0.115)	0.142 (0.0988)	−0.044 5 (0.113)
$group_{2017}$	0.996*** (0.104)	0.716*** (0.116)	0.894*** (0.169)	0.572*** (0.156)
$group_{2018}$	0.107 (0.081 6)	−0.078 3 (0.090 0)	1.087*** (0.161)	0.795*** (0.177)
lnpergdp	—	0.199*** (0.0602)	—	0.247*** (0.061 8)
fiscal	—	−0.287 (0.338)	—	−0.364 (0.333)
density-pop	—	0.0345 (0.0344)	—	0.060 3 (0.039 8)
lndoctor	—	0.0421 (0.0957)	—	−0.021 2 (0.095 2)
prop-tertiary	—	0.0102*** (0.00325)	—	0.010 3*** (0.003 19)
Constant	0.406*** (0.027 0)	−2.248*** (0.621)	0.410*** (0.027 0)	−2.575*** (0.661)
Observations	2 324	2 067	2 301	2 041
R-squared	0.062	0.089	0.052	0.070

注：括号内为稳健性标准误，"***""**""*"分别代表系数在 1%、5%、10% 的水平上显著。

首先，从正效应组城市的回归结果来看（模型1和模型2），政策的整体效应显著为正，在控制相关影响因素后，相应城市常住人口平均增长0.929%，其人才招引政策取得了一定的效果。

其次，对政策效果为负的城市（HCW方法的结果显示平均下降0.575%），模型3和控制城市经济社会发展相关影响因素后的模型4均显示，政策的整体效应虽然为负，但不显著，这表明，在平均意义上，政策对常住人口增长率的影响未及预期，但也未带来负向影响。

从控制变量的回归结果来看，人均GDP、第三产业比重的系数均显著为正，而人口密度、人均医生数、财政支出占GDP比重的系数不显著，这表明，经济发展水平与产业发展水平越高的城市，对人口的吸引力更强，而城市人口密度与基本公共服务的影响则较小，经济因素是人口迁移的关键。

（二）对户籍人口增长率的效应评估

基于HCW方法的户籍人口增长率政策效应评估结果见表3-7，其中政策效应为正的城市为35个，显著多于常住人口增长率政策效应为正的城市个数19个；政策平均效应为1.099%，显著高于常住人口增长率的政策平均效应0.299%。总体上，表明"抢人"政策在招引户籍人口上取得了较好的效果。

表3-7　户籍人口增长率政策效果

排名	城市	效应	排名	城市	效应	排名	城市	效应
1	深圳	4.784	14	济南	1.242	27	潍坊	0.176
2	西安	4.661	15	中山	1.215	28	新余	0.172
3	东莞	2.941	16	南京	1.112	29	扬州	0.17
4	厦门	2.687	17	南昌	1.111	30	无锡	0.167
5	天津	2.278	18	福州	1.062	31	重庆	0.106
6	武汉	2.261	19	合肥	1.052	32	昆明	0.106
7	惠州	1.903	20	烟台	0.910	33	郑州	0.094
8	成都	1.891	21	长沙	0.852	34	台州	0.053
9	珠海	1.858	22	青岛	0.672	35	宁波	0.021
10	太原	1.727	23	石家庄	0.303	36	洛阳	-0.035

表3-7(续)

排名	城市	效应	排名	城市	效应	排名	城市	效应
11	杭州	1.576	24	泉州	0.253	37	淄博	-0.097
12	南宁	1.468	25	兰州	0.252	38	长治	-0.738
13	广州	1.328	26	呼和浩特	0.185			

资料来源：作者计算。

进一步，从表3-8连续时间DID模型的回归结果来看，对正效应组的城市，政策的整体效应显著为正，在控制相关影响因素后，相应城市常住人口平均增长2.077%；同时，对负效应组的城市，政策的整体效应不显著。这表明，"抢人"政策的出台总体上显著促进了相应城市户籍人口的增长。

从控制变量来看，人均GDP、财政支出占GDP比重的系数均显著为负，这表明，经济发展水平越高、政府在经济中参与程度越高的城市，户籍门槛越高，获取其户籍的难度越大（杨晓军，2017）；人口密度的系数为正，这表明，在户籍制度改革、大中城市户籍门槛逐步放松的大背景下，常住人口密度越高的城市，户籍人口增长越快。

表3-8 户籍人口增长率连续时间DID结果

变量	正效应组		负效应组	
	（1）	（2）	（3）	（4）
treat	1.865*** (0.456)	1.752*** (0.329)	0.148 (0.291)	0.0633 (0.291)
dt_{2017}	-0.606*** (0.103)	-0.513*** (0.129)	-0.624*** (0.096 8)	-0.489*** (0.107)
dt_{2018}	-0.459*** (0.102)	-0.348** (0.161)	-0.488*** (0.089 8)	-0.310*** (0.112)
$group_{2017}$	0.902*** (0.139)	0.846*** (0.149)	0.019 8 (0.168)	0.0453 (0.186)
$group_{2018}$	0.354*** (0.115)	0.173 (0.152)	0.026 9 (0.353)	-0.003 08 (0.356)
lnpergdp	—	-0.126* (0.071 0)	—	-0.138* (0.074 7)

表3　8(续)

变量	正效应组		负效应组	
	（1）	（2）	（3）	（4）
fiscal	—	−2.032 *** (0.342)	—	−2.170 *** (0.464)
density-pop	—	0.119 ** (0.056 9)	—	0.113 * (0.058 9)
lndoctor	—	0.097 4 (0.101)	—	0.000 713 (0.127)
prop-tertiary	—	0.004 19 (0.003 36)	—	0.004 21 (0.004 06)
Constant	0.517 *** (0.039 3)	1.511 * (0.810)	0.521 *** (0.039 3)	1.986 ** (0.862)
Observations	3,334	3,193	2,957	2,825
R-squared	0.041	0.050	0.011	0.027

注：括号内为稳健性标准误，"***""**""*"分别代表系数在1%、5%、10%的水平上显著。

六、研究结论及政策建议

（一）研究结论

2017年年初以来，我国许多城市陆续出台政策，广泛招引人才，本章在借鉴 Todaro（1969）模型的基础上，构建了一个简化的城市间人口迁移与人才招引模型，并基于2008—2018年地级及以上城市常住人口、户籍人口数据，采用面板数据政策效应评估（HCW）方法和连续时间 DID 模型，对参与"抢人大战"城市的政策效应进行了评估。本章的主要结论为：

1. 常住人口户籍化

基于 HCW 方法对常住人口、户籍人口增长率影响的对照评估结果见图3-2。从图中可以看出：绝大部分城市户籍人口效应大于常住人口效应（位于45°线左上方，共30个城市）。这表明，人才招引政策的户籍人口效应总体上好于常住人口效应，并不是所有的新增户籍人口都是常住人口，也就是说，城市新增户籍人口中，实则含有相当部分原常住人口，即存在非户籍常住人口户籍化现象，"抢人"政策效果更多地体现在"留住人"，而非"抢到人"上。

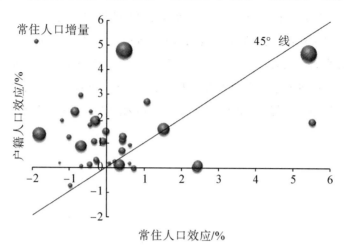

图3-2 常住人口与户籍人口增长率效应对比图

2."抢人"政策效应具有异质性

一半城市常住人口并未显著增加，对常住人口增加起到促进作用的城市中，也仅有珠海、西安、郑州等6个城市的政策效果超过1%，"抢人"政策对常住人口增长的效应具有异质性；对户籍人口增长的效应也同样具有异质性。

通过对政策的梳理，导致政策效果异质性原因，可能主要来自于如下三个方面：一是横向比，不同城市的政策绝对力度不同。以西安为例，为广泛招引人才，西安多次出台完善"抢人"政策，力度大，舆论关注度高；二是纵向比，不同城市的政策相对力度不同。以珠海为例，该城市原实行积分入户，落户门槛较高，2017年3月出台实施《珠海市人才引进核准办法》人才政策，2018年3月开始执行新的户口迁入政策，政策调整幅度较大；三是城市经济发展水平与城市吸引力不同。以常住人口增长率效应为例，副省级及以上城市（平均0.695%）优于普通省会及以下城市（平均0.094%），东部沿海城市（平均0.306%）优于中西部城市（平均0.290%）。

（二）政策建议

理论分析和实证结果表明，政策的绝对力度与相对力度、城市生活成本与收入水平、城市经济发展水平与城市吸引力都对政策的实施效果产生影响。城市在加大人才招引力度的同时，还可以通过降低居民相对生活成本（如住房价格）、提高居民相对收入水平（如促进经济与产业发展，为居民提供更多更好的就业）、推进城市治理体系和治理能力现代化（如优化公共服务供给，提升城市管理效能），苦练城市治理内功，增强城市对人才的吸引力。

第四章 户籍政策效应研究：
以购房入户为例

一、户籍制度及其影响

（一）户籍制度的历史沿革及其背景

我国的户籍制度最早可以追溯到周朝，至秦汉时期已经建立相对完善的户口统计系统，唐、宋、明、清等朝代的当政者均重视对户口的统计调查（葛剑雄，1992；姜涛，1993；王跃生，2013；袁延胜，2010；赵文林和谢淑君，1985）。新中国成立后，国务院于1955年发布《关于建立经常户口登记制度的指示》，规定全国城市、集镇、乡村都要建立户口登记制度，户口登记的统计时间为每年一次。1958年1月，全国人民代表大会常务委员会审核批准了《中华人民共和国户口登记条例》，新中国户籍管理制度正式确立，二元化社会管理体制开始建立①。户籍制度这堵"无形之墙"开始在诸多方面影响着人们的生活。

对新中国成立初期建立城乡二元户籍制度的动机，学术界主要给出了两种理论解释。以蔡昉为代表的经济学者认为，新中国成立初期实行重工业优先发展战略，而重工业具有资本密集程度高、劳动吸纳能力弱的特点，为确保重工业部门发展，保障城市居民的基本生活和社会福利，政府需要作出制度安排，阻止资本和劳动力从农业部门向工业部门转移，区别城乡的二元户籍制度在这

---

① 段成荣. 户籍制度50年 [J]. 人口研究，2008（1）：43-50.

一发展战略下应运而生①②③。以陆益龙为代表的社会学者认为，对户籍制度的理解不能割裂历史、社会的联系，新中国成立初期新政府与饱经战乱的民众一样，渴望社会的安宁，为重塑崭新的社会主义社会秩序，户籍制度作为一种有效的制度安排，在实践中逐步发展并确立下来④。

改革开放以来，在"以经济建设为中心"的指导思想和"摸着石头过河"的渐进主义策略下，以往不合理的制度、政策在反思和实践中不断调整，市场配置资源的作用逐步增大。户籍制度所导致的城乡二元、差别歧视受到社会和学术界的广泛关注，户籍制度改革成为社会共识并在实践中不断推进，劳动力的迁移流动不再受到严格控制。结合各地经济社会发展特点，全国范围内出现了包括暂住证制度、蓝印户口政策、小城镇户籍制度、人才居住证制度等不同层面、多种模式的户籍制度改革⑤⑥。由于不同利益群体对户籍制度改革的立场与诉求不尽相同、城市阶层和农村群体在政治话语权上的显著差异⑦⑧⑨，户籍制度改革虽然持续推进，但改革并不彻底，加之经济社会不断发展，所面临的形势不断变化，改革始终"在路上"。

中国经济进入新常态后，人口红利逐渐消失，劳动力成本逐年上升。如何充分挖掘体制机制潜力，破除阻碍经济发展的不利因素，尤其是发挥人力资本外部性，提高人力资本回报，促进中国经济进一步持续增长，确保跨越中等收入陷阱，是经济社会发展的重要命题⑩。在这一背景下，以区分城乡、阻碍人员在地区间迁徙为主要特点，在就业、教育、医疗、住房、养老等诸多方面影

① CAI F. Hukou System Reform and Unification of Rural-urban Social Welfare [J]. China & World Economy, 2011, 19 (3): 33-48.

② 蔡昉，都阳，王美艳. 户籍制度与劳动力市场保护 [J]. 经济研究，2001 (12): 41-49.

③ 王海光. 当代中国户籍制度形成与沿革的宏观分析 [J]. 中共党史研究，2003 (4): 22-29.

④ 陆益龙. 1949 年后的中国户籍制度：结构与变迁 [J]. 北京大学学报（哲学社会科学版），2002 (3): 123-130.

⑤ 段成荣. 户籍制度 50 年 [J]. 人口研究，2008 (1): 43-50.

⑥ 张玮. 中国户籍制度改革地方实践的时空演进模式及其启示 [J]. 人口研究，2011 (9): 71-80.

⑦ 蔡昉. 中国城市限制外地民工就业的政治经济学分析 [J]. 中国人口科学，2000 (4): 1-10.

⑧ 蔡昉，都阳，王美艳. 户籍制度与劳动力市场保护 [J]. 经济研究，2001 (12): 41-49.

⑨ 余佳，丁金宏. 中国户籍制度：基本价值、异化功能与改革取向 [J]. 人口与发展，2008 (5): 23-32.

⑩ 陆铭. 教育、城市与大国发展：中国跨越中等收入陷阱的区域战略 [J]. 学术月刊，2016 (1): 75-86.

响人们生活的户籍制度，受到社会和学术界的持续关注，和相关经济社会领域改革一样，户籍制度改革开始在国家层面统筹推进。2014 年 7 月 24 日，国务院出台《关于进一步推进户籍制度改革的意见》，以"促进有能力在城镇稳定就业和生活的常住人口有序实现市民化，稳步推进城镇基本公共服务常住人口全覆盖"。2016 年 3 月 17 日发布的《国民经济和社会发展第十三个五年规划纲要》中则列出专门篇章就"加快农业转移人口市民化"进行规划，提出要"统筹推进户籍制度改革和基本公共服务均等化，健全常住人口市民化激励机制，推动更多人口融入城镇"。

（二）户籍制度影响

户籍制度可能引致的收入不平等是学术界关心的主要问题之一。章元和王昊（2011）基于 2005 年国家统计局 1% 人口抽样调查上海市样本的实证研究发现，相对于本地工人，外地农民受到了明显的户籍歧视；而外地工人不仅未受到地域歧视，还获得了更高的工资水平。囿于所采用的研究数据不能完全解决内生性问题，作者对"外地工人获得了更高的工资水平"这一结论给出的尝试性解释是，上海作为国际大都市，所吸引的外地工人一般具有更高的个人能力，或属于短缺性人才，这使得他们能获得比本地工人更高的工资[①]。

吴晓刚和张卓妮（2014）同样基于 2005 年国家统计局 1% 人口抽样调查数据，研究导致农民工与城镇工人之间收入不平等的原因。结果表明，收入不平等主要来自以户口性质为基础的职业隔离等制度性障碍，而非同工不同酬。进一步，作者还考察了农民工的性别、婚姻、教育和年龄等方面的特征分布与收入不平等之间的关系，研究发现，城乡之间的机会不平等，尤其是教育机会的巨大不平等，是导致收入差距的重要原因[②]。

郑冰岛和吴晓刚（2013）基于中国综合社会调查数据（CGSS2003、2006、2008）考察非农户口对收入的影响。作者采用倾向得分匹配法克服户口流动中的选择性问题，结果发现，户口转换带来的收入效应仅限于在国有部门内受教育程度和职业地位较高的群体，而在更为看重工作技能和个人努力的市场部

---

① 章元，王昊. 城市劳动力市场上的户籍歧视与地域歧视：基于人口普查数据的研究［J］. 管理世界，2011（7）：42-51.

② 吴晓刚，张卓妮. 户口、职业隔离与中国城镇的收入不平等［J］. 中国社会科学，2014（6）：118-140.

门，户口对收入的影响不显著①。

与大部分有关户籍对收入影响研究的静态视角不同，谢桂华（2012）注意到群体之间收入差异可能是动态变化的。作者基于2005年国家统计局1%人口抽样调查数据，研究劳动力户籍性质和流动状态对收入增长的影响，以考察流动人口的人力资本回报和社会融合问题。实证研究表明，外来非农户籍劳动力、外来农民工中的高技能者不存在融合障碍，但外来农民工中的低技能者低收入劣势无法改变，存在融合障碍②。

大部分有关户籍制度的影响研究是按城乡二元对不同人群的户籍进行分类的，所依据的数据也是按照城乡二元划分的。对城乡进行二元划分，并基于此进行因果分析，可能导致的问题是，与伪回归类似，城乡在其他方面（而非户籍因素）的差异所导致的结果，被认为是户籍制度所导致的结果。

陆益龙（2008）注意到不同城市之间存在的等级差异及其户口价值差异，并基于中国综合社会调查数据（CGSS2003），考察了户籍制度对社会分层和流动的影响。研究发现，城乡户口差异、城市户口之间的等级差异都对社会分层有影响，户口等级还通过家庭代际传承发挥作用。依据实证研究结果，作者得出的推断性结论是，户籍制度改革的根本在于去除已有制度安排所造成"城乡户口的难转换性和户口的难迁移性"③。

教育是形成人力资本的重要途径，对收入不平等有着重要影响。教育和收入不平等之间存在稳定密切的关系，教育不平等会加剧收入不平等④。从劳动经济学的视角对造成城乡收入不平等的原因进行追溯，其中户籍制度所导致的城乡之间、不同地区之间教育不平等自然成为学术界的热点话题。地区间教育不平等已成为各地区经济发展差异、阻碍经济增长的重要因素⑤；教育通过人

① 郑冰岛，吴晓刚. 户口、"农转非"与中国城市居民中的收入不平等 [J]. 社会学研究，2013（1）：160-181.

② 谢桂华. 中国流动人口的人力资本回报与社会融合 [J]. 中国社会科学，2012（4）：103-124.

③ 陆益龙. 户口还起作用吗：户籍制度与社会分层和流动 [J]. 中国社会科学，2008（1）：149-162.

④ 白雪梅. 教育与收入不平等：中国的经验研究 [J]. 管理世界，2004（6）：53-58.

⑤ 杨俊，李雪松. 教育不平等、人力资本积累与经济增长：基于中国的实证研究 [J]. 数量经济技术经济研究，2007（2）：37-45.

力资本传导机制与收入分配之间发生联系①。任强等（2008）基于 2005 年全国 1%人口抽样调查数据的实证研究表明，我国城乡地区间教育资源分配不均衡导致不同户口类型人群之间存在教育回报差距，进而导致了基于户籍类型的工资歧视，且教育年限越低，不同户口类型人群间教育回报的差距越大②。

上述研究从不同视角研究了户籍制度给收入不平等带来的影响，其主要结论基本相同，即对受教育程度较高和职业地位较高的群体来说，户口可能导致职业隔离；对获得职业的不同群体来说，不存在同工不同酬现象；对外来农民工尤其是其中的低技能劳动者来说，更容易受到明显的户籍歧视，其收入劣势难以改变。

同时，人口流动也对教育获得产生影响。Dong 等（2014）基于美国自 1979 年开始的国家追踪调查数据，研究黑人与白人因邻里环境而导致的教育获得差距。结果显示，内生型迁移者平均能获得更高的受教育年限，或者说，居住流动能显著提高教育获得机会。因而，户籍对劳动力收入不平等问题的解决思路应该着眼于两点：其一，打通城乡之间、不同地区之间的户籍体制机制障碍，有序放开落户限制；其二，促进地区之间公共服务，尤其是教育水平的均等化，提升相对落后地区的整体教育水平和劳动力的综合素质③。

对美国的永久居留许可证绿卡，穆霍帕迪亚和奥克斯博罗（Mukhopadhyay & Oxborrow，2012）基于新移民调查中外国临时劳工的工资及相关数据，采用 DID 和倾向得分匹配法计算绿卡价值，实证结果显示绿卡使得工人每年的工资收益增加约 11 860 美元④。

---

① 杨俊，黄潇，李晓羽. 教育不平等与收入分配差距：中国的实证分析 [J]. 管理世界，2008（1）：38-47.

② 任强，傅强，朱宇姝. 基于户籍制度的教育回报差异：对工资歧视的再考察 [J]. 人口与发展，2008（3）：37-46.

③ DONG Y，GAN L，WANG Y. Residential Mobility，Neighborhood Effects，and Educational Attainment of Blacks and Whites [J]. Econometrics Reviews，2014，34（6）：762-797.

④ MUKHOPADHYAY S，OXBORROW D. The Value of an Employment Based Green Card [J]. Demography，2012，49（1）：219-237.

二、问题的提出与购房入户政策

（一）问题的提出

城乡二元户籍制度是当前中国最重要的社会制度之一。不同城市之间由于地理、历史、行政的诸多原因，社会公共资源存在显著差别，户籍制度通过对异地户口迁移的管制，使得不同社会空间的差别固化①。与更低等级城市、农村户口相比，城市尤其是大中型城市户口，其城市居民在就业、子女教育、社会保障等诸多方面享受更优惠的待遇，附加在城市户籍上更全面、更优质的公共服务，不同等级城市之间公共服务水平的显著差异，使得层级更高、发展更快的城市，尤其是热点城市户籍更具吸引力。

户籍制度在一定程度上阻碍了劳动力和资本的自由流动，其对经济社会发展的阻碍作用是一个传统热点问题。针对户籍制度所引发的问题，学者们进行了广泛深入的研究，已有研究主要集中于户口制度所引发的收入不平等，以及附加在户口上的教育不平等及其所带来的影响。在现实层面，由于全国范围和典型城市户籍制度改革持续推进，中等城市落户限制有序放开，虽然有"城乡户口的难转换性和户口的难迁移性"，但在当前政策条件下，大中城市户口也并非不可迁移，获得户口迁移权利的渠道多种多样，"购房入户"即是获取大中城市户籍相对常见的方式之一。

购房是个体行为，是购房者以"用脚投票"的方式对一个城市表达居住、投资意愿，是个体偏好的真实表达。对具有落户功能的住房，户口（所享有公共服务）的价值是否通过购房这一获取户口的手段得以体现，或者说，户口价值的住房价格"资本化"是否存在？即相对于不能入户的住房，能够让购房者入户的住房是否产生了溢价？一个城市户口的价值是多少？其价值的来源是什么？购房者地域来源、年龄差别各异，不同类型人群，尤其是来自不同类型城市、农村的人群，对户口的支付意愿是否存在差异？这些问题的回答，对于理解户籍制度及其影响、理解住房市场规律、为城市管理者提供科学决策依据都有帮助。

---

① 陆益龙. 户口还起作用吗：户籍制度与社会分层和流动 [J]. 中国社会科学，2008（1）：149-162.

（二）主要城市购房入户政策梳理

我国19个直辖市及副省级城市中，一线城市北京、上海从未实行购房入户政策；同为一线城市的广州、深圳等热点城市仅在短时间内实施过购房入户政策，但早已取消。截至2016年6月，有12个城市仍在实施购房入户政策。对各地购房入户政策进行系统梳理和对比后可以发现，部分城市以购房总价作为入户条件之一，部分城市仅购房即可入户，从实证研究的技术角度来看，不适宜于作为研究对象。主要直辖市及副省级城市购房入户政策见表4-1。

表4-1　直辖市及副省级城市购房入户政策

城市	购房入户政策情况
北京、上海	未出台相应政策
天津、广州、深圳、宁波、厦门	短期实施，现已取消购房入户政策
沈阳、长春	购房即可入户
武汉	以总价和面积两项作为入户条件
哈尔滨、杭州	以总价作为入户条件
重庆、济南、大连、西安	入户面积标准含90平方米
南京	入户面积标准含60平方米
青岛、成都	以其他面积作为入户条件

注：整理时间截至2016年6月；为免冗余，具体政策未给出，如有需要请与作者联系。

仅以面积作为入户条件的城市中，重庆、西安面积标准为90平方米，这一面积标准与部分住房相关政策（如"90/70"政策、契税征收政策）规定的面积标准相重合；济南针对不同区域、大连针对不同区域不同类型房屋设置不同面积标准，且90平方米作为面积标准之一，政策设计较为复杂；南京面积标准为60平方米，这一面积标准与部分住房保障政策的面积标准相重合，难以区分购房入户政策对住房价格的影响，也不适宜于作为研究对象。也就是说，由于方案设计方面的原因，大部分政策并不适合视为自然实验进行实证研究。余下适合进行实证研究的城市仅有青岛和成都。其中，青岛购房入户面积标准为100平方米，较为适合作为购房入户政策相关研究的城市，但成都的政策更完善，更适合进行实证研究。

（三）成都购房入户政策简介与实施效果

成都市早期购房入户政策①设计较为复杂，购房面积和购房金额同时被作为入户条件，不同情况下入户人员的范围也有所差异，并非理想的自然实验。2006 年 11 月，成都市对购房入户政策进行了"规范"②，购房面积超过 90 平方米即可入户，购房金额不再作为入户条件，入户人员范围则简化为购房者"本人、配偶和未成年子女"。与其他个别城市类似，90 平方米的入户面积标准与一些住房相关政策规定的面积标准相重合，难以单独区分购房入户政策对住房价格的影响。

2008 年 11 月，成都市政府为"促进房地产市场健康发展"，将原购房入户政策中的面积标准由 90 平方米调整到 70 平方米，包括入户限制在内的政策维持不变③。由于 70 平方米的入户面积标准与其他住房政策没有重合，是相对理想的自然实验。2014 年 6 月，"为使户籍人口增长与经济社会发展相适应"，购房入户政策中的面积标准由 70 平方米调回 90 平方米，其他方面政策维持不变④，本次调整又提供了一次政策效应评估契机。成都购房入户面积标准变化见图 4-1。

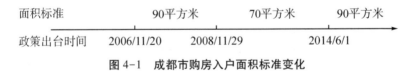

图 4-1　成都市购房入户面积标准变化

据内部工作统计数据，2009—2015 年，成都市中心城区通过购房入户方式共办理 18.58 万户家庭入户，计 34.28 万人，户均入户 1.84 人；同期，共迁入 97.40 万人，通过购房入户人数占同期迁入人数的 35.2%；从年度走势

---

①　成都市人民政府关于促进商品房消费增长的若干意见［EB/OL］.（2003-06-24）［2019-04-22］. http：//gk.chengdu.gov.cn/govInfo/detail.action? id=14558&tn=6.

②　中共成都市委 成都市人民政府关于深化户籍制度改革深入推进城乡一体化的意见（试行）［EB/OL］.（2006-10-20）［2019-04-22］. http：//gk.chengdu.gov.cn/govInfo/detail.action? id=128597&tn=2.

③　成都市人民政府关于进一步改善居民居住条件促进房地产市场健康发展的实施意见［EB/OL］.（2008-11-29）［2019-04-22］. http：//gk.chengdu.gov.cn/govInfo/detail.action? id=15117&tn=6.

④　成都市人民政府关于完善我市购房入户政策的通知［EB/OL］.（2014-06-01）［2019-04-22］. http：//gk.chengdu.gov.cn/govInfo/detail.action? id=66471&tn=6.

看，购房入户人数占迁入人数的比例由 2009 年的 31.9% 提升到 2015 年的 41.3%，有逐年小幅增加趋势①。

因为各种限制，研究无法跟踪外地购房者在购买住房后是否办理了户口迁入，仅能通过简单模拟测算的方式，了解外地购房者在购买具有入户资格的住房后，通过"购房入户"方式办理户口迁入的家庭数占比。一般来说，通过"购房入户"方式办理从外地迁入购房所在地城市户口时，需要获取房屋产权证，是否符合购房入户政策则以购房时间为准。对购买新建（预售）商品住房来说，获取产权证一般在购房两年之后；对购买二手住房来说，获取产权证时间与购房时间几乎同步。以成都市中心城区为例，2009—2015 年实际办理 18.58 万户家庭入户，相应期间（2007—2013 年）外地购房者购买符合入户资格的新建商品住房 36.83 万套，同期（2009—2015 年）外地购房者购买符合入户资格的二手住房 19.41 万套，共计可入户外地购房家庭 56.24 万户，入户比例为 33.0%。需要说明的是，本章基于购房者身份证前 6 位行政区代码判断其是否为外地购房者，而成都是典型的移民城市，采用这一方法统计的外地购房者数量是被高估的，即 56.24 万户家庭中有一部分在购房时已经拥有成都户籍，因此，所测算的 33.0% 的入户比例是被低估的（见图 4-2）。

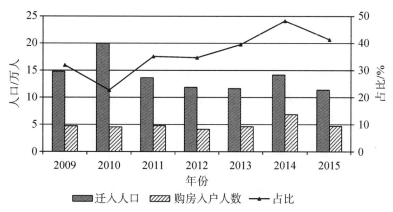

图 4-2　2009—2015 年成都市购房入户人数及其在迁入人口中的占比

---

①　数据范围为成都市中心城区，即锦江区、青羊区、武侯区、金牛区、成华区，含高新区；入户人数及户数来源于成都市公安局内部工作统计，未经许可，不得引用，其中 2015 年数据为根据当年 1—11 月数据得到的估计数；迁入人口数据来源于历年《成都统计年鉴》。

总之，迁入人口中 35.2% 的迁入方式为购房入户；已购房的外地户籍家庭中，有超过 33.0% 的家庭会迁入户口，可以说，购房入户政策具有很大的社会影响力，基于购房入户政策对户口的市场价值进行评估是可靠的。

三、实证研究策略与数据

（一）实证研究策略

基于成都市购房入户政策特点，本章选择非成都户籍购房者在成都购房的样本①，采用断点回归（RD）方法来识别成都户口的市场价值。RD 是被广泛运用于政策评估的一种实证方法，其基本思想是，当驱动变量大于或等于政策确定的阈值时，个体就会受到处理，政策规则上这一非连续特征将样本分配到断点两侧，从而产生自然实验。只要驱动变量不能被完全操纵，那么因变量的非连续变动就可以视作是由处理状态引起的。成都市 2009 年 1 月至 2014 年 5 月期间实施的购房入户政策规定，当购房面积（驱动变量，记为 a_i）大于或等于 70 平方米（阈值，记为 c）时，可以申请办理"本人、配偶和未成年子女"的户口（个体受到处理），即：

$$D_i = \begin{cases} 1 & a_i \geqslant c \\ 0 & a_i < c \end{cases} \tag{4-1}$$

其中 D_i 为处理状态变量，此处表示是否可以入户。理论上，只能考察断点的一个足够小邻域内的数据，从而估计出研究所感兴趣的处理效应。考虑到影响住房价格的因素较多，不同住房之间存在显著异质性，在将样本范围控制在断点的一个相对小邻域内（±3 平方米）的同时，控制影响住房价格的其他属性，即对如下方程回归，以估计购房入户政策对住房价格的处理效应

$$p_i = \alpha + \beta(a_i - c) + \gamma D_i + \delta(a_i - c)D_i + X_i\eta + \varepsilon_i \tag{4-2}$$

其中 p_i 为住房价格，a_i、c、D_i 含义如上，X_i 为控制变量，γ 即是研究所关心的反映户口价值的系数。由于回归样本面积窗口较小，为避免过度拟合，回归中

① 成都本地购房者无需再获取成都户口，因此其对住房可入户功能的支付意愿应该为 0（不显著异于 0），实证部分本章会对此进行检验。如无特别说明，本章回归均采用非成都户籍购房者的交易样本。

不纳入面积的高次项。此外，通过将线性模型调整为对数模型、调整样本窗口（邻域）大小等方式，对回归结果的稳健性进行检验。

断点附近的样本个体还可能存在预处理行为，也就是说，若开发商意识到70平方米以上住房具有入户功能且产生溢价时，可能增加其供应。如果开发商行为确实如分析所预期，并导致70平方米以上住房价格相对降低，那么，基于RD方法测度的户口价值则是被低估的。为此，将对70平方米以上住房在政策实施前后的供应情况进行观察。

同时，由于2014年5月购房入户面积标准由70平方米调整为90平方米，可以利用这一变化，采用DID方法，将样本范围控制在一个相对小面积窗口（70±3平方米）和一个相对小时间窗口（政策调整前后各6个月）内，估计购房入户政策对住房价格的处理效应，以对RD方法估计结果进行稳健性检验。

需要说明的是，基于70平方米以上住房失去入户功能，而非90平方米以上住房"获得"入户功能作为自然实验的主要原因为：①90平方米以上住房原本即具有入户功能，因而可能存在被低估的可能；②如前所述，90平方米也是一些其他住房政策的面积标准，在其他政策的干扰下存在估计不准的问题；③将原计划修建70平方米住房调整为90平方米，住房面积需增加20平方米，这需要对住房的套型设计、功能定位、楼栋的布局作较大变动，存在一定难度，加之调整需要行政、经济成本，因此可以认为开发商没有动力进行"预处理"；而将原计划修建90平方米左右的住房调整为90平方米以上住房，仅增加几个平方米，难度较小，开发商容易进行"预处理"。

与RD方法相同，定义D_i为处理状态变量，即70平方米以下住房（$D_i = 0$）作为控制组，70平方米以上住房（$D_i = 1$）作为处理组；同时，定义T_i为实施购房入户政策的时间虚拟变量，2014年5月之前（$T_i = 1$）为接受处理（treated），2014年6月之后（$T_i = 0$）为未接受处理（untreated）。构造DID模型方程如下：

$$p_i = \alpha_0 + \beta D_i + \gamma T_i + \delta D_i T_i + X_i \eta + \varepsilon_i \qquad (4-3)$$

其中p_i、X_i含义同RD模型，δ即是购房入户政策对住房价格的平均处理效应。

（二）数据说明

本章所采用的微观住房交易数据来源于成都市城乡房产管理局房地产市场

信息系统，为行政管理系统中新建商品住房市场交易的全样本数据。样本的主要变量包括：预售证号、楼盘名称、楼盘地址、开发商、预售证的总建筑面积、批准预售时间（上市时间）、房屋交易备案日期、房屋交易总价、房屋建筑面积、房屋所在楼层、房屋卧室数、是否为复式住宅、房屋建筑结构、购房者身份证号码中的前6位码（首次登记户籍所在县级行政区区划代码）、出生日期码等。房屋交易备案日期的时间跨度为2010年1月至2015年8月，共68个月的交易样本，经整理①，共258 696条交易记录，不同分类情况下的样本量见表4-2。

表4-2　不同分类情况样本量

	2010年1月至2014年5月		2014年6月至2015年8月		合计
	外地	本地	外地	本地	
60~80平方米	67 754	20 378	21 626	5 781	115 539
67~73平方米	17 593	5 105	7 294	1 715	49 300
85~95平方米	89 918	27 990	18 879	6 370	143 157
合计	157 672	48 368	40 505	12 151	258 696

以购房者身份证前6位码作为其家乡所在县级行政区划代码的代理变量，由于县级行政区划代码调整情形较为多见②，基于民政部、国家统计局官方网站公布的历年县级行政区划代码表，通过查询各地行政区划沿革信息，系统整理了自1980年以来我国县级行政区划调整对照表，并据此将原行政区划代码更新为购房时的行政区划代码。基于更新后的县级行政区划代码，获得购房者家乡所属省级、市级、县级行政区。此外，本章还通过购房者身份证中的出生日期码计算出购房者购房时的年龄。

Wu等（2014）从理论层面和实证角度对我国新建商品住房价格的构成进行了探讨与研究，认为住房价格主要由住房层面特征、楼盘层面特征、开发企

---

① 基于数据可比性的考虑，样本中不包含定向发售的、带有福利性质的住房，全部为面向社会公开发售的市场化新建商品住房；也不包括别墅、花园洋房。同时，剔除了机构购买者交易样本和重要指标缺失（异常）样本，分别占总交易量的0.38%和0.31%。

② 县级行政区划代码调整的主要情形包括从原省级行政区析出新省级行政区（如从原四川省析出重庆市）、市级行政区管辖范围调整、县改区、县改市、市改区等。

业定价行为、时间趋势所组成①。

鉴于本章数据同为新建商品住房市场交易样本，沿用该文中住房交易单价影响因素的理论。由于楼盘层面特征复杂多样，相关数据难以采集并准确度量，开发企业定价行为同样难以量化，本章拟通过控制楼盘个体固定效应的方法控制楼盘层面特征及开发企业定价行为，并在实证方程中控制住房层面特征及月度虚拟变量②。

本章的实证研究主要基于 2010 年 1 月至 2014 年 5 月期间外地购买者购买 67~73 平方米交易样本进行，数据的描述性统计基于该部分数据。主要变量定义说明及数据的描述性统计结果见表 4-3。

表 4-3　主要变量定义说明及描述性统计

变量名称	单位	均值	标准差	最小值	最大值	变量符号
住房交易单价	元/平方米	8 017.26	1 680.79	2 975.45	17 290.99	unit_ price
住房建筑面积	平方米	70.375 4	1.710 4	67.00	72.99	unit_ area
住房所在层	层	14.370 2	8.447 5	1	55	unit_ floor
住房卧室数	个	1.521 6	0.531 7	1	3	unit_ room
楼栋总楼层	层	27.868 8	8.086 3	3	55	comp_ floor
是否为复式	—	0	0	0	0	unit_ duplex
购房年龄	岁	33.410 1	9.955 6	1	87	buyer_ age

四、对住房价格影响的实证研究结果

（一）RD 回归模型结果

在回归分析之前，首先以图形方式直观展示阈值附近驱动变量（住房面

---

① WU J, DENG Y, LIU H. House Price Index Construction in the Nascent Housing Market: The Case of China [J]. Journal of Real Estate Finance and Economics, 2014, 48 (3): 522-545.

② 原数据中缺少准确的楼盘索引变量，同一楼盘可能包括一个或多个预售证，一个预售证则对应一幢或多幢楼，但一般为一幢。本章以预售证号为索引，根据其楼盘名称、楼盘地址、开发商等信息综合整理，生成楼盘编号，作为楼盘固定效应的控制变量。鉴于一个楼盘内部可能同时包括多层洋房和高层电梯物业，在实证回归中同时控制了住房所在楼栋的总楼层。

积）与结果变量（住房价格）之间的关系。图 4-3 给出了 70 平方米入户标准
实施期间，非本地户籍购房者购买 70 平方米左右住房的面积与价格对应情况，
这相当于 RD 估计的简约型结果。其中面积精确到 0.1 平方米，价格为对应面
积段的中位数，单位为元/平方米，且剥离了楼盘固定效应、月度价格趋势以
及物业总楼层、所在楼层的影响，但未对房屋面积、卧室个数进行控制。可以
看到，住房价格在 70 平方米处有较为显著的跳跃，这表明具有入户功能的住
房具有一定的溢价。

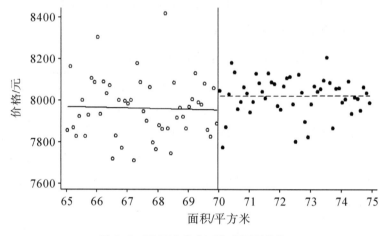

图 4-3　70 平方米上下住房面积价格

进一步，采用 70 平方米入户标准期（2010 年 1 月至 2014 年 5 月）内、断
点两端各 3 平方米范围内交易样本和 RD 模型，并对非本地、本地购房者样本
分别进行回归，结果见表 4-4。研究表明，平均意义上，非成都本地购房者对
具备入户功能的 70 平方米以上住房额外增加了 131.6 元/平方米的支付意愿，
而本地购房者对 70 平方米以上住房额外支付意愿较低，且不显著。同时，给
出政策调整后（2014 年 6 月至 2015 年 8 月）的回归结果进行对照，回归结果
显示，无论非本地购买者还是本地购买者，对 70 平方米以上住房的额外支付
意愿均为负。

表4-4　购房入户政策对住房价格的影响估计结果

变量	70平方米政策有效期内		70平方米政策有效期后	
	（1）非本地	（2）本地	（3）非本地	（4）本地
D	0.131 6*** (0.018 9)	0.029 5 (0.043 4)	-0.157 0*** (0.032 2)	-0.126 9* (0.067 8)
（住房面积-70）	-0.017 1** (0.008 60)	-0.006 07 (0.018 0)	0.032 2** (0.016 2)	-0.021 3 (0.034 8)
（住房面积-70）×D	-0.015 4 (0.011 8)	0.041 8 (0.026 3)	0.067 4*** (0.023 4)	0.117 5** (0.050 6)
所在楼层	0.018 2*** (0.001 53)	0.009 25*** (0.003 40)	0.023 2*** (0.002 52)	0.007 61 (0.005 70)
所在楼层^2	-0.000 626*** (4.35e-05)	-0.000 335*** (0.000 100)	-0.000 783*** (6.98e-05)	-0.000 406** (0.000 160)
总楼层	-0.087 8*** (0.015 5)	-0.023 5 (0.041 6)	-0.054 3*** (0.018 7)	0.097 1* (0.052 2)
总楼层^2	0.001 75*** (0.000 275)	0.000 931 (0.000 762)	0.001 06*** (0.000 286)	-0.001 32* (0.000 786)
是否套二	0.048 2** (0.020 7)	0.075 5 (0.050 4)	0.063 2* (0.035 7)	-0.054 2 (0.066 0)
是否套三	0.028 5 (0.050 8)	0.016 5 (0.139)	-0.146*** (0.055 1)	-0.434*** (0.147)
楼盘固定效应	控制	控制	控制	控制
月份虚拟变量	控制	控制	控制	控制
样本数	17 108	4 950	7 292	1 714
R^2	0.918	0.908	0.910	0.907

注：括号内为标准误；"***""**""*"分别表示在1%、5%和10%的水平下拒绝原假设。

以入户面积标准70平方米，平均溢价131.6元/平方米计算，拥有入户功能的住房平均大约溢价9 212元。

基于非本地购房者在政策有效期内购房样本，采用不同方式对模型结果进行稳健性检验，结果见表4-5。表中（1）为对数模型，其中住房价格、住房面积、总楼层、所在楼层等变量均采用对数形式，结果显示拥有入户功能住房溢价 1.80%，按照 8 017.26 元/平方米的均价计算，平均意义上溢价 10 102 元，这与线性模型 9 212 元的估计结果非常接近；表中（2）、（3）调整了样本窗口大小，结果显示窗口越大，模型估计的溢价越小，这与 RD 模型基本思想相符，即 RD 模型估计结果是 LATE（loacl average treat effect，局部平均处理效应），当驱动变量窗口变宽，估计效应相应降低。

表 4-5　户口价值差稳健性检验表

变量	（1）对数模型	（2）线性模型	（3）线性模型
	67~73 平方米	69~71 平方米	65~75 平方米
D	0.018 0*** (0.002 3)	0.209 3*** (0.031 2)	0.091 2*** (0.016 5)
其他控制变量	控制	控制	控制
楼盘固定效应	控制	控制	控制
月份虚拟变量	控制	控制	控制
样本数	17 108	5 737	30 788
R^2	0.920	0.924	0.909

注：括号内为标准误；"***""**""*"分别表示在 1%、5% 和 10% 的水平下拒绝原假设。

（二）DID 模型结果

如前所述，开发商可能存在预处理行为，即增加 70 平方米以上住房供应。图 4-4 给出了 2008—2009 年新增供应住房中，70~75 平方米面积段占比月度走势图，总体上，2009 年 70~75 平方米住房新增供应相对于 2008 年有小幅增加，但幅度不明显。

进一步，基于 DID 模型识别户籍政策调整对住房价格的影响，实证结果见表 4-6，其中样本范围为政策前后各 6 个月，70 平方米上下各 3 平方米内。结果显示，70 平方米以上住房在政策有效期内平均溢价 127.6 元/平方米，以 70 平方米入户标准计，约合 8 932 元，略低于基准模型结果 9 212 元，且相当接近。这也从侧面说明，即使开发商存在预处理行为，这种行为强度也相对较小，否则，DID 模型估算结果应该显著大于基准模型结果。

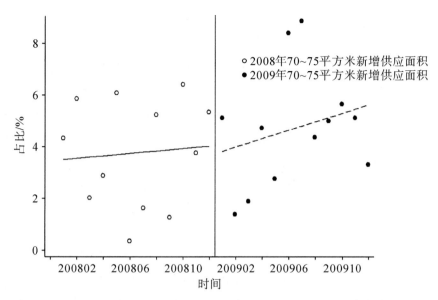

图 4-4　2008—2009 年 70~75 平方米新增供应面积占比月度走势

表 4-6　DID 模型结果

变量	系数	变量	系数
D	0.016 0 (0.033 9)	总楼层^2	0.000 753** (0.000 300)
T	0.148 1*** (0.031 1)	是否套二	−0.131*** (0.033 8)
$D \times T$	0.127 6*** (0.034 9)	是否套三	−0.208*** (0.064 4)
所在楼层	0.023 0*** (0.002 98)	楼盘固定效应	控制
所在楼层^2	−0.000 793*** (8.35e−05)	样本数	5 412
总楼层	−0.044 1** (0.017 9)	R^2	0.876

注：括号内为标准误；"***""**""*"分别表示在 1%、5% 和 10% 的水平下拒绝原假设。

（二）不同迁出地的支付意愿差异

户口迁移者在获得迁入地（成都）户籍的同时，需要放弃迁出地（家乡）户籍。如果购房者家乡户口价值高于成都户口价值，则在平均意义上，非本地购房者将户口迁入成都的动力较小，因此，对具有入户功能的住房，购房者额外的支付意愿应该不显著（异于 0）。相反，如果购房者家乡户口价值相对于成都户口价值更低，那么在平均意义上，为享受更好的公共服务，非本地购房者有迁入户籍的动力，从而对具有入户功能的住房有额外的支付意愿。如果上述假设成立，本章测度的并非成都户口的价值，而是成都户口与非成都户籍购房者原籍户口之间的市场价差（左截断于 0）。

为此，将购房者基于两个维度进行分类。维度 1 将人群分为城区、乡镇两类。城乡二元户籍制度有可能使得购房者对成都户口的支付意愿不同，为了识别这一可能存在的差异，本章以购房者家乡县级行政区为代理变量，将购房者区分为城区、乡镇两类人群，其中，如果县级行政区划被冠以"区"，将购房者识别为城区人，否则，将购房者识别为乡镇人。维度 2 将购买者按家乡城市等级进行划分。对于购房者家乡所在城市，依据《第一财经周刊》对国内城市的分类，将各城市分为一线城市、新一线城市、新二线城市、新三线及以下城市四种类别①。基于非本地购房者在政策有效期内购房样本，将这两种维度交叉，建立"总体—总体"、"总体—维度 2"、"维度 1—总体"、"维度 1—维度 2"四个 RD 模型，考察不同类型购房者对成都户口的支付意愿，结果见表 4-7。

---

① 一线城市为北京、上海、广州、深圳。《第一财经周刊》分别于 2013 年、2016 年对国内城市进行综合评比；两次均评选出 15 个新一线城市，共有 17 个城市至少入围一次，本章将这 17 个城市均视作新一线城市，包括天津、重庆、成都、杭州、南京、武汉、西安、青岛、沈阳、长沙、大连、厦门、无锡、福州、济南、苏州、宁波，成都在两次评比中均处于名单中的首位；两次分别评比出 36 个和 30 个新二线城市，除入围新一线、新二线城市各一次的济南、宁波、福州、苏州外，共 38 个城市至少入围一次，本章将这 38 个城市均视为新二线城市。

表 4-7 不同类型购买者对可入户住房的支付意愿模型估计结果

	总体	一线城市	新一线城市	新二线城市	新三线及以下城市
总体	0.131 6*** (0.018 9)	−0.014 4 (0.070 0)	0.105 0*** (0.026 2)	0.189 6*** (0.036 1)	0.132 7*** (0.019 0)
城区	0.114 1*** (0.020 3)	−0.013 1 (0.070 7)	0.100 3*** (0.030 9)	0.116 3** (0.050 1)	0.118 4*** (0.020 7)
乡镇	0.139 1*** (0.019 2)	−0.202 6 (0.485 1)	0.110 1*** (0.033 6)	0.246 7*** (0.045 3)	0.138 2*** (0.019 3)

注：括号内为标准误；"***""**""*"分别表示在1%、5%和10%的水平下拒绝原假设；其余控制变量均相同。

表 4-8 给出了基于表 4-7 模型估计系数结果进行估计的支付意愿。结果显示，平均意义上，一线城市购买者的支付意愿不显著；相对于城区人群，乡镇购买人群对可入户住房支付意愿更高。与预期不相符的是，新二线城市乡镇人员对应系数较高，可能是由于处理组中样本量较小的原因，除此之外，呈现城市级别越低，支付意愿越高的特点。

表 4-8 不同类型购买者对可入户住房的平均支付意愿

	总体	一线城市	新一线城市	新二线城市	新三线及以下城市
总体	9 212	—	7 350	13 272	9 289
城区	7 987	—	7 021	8 141	8 288
乡镇	9 737	—	7 707	17 269	9 674

五、户口市场价值的影响因素

（一）购房者迁入地属性的影响

当前，我国普遍根据"就近入学"原则安排适龄儿童就读小学，一般来说，每个小学都有其相对稳定的招生片区范围。以"学校→片区→住房→户籍"为主线条的招生思路往往要求"适龄儿童及法定监护人户籍所在地与其实际居住地一致",即儿童小学入学不仅需要住房与学校相对应,还要拥有本地户籍。虽然基础教育扁平化是发展趋势,但不同学校之间的差异客观存在,因而形成所谓"学区房"现象。相对于非优质小学对应的住房,学区房对住房价格有显著的溢价[①]。为此,在 RD 模型中加入学区房因素,同时考虑户籍、学区房对住房价格的影响。

根据成都市各公立小学划片范围,本章系统整理了成都市市区各公立小学与招生住宅楼盘对应表[②],并选取其中由成都市教育局认定的义务教育名校集团龙头学校及其分校、成都市义务教育示范校、"五朵金花"、"新五朵金花"作为优质小学[③]。定义虚拟变量 S_i 表征住房是否为优质小学招生范围内的住房,对如下形式的 RD 模型回归:

$$p_i = \alpha + \beta(a_i - c) + \gamma D_i + \delta(a_i - c)D_i + \lambda S_i \cdot D_i + X_i \eta + \varepsilon_i \quad (4-4)$$

前四项与式(4-2)相同,由于增加了 $S_i \cdot D_i$ 项,γ 的含义与式(4-2)有所不同,为剥离掉学区因素后户口对住房价格的平均处理效应,λ 为学区房对住房价格的平均处理效应。基于断点两端各 3 平方米范围内交易样本的回归结果见表 4-9,其中控制变量均与表 4-4 第 1 列模型相同。结果显示,可入户的学区房平均溢价 288.6 元/平方米,以 70 平方米入户标准计算,其价值为 20 202元,在剥离掉学区因素后,户口价值不显著。城区人群对学区房的平均支付意愿为 28 329 元,剥离学区因素后户口的价值同样不显著;但乡镇人群对学区房的平均支付意愿为 16 884 元,显著低于城区人群,同时乡镇人群对剥离掉学区因素后的户口价值有显著的支付意愿,平均为 3 689 元,这反映了户籍制度的城乡二元差异。

① 胡婉旸,郑思齐,王锐. 学区房的溢价究竟有多大:利用"租买不同权"和配对回归的实证估计 [J]. 经济学(季刊),2013(4):1195-1214.

② 主要参考 2014、2015 年划片范围整理,不同年份划片范围偶有较小变化,但可以将此视为随机干扰。

③ "五朵金花"指市民口碑相传、社会公认的五所最好的公立小学,存在多个版本,这些学校基本为名校集团龙头学校,同时也基本为首批义务教育示范校,鉴于这些学校主要位于市中心区域,对应招生楼盘基本为老旧小区,新房较少,本章未对该类学校进行特别区分。"新五朵金花"由成都本地较具影响力报纸《华西都市报》于 2010 年组织市民评选,包括公立和私立各五所,考虑到私立学校招生不与户口挂钩,本章仅将其中的公立小学纳入优质小学范围。

表 4-9 学区对住房价格的影响

变量	非本地	非本地：城区	非本地：乡镇
D	0.014 0 (0.021 3)	−0.068 4 (0.044 2)	0.052 7** (0.023 7)
$S×D$	0.288 6*** (0.024 4)	0.404 7*** (0.050 7)	0.241 2*** (0.027 2)
其他控制变量	控制	控制	控制
楼盘固定效应	控制	控制	控制
月份虚拟变量	控制	控制	控制
样本数	17 108	5 529	11 548
R^2	0.918	0.913	0.924

注：括号内为标准误；"***""**""*"分别表示在1%、5%和10%的水平下拒绝原假设。

考虑到不同年龄购房人群对学区房的需求存在差异，将样本按照购房者年龄分段进行回归，回归结果见表4-10，其中控制变量均与表4-4（1）模型相同。

表 4-10 不同年龄段对学区与户口的支付意愿

变量	20 岁及以下	21~30 岁	31~40 岁	41~50 岁	50 岁以上
D	−0.282 7 (0.256 2)	−0.0145 (0.028 2)	0.010 6 (0.044 8)	0.120 5** (0.055 1)	0.059 7 (0.102 6)
$S×D$	0.339 3 (0.302 2)	0.310 4*** (0.033 1)	0.349 2*** (0.049 7)	0.188 1*** (0.061 9)	0.153 2 (0.127 3)
其他控制变量	控制	控制	控制	控制	控制
楼盘固定效应	控制	控制	控制	控制	控制
月份虚拟变量	控制	控制	控制	控制	控制
样本数	366	8 397	4 450	2 834	1 061
R^2	0.952	0.920	0.924	0.930	0.934

注：括号内为标准误；"***""**""*"分别表示在1%、5%和10%的水平下拒绝原假设。

结果显示，31~40岁、21~30岁购房者对学区房的平均支付意愿更高，分别为 24 444 元和 21 726 元，一般来说，这两个年龄段购房者的子女正在或即将读小学，其对学区房更高的支付意愿与预期相符，但对户口的支付意愿不显著；41~50 岁购房者对学区房和户口均有支付意愿，分别为 13 170 元和 8 434 元；而 20 岁及以下、50 岁以上两个年龄段购房者对学区房、户口的支付意愿均不显著，这可能更样本量较小有关。

（二）购房者迁出地属性的影响

如前所述，本章度量的是成都户口与购房者家乡户口之间市场价值差，而优质基础教育（学区房）在成都户口价值中占据重要部分。区域间在基础教育数量和质量上的差异部分体现在房价上[①]。鉴于我国幅员辽阔，若对不同购买者进行地域分类，从计量实证的角度，会导致虚拟变量太多，使得数据样本量无法满足，变量太多导致过度拟合的问题。为此，本章加入地区人均教育投入、地区人均生产总值作为迁出地教育发展水平、经济发展水平的代理变量。为考察迁出地属性的影响，在回归中加入成都市与购房者家乡对应指标的差值，假定购房者决策行为基于上一年相应指标差值，回归中使用前一期数据，即对如下形式的 RD 模型回归：

$$p_i = \alpha + \beta(a_i - c) + \gamma D_i + \delta(a_i - c)D_i + \lambda_1 D_i \times \Delta peredu_{i-1} \times urban_i$$
$$+ \lambda_2 D_i \times \Delta peredu_{i-1} \times rural_i + X_i \eta + \varepsilon_i \qquad (4\text{-}5)$$

其中 $\Delta peredu_{i-1}$ 表示购房上一年份成都人均教育投入比购房者家乡人均教育投入高出的部分，$urban_i$ 和 $rural_i$ 分别表示购房者是否为城区和乡镇人群。模型回归结果见表 4-11（1）。

表 4-11　人均教育投入对户口价值的影响

变量	（1）	（2）
Δ人均教育投入×D×是否乡镇	0.515 2[***] (0.177 4)	0.595 0[***] (0.190 5)
Δ人均教育投入×D×是否城区	0.212 6 (0.139 2)	0.286 0[*] (0.153 1)

---

① 冯皓，陆铭. 通过买房而择校：教育影响房价的经验证据与政策含义［J］. 世界经济，2010（12）：89-104.

表4-11（续）

变量	（1）	（2）
Δ 人均生产总值	—	−0.004 4 （0.003 8）
D	0.112 3*** （0.020 0）	0.108 9*** （0.020 2）
其他控制变量	控制	控制
楼盘固定效应	控制	控制
月份虚拟变量	控制	控制
样本数	17 077	17 077
R^2	0.918	0.918

注：括号内为标准误；"***""**""*"分别表示在1%、5%和10%的水平下拒绝原假设。

回归结果显示，若成都年人均教育投入比购房者家乡年人均教育投入每高出10 000元，平均意义上，乡镇购房者的支付意愿增加515.2元/平方米，按70平方米入户标准计算，支付意愿约合36 064元。此外，城区购房者的支付意愿虽然为正，但不显著，这可能是由于不同城市之间教育水平相对均等，因而差异不显著，使得外地城区购房者对更高教育水平的支付意愿不显著。

一般来说，地区经济发展水平越高，人均教育投入越高，因此，这一结果有可能反映的是地区经济发展水平差异，也就是说，人均教育投入有可能是经济发展水平的代理变量。基于模型结果稳健性考虑，在模型中加入购房者家乡人均生产总值与成都人均生产总值之间差值作为控制变量，回归结果见表4-11（2），显示该变量不显著，即人均教育投入而非人均生产总值之间的差距，对外地购房者的户籍支付意愿有显著解释力。依据回归结果，人均教育投入差别每高出10 000元，乡镇人群的平均支付意愿为41 650元，城镇人群的平均支付意愿为20 020元。

表4-11展示的是基础教育投入对户籍支付意愿的解释作用，接下来，考察不同地区之间高等教育水平（以各省"211"工程高校数量为标准[1]，其中四川为5所）的差异是否会导致不同地域购房者支付意愿有所不同。为此，将

---

[1]　若以教育部直属大学为标准，其分类结果完全相同。

样本区分为购房者家乡所在省份"211"高校分别少于和多于5所两组，分样本的回归结果见表4-12。结果表明，高等教育水平相对更低地区购房者对成都市户口有显著支付意愿，平均约为14 770元，而高等教育水平更好地区购房者的支付意愿则不显著。

表4-12　优质高校对户口价值的影响

变量	211高校少于5所		211高校多于5所	
	（1）	（2）	（3）	（4）
D	0.211 0*** （0.052 1）	—	0.108 9 （0.212 8）	—
D×是否城区	—	0.217 3*** （0.054 3）	—	0.074 0 （0.216 7）
D×是否乡镇	—	0.206 2*** （0.053 4）	—	0.149 4 （0.218 0）
其他控制变量	控制	控制	控制	控制
楼盘固定效应	控制	控制	控制	控制
月份虚拟变量	控制	控制	控制	控制
样本数	2 842	2 842	551	551
R^2	0.927	0.927	0.942	0.942

注：括号内为标准误；"***""**""*"分别表示在1%、5%和10%的水平下拒绝原假设。

六、结论与启示

城乡二元户籍制度所导致的差别歧视受到社会和学术界的广泛关注，已有研究表明，一方面户籍制度使得人口自由流动存在障碍，在一定程度上导致不同地区居民的教育、收入不平等。另一方面，教育水平和人口流动性对收入有重要影响，而这两者又与户籍制度相关，户籍制度改革成为社会共识。在当前政策条件下，"购房入户"是获取大中城市户口的重要方式之一，本章基于成都市"购房入户"政策及其调整，将购买者来源户籍按照城乡、不同城市等级两个维度交叉，利用成都市中心城区新建商品住房交易全样本数据，对成都户口的市场价值、不同地域来源外地购房者对户口价值的支付意愿、教育对户口价值的影响进行了较为系统的评估。

实证结果表明，成都户口具有显著的市场价值，基于 RD 模型和 DID 模型均显示，其市场价值为 8 932～10 102 元。需要注意的是，由于政策效应评估方法的局限性，这一结果仅为局部平均处理效应，而非全局平均处理效应。结果的局部性体现在两方面：其一，由于实证方法的限制，本章在实证中仅采用了购房入户面积标准（70 平方米）附近的交易样本，因此，所给出的价值仅反映这一部分购房者的平均支付意愿，而不包括购买其他面积住房购买者的支付意愿；其二，购房是获取城市户口的前提，因此，本章所测算的户口价格是产品组合（住房及户口）中的价格，是歧视性价格，作为家庭重要资产的住房往往价格不菲，如果不用购买住房而可以单独购买户口，其价格应该显著高于本章所测算出的价格水平。

基于以上原因，本书给出的户口价值是被低估的。此外，本章还对不同类型购房者对户口的支付意愿、不同因素对户口价值影响进行了实证研究，由于研究更关心不同分类之间的关系，而非支付意愿、影响程度的绝对水平，本书的结论仍然具有理论和现实意义。主要研究结论包括：①购房者家乡所在城市的等级、发展水平不同，购房者对购房所在城市（成都）户口价值的支付意愿不同，总体上，乡镇人员支付意愿高于城市人员；城市等级越低，支付意愿越高。②优质基础教育是户口价值的重要组成部分，城区人员对学区房的平均支付意愿为 28 329 元，对剥离学区因素后的住房户口价值支付意愿不显著；而乡镇人员对学区的支付意愿低于城区人员，对剥离学区因素后的户口仍有显著的支付意愿；分年龄段的回归结果显示，20～40 岁年龄段购房者对学区的支付意愿最高。③户口迁出地人均教育投入与成都人均教育投入之间的差别越大，购房者对户口的支付意愿越大，而两地之间人均 GDP 的差异则不显著。④高等教育发展水平的差异同样对户口价值有显著影响。

本章研究的不足之处在于，囿于数据的限制，本章对户口价值来源的主要关注点集中在教育，而未对医疗、交通、城市产业等其他方面进行细致的分析与实证。

第五章 住房供应政策效应研究：以"90/70"政策为例

一、引言

（一）"90/70"政策及其出台背景

任何商品的市场均取决于供应和需求两方面，住房市场供应可以分为土地供应、新增住房供应和存量住房供应三个层次。住房与普通商品不同，具有不可移动性，其供应在根本上依赖于住房建设用地供应。我国基于基本国情，实行土地用途管制、区分城市市区国有土地和农村农民集体所有土地类别、实行耕地保护、城市国有土地上建设用地指标由国家管控等系列制度，政府作为城镇土地的唯一所有者，是城镇住宅建设用地土地使用权的垄断性供应方。住房供应在根本上受到限制，不能完全对住房市场需求和价格信号作出快速反应。大量快速释放的住房需求和相对刚性、难以快速形成有效供给之间的矛盾，使得住房价格上涨较快，住房问题广受社会关注。如何在有限的土地供应内，改善土地供应结构，提高用地效率，形成更多的住房供应，成为住房相关制度制定的出发点之一。

2005年3月和5月，国务院办公厅两次就住房价格问题发文，要求"稳定住房价格"，但是"一些问题尚没有得到根本解决，少数城市房价上涨过快，住房供应结构不合理矛盾突出"①。根据国家统计局70个大中城市住房价格指数，2006年7月全国新建商品住宅价格同比上涨6.7%，其中深圳同比涨幅高达13.6%，北京涨幅高达11.1%。2006年5月24日，国务院办公厅转发建设部等9部门《关于调整住房供应结构稳定住房价格的意见》（国办发〔2006〕37号）明确指出"住房供应结构不合理矛盾突出"，要求自2006年6月1日起，各地要"调整住房结构"，"套型建筑面积90平方米以下住房面积所占比重，必须达到开发建设总面积的70%以上"，这一政策俗称为"90/70"政策。显然，制定这一政策的初衷是通过"切实调整住房供应结构"，以"引导合理消费"，并起到"稳定住房价格"的作用。

许多学者是这一对住宅市场供应进行管制政策的积极支持者。国务院发展研究中心课题组认为"大户型比重过高的趋势不符合中国国情，也不利于节约资源"，"政府应发挥在住房供应体系中的调节作用，完善多层次住房供应体系，其重点是引导和促进市场提供大量的中低价位、中小套型的普通商品住房"②。吕江林（2010）认为规定中小套型最低占比的做法很重要，"为了保证中低收入阶层较适合的居住面积"，作者甚至建议设置70平方米以下单套住宅所占比例③。郑世刚（2008）认为中小套型住房属于必需品，应该"加大必需品的供给，满足必需品的需求"④。

与学术界多对"90/70"政策持支持态度不同，大部分房地产业界人士则对此持质疑态度。万科前董事长王石曾表示，"我们需要有一些比较不扭曲的政策"，"90/70"政策是"最需要调整的政策"⑤。建业地产控股有限公司董事局主席胡葆森认为"市场对资源的配置要比我们想象的准确得多"，并以全国人大代表的身份建议取消"90/70"政策限制⑥。易居房地产研究院副院长

① 国务院办公厅转发建设部等部门关于调整住房供应结构稳定住房价格意见的通知 [EB/OL]. (2006-05-24) [2019-04-22]. http://gk.chengdu.gov.cn/govInfo/detail.action? id=66471&tn=6.
② 国务院发展研究中心课题组. 中国住房市场发展的基本判断与住房政策走向前瞻 [J]. 改革, 2007 (12): 5-12.
③ 吕江林. 我国城市住房市场泡沫水平的度量 [J]. 经济研究, 2010 (6): 28-41.
④ 郑世刚. 我国住房市场的经济学分析及政策建议 [J]. 华中师范大学学报（人文社会科学版）, 2008 (5): 64-68.
⑤ 邢飞, 王石. 90平米政策已不合适中国目前经济形势 [EB/OL]. [2008-12-8]. http://www.ce.cn/cysc/fdc/gj/200812/08/t20081208_ 17604648.shtml.
⑥ 胡葆森. 市场不再需要90/70限制 [EB/OL]. [2009-3-6]. http://finance.ifeng.com/topic/lianghui2009/news/20090306/424098. shtml.

杨红旭则称"90/70"政策为"地雷",并预测"未来将会出现中小户型、中低价住房供大于求的情况"①。

(二)相关文献综述

我国近年来针对住房市场的调控政策形式多样,旨在通过"调整住房供应结构"以"引导合理消费"并"稳定住房价格"的"90/70"政策,是相对特殊的针对住房供应的管制措施,得到了许多学者的积极支持,也曾引发诸多争议。住房供应端管制手段多样,但直接针对住房套型比例配置进行规定相对少见。带有明显导向性的"90/70"政策已执行多年,房地产业界对这一政策讨论较多,更有大量相关文献对这一政策下如何进行户型设计进行探讨与研究。

孟捷等(2011)基于《中国统计年鉴2007》中我国城镇居民人均可支配收入分布数据,用 F 分布拟合得到年人均可支配收入分布函数,在综合考虑家庭人口数、收入以及住房金融相关数据的基础上,得到意向购房面积分布情况,结果显示,意向购房面积在 90 平方米以下的比例为 71%,与"90/70"政策规定比例基本相符②。

宋思涵等(2007)对上海与新加坡、日本、我国香港地区的住房套型面积进行了对比,并从新建家庭、改善性、被动性、人才引进、人口机械增长、投资性等不同类型角度进行需求分析,结果表明,上海新建住房供应中总体套型面积偏大,90 平方米以下中小套型应是未来住房供给的主流③。

王松涛(2011)采用北京、上海、广州、深圳、天津、重庆 6 个城市作为样本,对 2003 年以来政府干预住房市场主要政策的效果进行了定量评价,结果表明,以"90/70"政策为代表的 2006 年国务院主导的第二次综合干预,在短期内对不同城市作用效果不确定,但长期内作用效果显著,政策基本达到了预定目标④。

---

① 杨红旭. 低迷楼市中的一颗"地雷"[EB/OL].[2008-10-28]. http://blog.sina.com.cn/s/blog_48f783610100b1md.html.

② 孟捷,唐安民,白涛珍. 新建住房套型比例的合理性研究 [J],数理统计与管理. 2011(5):404-413.

③ 宋思涵,王欣荣,李晓龙. 上海中小套型普通商品房需求与供应分析 [J]. 上海房地,2007(2):18-20.

④ 王松涛. 中国住房市场政府干预的原理与效果评价 [J]. 统计研究,2011(1):27-35.

"90/70"政策强制性改变了不同面积段的供应配比，政策从 2006 年 6 月开始执行至 2015 年 3 月取消这一限制①，执行时间长达近 10 年之久，对住房市场影响深远，使得其成为我国住房供应管制中重要的政策之一。可能是由于研究者缺乏相关数据，直接对"90/70"政策特别是其效果进行研究的文献较为少见。政策对不同面积段住房交易占比产生了怎样的影响？对住房价格有何影响？是否造成了市场扭曲？回答上述问题有利于加深对住房市场运行规律的认识，也为增加对住房市场管制的了解提供了相对科学的依据，具有一定的理论与现实意义。

二、对成交量影响的实证分析

（一）数据与描述性统计

本章研究采用的微观住房交易数据样本来源成都市城乡房产管理局房地产市场信息系统，为行政管理系统中的全样本数据。样本数据时间跨度为 2004 年 1 月 1 日至 2013 年 12 月 31 日，共 10 年的交易样本。样本的数据变量包括：所在区位、开发商、预售证的总建筑面积、预售证的批准预售时间（上市时间）、房屋交易备案日期、房屋交易总价、房屋建筑面积、房屋所在楼层、是否为复式住宅、房屋建筑结构等。对数据的描述性统计见表 5-1。

表 5-1　实证研究主要变量描述性统计

变量名称	单位	数据量	均值	标准差	最小值	最大值
房屋建筑面积	元/平方米	668 602	93.94	30.33	37.77	215.04
住房交易单价	平方米	668 602	6 581.26	2 491.55	1 237.39	26 939.94
销售持续时间	月	668 602	8.01	8.02	1	61
房屋所在楼层	层	668 602	12.71	8.16	1	55

---

① 国土资源部 住房城乡建设部关于优化 2015 年住房及用地供应结构促进房地产市场平稳健康发展的通知［EB/OL］. (2015-03-25)［2019-04-22］. http：//www.gov.cn/xinwen/2015-03/27/content_ 2839604.htm.

基于前述"90/70"政策的具体实施情况，根据对季度套型成交占比的初步观察，2007年4季度以后套型成交结构基本趋于稳定，为此，将样本时间划分为三个阶段，其中2004年1季度至2006年2季度为政策前阶段，2006年3季度至2007年3季度为政策调整阶段，2007年4季度至2013年4季度为政策完全实施阶段。

由于政府管制的强制性，受供应结构的限制，"90/70"政策实施后90平方米以下住房成交套数占比将有所上升，而90平方米以上部分占比相应下降，对成交面积进行分段描述性统计可以发现，政策出台前，套均成交面积为101.26平方米，政策实施稳定阶段，套均成交面积下降为92.34平方米，下降幅度达8.81%。但政策对不同细分面积段住房可能产生不同影响，包括成交量、成交价格和销售持续时间等重要观察指标。为此，对住房面积按照5平方米为一个段进行划分，考虑到40平方米以下、200平方米以上住房市场交易量极低，40~200平方米两端之外不再细分。

（二）初步观察

受到住房市场发展阶段、行情等因素影响，不同年份住房市场交易量起伏较大，因此，以不同面积段住房成交占比，而非交易量绝对值，作为考察"90/70"政策对住房市场成交结构影响的指标。此外，由于"90/70"政策的目的是增加住房供应套数，购房者购买住房也是以套数为购买单位，而非以平方米为单位随意切割购买，因此，本章选择住房套数占比而非住房面积占比作为考察指标。在对成交结构相对变化进行实证分析之前，首先用最直观的方式观察"90/70"政策的影响。不同阶段以5平方米为段的成交占比分布结构见图5-1。

从图中可以看出，与政策前阶段相比，政策实施阶段最大变化是，85~90平方米面积段成交占比大幅增加，90平方米以上大部分面积段成交占比则有所减少，但出人意料的是，55平方米以下部分成交套数占比在政策实施后也有明显减少。

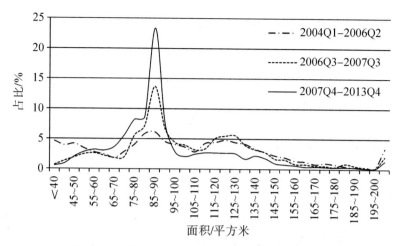

图 5-1　政策实施前后不同套型成交占比分布情况

（三）干扰分析与干扰函数

"90/70" 政策可以看成是对住房交易结构的外生干扰，为定量分析这一政策对成交结构的影响，本章采用时间序列分析中的干扰分析技术①。

时间序列干扰分析模型允许被解释变量（y_t）的时间路径被外生变量的时间路径所影响，已经被广泛应用于与时间序列相关的政策（包括突发事件、新技术应用等）效果评价中。Enders 等（1990）使用该模型研究金属探测技术对劫机事件数量的影响②；Worthington 和 Valadkhani（2004）应用该模型研究自然灾害对澳大利亚股市的影响③；王松涛（2011）应用该模型评估中国住房市场政府干预的效果④。

对一般的 ARMA（p，q）模型，用滞后算子重写，变为

$$\left(1 - \sum_{i=1}^{p} \alpha_i L^i\right) y_t = a_0 + \sum_{i=0}^{q} \beta_i \varepsilon_{t-i} \tag{5-1}$$

①　恩德斯. 应用计量经济学时间序列分析［M］. 杜江，袁景安，译. 北京：机械工业出版社，2012.

②　ENDERS W, SANDLER T, CAULEY J. Assessing the Impact of Terrorist-Thwarting Policies：An Intervention Time Series Approach［J］. Defense Economics，1990，2（1）：1–18.

③　WORTHINGTON A, VALADKHANI A. Measuring the Impact of Natural Disasters on Capital Markets：an Empirical Application using Intervention Analysis［J］. Applied Economics，2004，36（19）：2177–2186.

④　王松涛. 中国住房市场政府干预的原理与效果评价［J］. 统计研究，2011（1）：27–35.

其中 L 为滞后算子（lag operator），y_t 前面的 L^i 表示将 y_t 滞后 i 期，即 $L^i y_t = y_{t-i}$。记：

$$A(L) = 1 - \sum_{i=1}^{p} \alpha_i L^i \tag{5-2}$$

$$B(L) = \sum_{i=0}^{q} \beta_i L^i \tag{5-3}$$

则 ARMA (p, q) 模型可以写为

$$A(L)y_t = a_0 + B(L)\varepsilon_t \tag{5-4}$$

其特解为

$$y_t = a_0/A(L) + B(L)\varepsilon_t/A(L) \tag{5-5}$$

假设 y_t 为平稳序列，即多项式 $A(L)$ 对应的特征方程的特征根均位于单位圆之外，（5-4）的稳定解为

$$y_t = a_0/A(1) \tag{5-6}$$

其中 $A(1) = 1-a_1-a_2-\cdots-a_p$。

干扰分析允许对一个时间序列的均值变化进行规范检验，其一般形式为

$$A(L)y_t = a_0 + c_0 z_t + B(L)\varepsilon_t \tag{5-7}$$

其中 $A(L)$、$B(L)$ 为滞后算子多项式，z_t 为干扰变量，ε_t 为白噪声。c_0 的大小决定了外生干扰的冲击效应，可以使用标准的 t 统计量检验 c_0 统计上的显著性。

在干扰之前，z_t 的值为 0，式（5-7）与式（5-4）相同，截距项为 a_0 反应不同面积段受干扰前成交套数占比；干扰之后，截距项跳跃到 a_0+c_0，c_0 反应政策干扰的绝对影响效果，绝对影响效果和截距项的比例 c_0/a_0 则反应政策的相对影响效果。从长期均值角度看，假设 $A(L)$ 对应的特征方程的特征根均位于单位圆之外，在受到干扰之前，序列 y_t 的长期均值为 $a_0/A(1)$，受到干扰后，新的长期均值为 $(a_0+c_0)/A(1)$，相对影响效果仍为 c_0/a_0。也就是说，无论考虑短期效应还是长期效应，相对影响效果都是相同的。

干扰分析的建模步骤为：①确定合适的干扰函数；②使用数据序列中较长的数据跨度（此处为干扰后的观测样本），选择合适的 ARMA 模型；③在整个样本区间上估计模型；④对估计方程进行诊断性检验，包括模型系数的显著性、模型整体的合理性、模型残差是否为白噪声等。

在实证分析之前，首先确定表示事件影响的干扰函数。依据前述原因，采

用逐渐变化形式的干扰函数：政策前阶段干扰序列的值为 0；政策调整阶段，干扰序列的值从 2006 年第 2 季度（为 0）逐季度等幅增加，2007 年第 4 季度增加至 1；之后的政策完全实施阶段，干扰序列的值则为 1，表示受到完全影响。即

$$z_t = \begin{cases} 0 & t \in [2004Q1,\ 2006Q2] \\ z_{t-1} + 1/6 & t \in [2006Q3,\ 2007Q3] \\ 1 & t \in [2007Q4,\ 2013Q4] \end{cases} \tag{5-8}$$

对应的干扰函数如图 5-2 所示。图 5-2 同时给出了（对政策反应最为明显的）85~90 平方米面积段成交套数占比变化情况，从图中可以看出，本章给出的干扰函数是合理的。

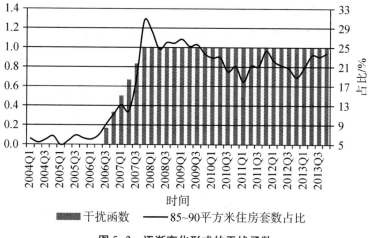

图 5-2　逐渐变化形式的干扰函数

（四）实证分析结果

对不同面积段住房成交套数占比，采用前述干扰模型建模步骤建模。以 85~90 平方米面积段住房成交套数占比为例，对 2007 年 4 季度至 2013 年 4 季度序列，进行单位根检验，结果显示序列是平稳的。进一步，观察序列自相关和偏相关系数，如图 5-3 所示。

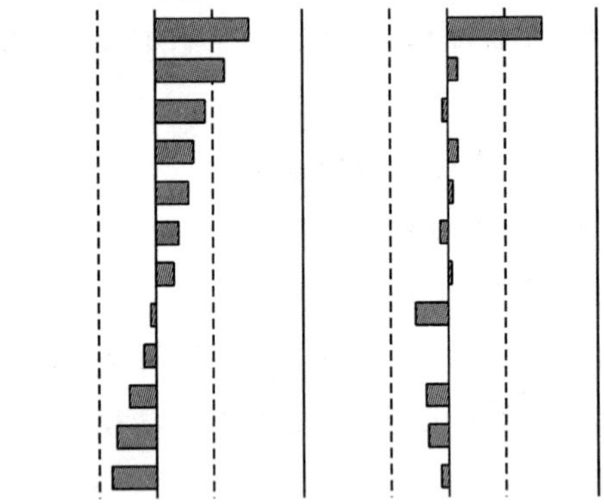

自相关系数图	偏相关系数图		自相关系数	偏相关系数	Q统计量	相伴概率
		1	0.665	0.665	12.431	0.000
		2	0.487	0.081	19.399	0.000
		3	0.336	-0.028	22.870	0.000
		4	0.269	0.061	25.203	0.000
		5	0.223	0.032	26.881	0.000
		6	0.157	-0.043	27.753	0.000
		7	0.121	0.013	28.301	0.000
		8	-0.039	-0.232	28.362	0.000
		9	-0.087	0.001	28.684	0.001
		10	-0.195	-0.155	30.394	0.001
		11	-0.275	-0.138	34.032	0.000
		12	-0.308	-0.041	38.943	0.00

样本范围：2007年4季度至2013年4季度；样本数：25。

图5-3　85~90m^{2}面积段住房成交套数占比序列相关图

由于偏相关系数具有一阶截尾的特征，采用 AR（1）模型对序列建模，模型残差序列相关图、单位根检验均显示序列是平稳的，残差序列不存在序列相关。进一步，在整个样本区间上采用 AR（1）模型，并在模型中加入 z_t 解释变量，回归方程为

$$y_t = a_0 + a_1 y_{t-1} + c_0 z_t + \varepsilon_t \tag{5-9}$$

回归结果如下

$$y_t = 0.0539 + 0.5853 y_{t-1} + 0.1783 z_t + \hat{\varepsilon}_t$$
$$t = (3.2114) \ 0 \ (4.2698) \ (9.0480) \tag{5-10}$$
$$R^2 = 0.9303 \quad D.W. = 1.7955$$

由对式（5-7）的分析可知，"90/70"政策对85~90平方米面积段住房成交量的相对影响效果为 0.1783/0.0539% = 330.6%。

与上述过程类似，依次对其他面积段住房成交套数占比序列，选择合适的 ARMA 模型，在整个样本区间上估计模型，同时对估计方程进行诊断性检验，模型估计结果见表5-2。

模型诊断性检验方面，自回归系数的绝对值都小于1，是收敛的，其余诊断性指标也显示模型设定较为合理，此外，对模型残差进行序列自相关检验，结果显示，残差均可以视为白噪声。

图5-4展现了不同面积段受到"90/70"政策影响的相对效果，从图中可

以看出：①90平方米以下各面积段占比并非全部增加，85～89平方米面积段增幅高达330.6%，小于40平方米面积段降幅则达88.6%。②90平方米左右的经济实用型"套三"户型受到了市场的极大欢迎，90平方米以上区间的90～94平方米面积段占比也有显著增加，增幅达65.0%，高于80～84平方米区间44.5%的相对增幅，市场需求更趋合理，更为实用的户型更受市场青睐。③95平方米以上各面积区间成交占比均有所减少，但不同面积段降幅存在差异，这可能与购房者对一些面积段的偏好有关。

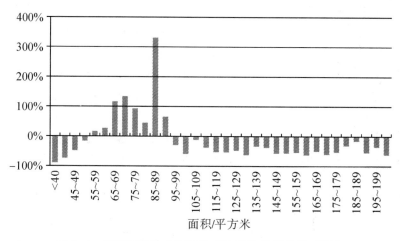

图5-4　不同面积段成交量受"90/70"政策的相对影响

（五）对结果的理论解释

（1）85～89平方米面积段住房成交占比大幅增加。不同面积住房之间具有一定的替代性，面积相差越大，替代性越小。如89和90平方米两种面积住房，面积相差较小，功能相差较小，替代性较强。由于90平方米以下户型中，与90平方米以上住房最具有可替代性的，即为89平方米住房，大幅增加89平方米住房，可以在一定程度上满足由于"90/70"政策导致的90平方米以上住房需求。

（2）90～94平方米面积段住房成交占比小幅增加。这可能一方面是由于住房市场中的羊群效应所致，另一方面是政策在一定程度上改变了购房者的消费习惯。

表 5-2　分面积段干扰分析结果

面积段/平方米	模型	模型估计参数		相对影响效果	模型评价指标			
		截距项 a_0	影响效果 c_0	c_0/a_0	R^2	F-stat	AIC	D-W
<40		0.037 (0.006 3)	−0.032 7*** (0.007 5)	−88.6%	0.64	34.41	−5.96	2.19
40~44		0.032 9*** (0.004 4)	−0.024 2*** (0.005 3)	−73.5%	0.59	28.12	−6.41	2.23
45~49		0.036 7*** (0.005 2)	−0.017 5** (0.007 2)	−47.8%	0.55	24.15	−6.60	1.80
50~54		0.032 9*** (0.003 2)	−0.005 3 (0.003 8)	−16.1%	0.08	2.59	−6.82	1.73
55~59	$p_t = a_0 + a_1 p_{t-1} + c_0 z_t + \varepsilon_t$	0.026 2*** (0.005 7)	0.004 4 (0.006 8)	16.7%	0.05	2.03	−5.83	1.84
60~64		0.023 9*** (0.002 8)	0.006 5* (0.003 4)	27.0%	0.13	3.83	−6.99	1.99
65~69		0.016 6** (0.007 7)	0.019 4** (0.009 1)	116.5%	0.41	14.08	−5.83	1.90
70~74		0.024 7** (0.012 1)	0.033 1* (0.014 2)	133.9%	0.53	22.16	−5.28	2.08
75~79		0.042 0*** (0.009 7)	0.039 0** (0.011 4)	92.9%	0.69	42.75	−5.74	2.11
80~84	$p_t = a_0 + a_1 p_{t-1} + c_0 z_t + \varepsilon_t$	0.061 1*** (0.002 4)	0.027 2* (0.014 6)	44.5%	0.47	17.77	−5.14	2.08
85~89		0.053 9*** (0.016 8)	0.178 3*** (0.019 7)	330.6%	0.93	240.37	−4.78	1.80

注：括号内为标准误；"***""**""*"分别表示在 1%、5% 和 10% 的水平下拒绝原假设，下同。

表5-2（续）

分面积段干扰分析结果

面积段/平方米	模型	模型估计参数		相对影响效果	模型评价指标			
		截距项 a_0	影响效果 c_0	c_0/a_0	R^2	F-stat	AIC	D-W
90~94	$p_t = a_0 + c_0 z_t + \varepsilon_t$	0.046 1*** (0.003 3)	0.030 0*** (0.004)	65.0%	0.58	55.86	−6.12	1.53
95~99	$p_t = a_0 + a_1 p_{t-1} + c_0 z_t + \varepsilon_t$	0.042 8*** (0.003 5)	−0.012 4*** (0.004 2)	−29.0%	0.25	7.45	−6.52	2.16
100~104	$p_t = a_0 + a_1 p_{t-1} + a_2 p_{t-2} + c_0 z_t + \varepsilon_t$	0.050 5*** (0.014 1)	−0.029 7** (0.014 4)	−58.8%	0.64	22.51	−6.88	1.95
105~109	$p_t = a_0 + c_0 z_t + \varepsilon_t$	0.029 4*** (0.001 7)	−0.003 5 (0.002 1)	−11.8%	0.04	2.80	−7.44	1.88
110~114		0.043 3*** (0.001 8)	−0.016 3*** (0.002 2)	−37.6%	0.57	52.77	−7.29	1.57
115~119	$p_t = a_0 + a_1 p_{t-1} + c_0 z_t + \varepsilon_t$	0.056 4*** (0.011 3)	−0.029 4** (0.012 1)	−52.2%	0.83	92.34	−7.44	2.21
120~124	$p_t = a_0 + a_1 p_{t-1} + a_2 p_{t-2} + c_0 z_t + \varepsilon_t$	0.057 6*** (0.004 6)	−0.030 5*** (0.005 5)	−53.1%	0.76	41.04	−6.80	1.98
125~129	$p_t = a_0 + a_1 p_{t-1} + c_0 z_t + \varepsilon_t$	0.051 2*** (0.007 3)	−0.024 2*** (0.008 6)	−47.3%	0.68	41.55	−6.75	1.95
130~134		0.044 4*** (0.004 2)	−0.027 3*** (0.005 0)	−61.6%	0.78	69.42	−7.20	1.99
135~139		0.034*** (0.002 5)	−0.011 3*** (0.003 1)	−33.3%	0.24	13.38	−6.64	1.67
140~144	$p_t = a_0 + c_0 z_t + \varepsilon_t$	0.028 8*** (0.002 1)	−0.010 8*** (0.002 5)	−37.4%	0.30	17.98	−7.04	1.64

表5-2（续）

分面积段干扰分析结果

面积段/平方米	模型	模型估计参数		相对影响效果	模型评价指标			
		截距项 a_0	影响效果 c_0	c_0/a_0	R^2	F-stat	AIC	D-W
145~149	$p_t = a_0 + a_1 p_{t-1} + c_0 z_t + \varepsilon_t$	0.022 7*** (0.001 7)	−0.012 9*** (0.002 1)	−56.7%	0.72	49.77	−8.39	1.82
150~154		0.019 4*** (0.003 0)	−0.010 9*** (0.003 6)	−56.0%	0.35	11.30	−7.10	2.00
155~159		0.013 3*** (0.001 4)	−0.007 1*** (0.001 6)	−53.4%	0.59	28.56	−8.87	2.10
160~164		0.011 8*** (0.001 6)	−0.007 3*** (0.001 9)	−62.1%	0.74	53.71	−9.34	1.80
165~169		0.008 5*** (0.000 9)	−0.004 2*** (0.001 0)	−49.4%	0.46	17.08	−9.53	1.89
170~174	$p_t = a_0 + a_1 p_{t-1} + c_0 z_t + \varepsilon_t$	0.009 4*** (0.001 1)	−0.005 6*** (0.001 3)	−59.9%	0.58	27.56	−9.30	2.24
175~179	$p_t = a_0 + a_1 p_{t-1} + a_2 p_{t-2} + c_0 z_t + \varepsilon_t$	0.006 9*** (0.001 3)	−0.003 6** (0.001 5)	−52.2%	0.55	15.94	−9.78	2.21
180~184	$p_t = a_0 + c_0 z_t + \varepsilon_t$	0.006 0*** (0.000 9)	−0.001 9 (0.001 2)	−31.0%	0.04	2.57	−8.60	2.01
185~189		0.003 6*** (0.000 9)	−0.000 6 (0.001)	−15.6%	−0.02	0.29	−8.81	1.81
190~194	$p_t = a_0 + a_1 p_{t-1} + c_0 z_t + \varepsilon_t$	0.003 7*** (0.000 9)	−0.002 0* (0.001 0)	−54.0%	0.49	19.46	−10.53	2.08
195~199		0.002 7*** (0.000 5)	−0.001 0 (0.000 6)	−35.1%	0.17	4.86	−10.65	1.95
≥200	$p_t = a_0 + c_0 z_t + \varepsilon_t$	0.033 3*** (0.001 8)	−0.020 3*** (0.002 2)	−60.9%	0.68	85.59	−7.33	1.71

（3）85平方米以下不同面积段住房成交占比变化差异较大。这可能是由于"90/70"政策导致小面积住房价格相对下降，从住房面积角度看，购买力有所增强，使得65~69平方米面积段住房需求相对增加，而55平方米以下住房需求相对减少。

三、对成交价格影响的实证分析

（一）理论分析

"90/70"政策通过调整不同面积段住房供应套数来影响市场供求关系，进而影响住房价格。如图5-5所示，对任一面积段住房，假设原需求和供应曲线分别为 D 和 S，市场均衡价格为 P_0。若供应相对减少，曲线向左上方平移，均衡价格由 P_0 调整为 P_1''；若供应相对增加，曲线向右下方平移，均衡价格由 P_0 调整为 P_1'。假设供应增加和减少的幅度相同，需求曲线相同，由于调整后与需求曲线相交的均衡位置不同，导致弹性不同，政策对住房价格变化的影响产生差异。

此外，不同面积段住房之间具有一定程度的替代性，需求曲线并非绝对不可移动，假设 A 面积段住房由于供应大幅增加导致住房价格相对下跌时，相邻面积段住房的需求会相应减少，而增加 A 面积段住房的需求。由于购房者的从众心理，A 面积段住房的需求会进一步增加，从而达到不同面积段住房价格之间的相对平衡。

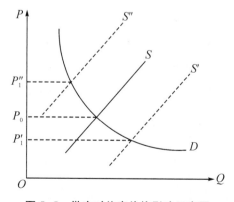

图5-5　供应对住房价格影响示意图

（二）描述性统计分析

对不同面积段住房，统计政策实施前、实施后住房价格的变化幅度。需要特别说的是：其一，虽然近年来住房（名义）价格整体呈现快速上涨态势，但本章关心的是不同面积段价格涨幅之间的差异，并不关心涨幅的绝对值，因而不同面积段住房价格变化幅度之间的差异是有意义的；其二，影响城市住房价格走势的因素是多种多样的，包括长期的经济发展、人口流动、地理人文等，短期的政策、金融、土地等多方面的因素，但除"90/70"政策外，其他影响住房市场价格的因素都是整体性的，因而基于"90/70"政策实施前后的住房价格对比是可行的；其三，住房是典型的异质性商品市场，由于成交均价受地段、开发企业、时间等因素的综合影响，因此，为使得结果具有稳健性，采用中位对数价格作为度量依据。"90/70"政策前后不同面积住房中位对数价格变化见表5-3。

表5-3　"90/70"政策前后不同面积段住房中位对数价格变化

面积段 /平方米	政策前中位对数价格 （2004Q1至2006Q2）	政策后中位对数价格 （2007Q4至2013Q4）	涨幅/%
<40	8.282 8	8.912 5	63.0
40~44	8.295 9	8.896 9	60.1
45~49	8.239 7	8.797 2	55.7
50~54	8.266 8	8.803 7	53.7
55~49	8.247 3	8.823 2	57.6
60~64	8.229 8	8.873 1	64.3
65~69	8.234 0	8.917 3	68.3
70~74	8.208 8	8.830 0	62.1
75~79	8.147 9	8.826 8	67.9
80~84	8.165 6	8.797 5	63.2
85~89	8.173 3	8.806 8	63.3
90~94	8.235 8	8.868 1	63.2
95~99	8.125 9	8.872 8	74.7
100~104	8.158 6	8.843 7	68.5

表5-3(续)

面积段/平方米	政策前中位对数价格（2004Q1至2006Q2）	政策后中位对数价格（2007Q4至2013Q4）	涨幅/%
105~109	8.176 2	8.786 3	61.0
110~114	8.161 8	8.876 5	71.5
115~119	8.161 1	8.725 7	56.5
120~124	8.182 9	8.805 8	62.3
125~129	8.173 0	8.806 1	63.3
130~134	8.206 7	8.862 8	65.6
135~139	8.210 4	8.897 4	68.7
140~144	8.254 6	8.930 7	67.6
145~149	8.253 3	8.930 8	67.7
150~154	8.202 5	8.946 9	74.4
155~159	8.261 0	9.100 5	83.9
160~164	8.236 8	8.999 5	76.3
165~169	8.229 0	8.969 5	74.1
170~174	8.228 8	9.082 7	85.4
175~178	8.172 2	9.136 0	96.4
180~184	8.174 5	9.174 1	100.0
185~189	8.208 6	8.967 1	75.9
190~194	8.287 4	9.256 6	96.9
195~199	8.238 4	9.245 7	100.7
≥200	8.371 4	9.394 0	102.3

表5-3给出了政策前后不同面积段住房中位对数成交价格，及基于下式采用对数价格差计算的价格涨幅：

$$\ln p_t - \ln p_{t-1} = \ln \frac{p_t}{p_{t-1}} \approx \frac{p_t}{p_{t-1}} - 1 = \frac{p_t - p_{t-1}}{p_{t-1}} \quad (5-11)$$

其中"≈"成立，是由于对 lnx 在 x=1 处泰勒展开，即有

$$\ln x \approx \frac{(\ln x)\big|_{x=1}}{0!} + \frac{(\ln x)'\big|_{x=1}}{1!}(x-1) = x - 1 \quad (5-12)$$

图 5-6 展现了不同面积段中位住房价格涨幅，并用抛物线对不同面积段的涨幅进行了拟合，从图中可以发现，由于面积段划分相对较细，从小到大，不同面积段涨幅变化有所波动，但总体上呈现"套型面积越大，住房价格涨幅越大"的特点，尤其是 150 平方米以上住房，价格涨幅随着面积的增加显著提升。

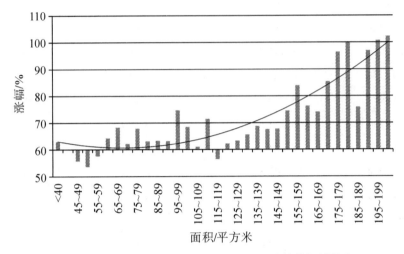

图 5-6　不同面积段成交均价受"90/70"政策的相对影响

进一步对比表 5-3 中政策前后两个时间段，不同面积段对数住房价格的分布，可以发现政策前价格差异较小，政策后价格差异较大，表 5-4 给出了政策前后住房价格变异系数的变化。若采用中位对数价格，变异系数由政策之前的 0.62%变化到政策之后的 1.75%，变异系数增加幅度为 182%；若采用中位绝对值价格计算，变异系数则由 5.20%变化到政策之后的 17.27%，变异系数增加幅度为 232%；均表明政策拉大了不同面积段住房价格之间的差距。

表 5-4　"90/70"政策前后不同面积段住房中位成交价格的分化程度对比

		中位价格	标准差	变异系数
对数价格	政策前（2004Q1—2006Q2）	8.217 7	0.051 1	0.62%
	政策后（2007Q4—2013Q4）	8.934 2	0.156 0	1.75%
绝对价格/元	政策前（2004Q1—2006Q2）	3 710.81	192.84	5.20%
	政策后（2007Q4—2013Q4）	7 683.65	1 326.65	17.27%

（三）量价变化关系

图5-7展现了不同面积段住房在表5-2中成交量相对变化幅度和表5-3中价格涨幅的对应关系，其中横轴表示成交量的相对变化幅度，纵轴表示价格的涨幅。从图中可以看出：①不同面积段住房成交量变化幅度差别较大，但成交价格涨幅的差别相对较小；②总体上，成交量增加幅度越大，价格涨幅越低。若剔除85~90平方米面积段所代表的点，这一趋势更加明显。

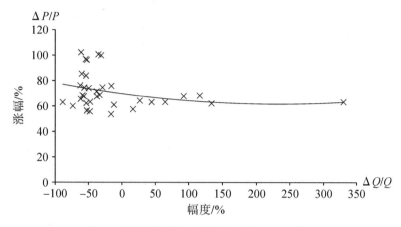

图7　不同面积段住房量价变化幅度对应关系

四、结论与启示

本章基于成都市2004—2013年的新建商品住房交易近百万全样本记录，对"90/70"政策给住房市场成交量和成交价格的影响进行了较为全面的评估。

结果显示，受政策的强制性影响，90平方米以上相对较大面积段住房成交套数占比明显下降，出人意料的是，同时55平方米以下较小面积段住房成交套数占比也有所下降，成交套型更加向65~90平方米面积段集中。尤其是接近90平方米的85~90平方米面积段，成交量相对增加了330.6%，远大于其他面积段的变化幅度；同样出人意料的是，90~94平方米面积段成交量也相对增加。可以说，在一定程度上，执行时间长达近10年的"90/70"政策培养了购房者的消费习惯，以前一味片面在住房面积上求大的购房思维在一定程度上得到了改变；与此同时，开发商在开发住房时在设计上，也使得 90 平方米左右的中等户型也能有"大"功能。

政策对成交价格的影响方面，由于中小面积段住房供应量相对增加，其涨幅相对于较大面积段住房来说，涨幅较小；从这个方面来说，购买大户型住房的购房者家庭在长期来看，更多地享受了住房资产带来的增值，而购买中小套型的家庭则受益较少，从而在一定程度上拉大了贫富之间的差距。

第六章 住房需求政策效应研究：以住房限购为例

一、住房限购及相关研究述评

（一）住房限购措施及其出台背景

2009—2010 年，全国住房价格出现快速上涨态势，根据 70 个大中城市住房价格指数，全国新建住房价格 2009 年下半年月度平均环比涨幅高达 1.21%，2010 年月度平均同比涨幅高达 12.2%。2010 年国务院和国务院办公厅分别发文，出台一系列调控政策，"促进房地产市场平稳健康发展""遏制部分城市房价过快上涨"①。

一年内两次以国务院或国务院办公厅名义，就房地产市场调控高频率发文较为罕见，即便如此，住房市场调控仍未能取得理想效果②。在这一背景下，北京于 2010 年 4 月底在全国率先开始了住房限购，规定"同一家庭只能新购买一套商品住房"。深圳、厦门、广州、大连、武汉等城市于 2010 年 9 月底开始也陆续启动了住房限购，但各地具体政策版本有所差异。

2011 年 1 月 26 日，国务院办公厅下发文件《关于进一步做好房地产市场调控工作有关问题的通知》（国办发〔2011〕1 号），明确规定"各直辖市、

---

① 国务院办公厅关于促进房地产市场平稳健康发展的通知［EB/OL］.（2010-01-07）
［2019-04-22］. http://www.gov.cn/zwgk/2010-01/10/content_ 1507058.htm.
② 尹伯成，尹晨. 限购：楼市健康发展的合理要求［J］. 探索与争鸣，2011（5）：53-55.

计划单列市、省会城市和房价过高、上涨过快的城市，在一定时期内，要从严制定和执行住房限购措施"，文件同时给出了具体限购方案①（为区别部分城市先期出台的限购方案，简称该方案为"全国版方案"），要求"已采取住房限购措施的城市要立即调整完善"限购方案，与通知要求相符。由此，"住房限购"相继在全国 46 个大中城市实施。

表 6-1 为各直辖市及副省级城市 2011 年住房限购措施出台、取消的情况简表。2014 年前后，大部分城市住房市场处于平稳发展阶段，之前实施限购措施的城市开始陆续取消限购②。

2016 年上半年，北京、上海、深圳、厦门、杭州、合肥、苏州等城市房价快速上涨，为避免资产价格快速上涨，自 2016 年 9 月起，在住房市场调控"因城施策"而非"一刀切"的指导思想下，原本继续执行住房限购的部分一线城市加强了限购和调控力度，其他热点城市则在 2016 年国庆节假期期间陆续重启了力度不一的住房限购和其他调控措施。为免冗余，2016 年各地住房限购措施出台情况未列出。

表 6-1　2011 年直辖市及副省级城市住房限购情况

城市	实施日期	限购范围	社保年限	备注
北京	2010 年 4 月 30 日	全市	5 年	最早实施限购；一个家庭只能新购买一套商品住房；2011 年 2 月 16 日起实施全国版方案
深圳	2010 年 9 月 30 日	全市	1 年	2016 年 3 月 25 日起，社保年限调整为 3 年
厦门	2010 年 10 月 1 日	全市	1 年	一个家庭只能在本市新购买一套商品住房；2011 年 2 月 20 日起实施全国版方案；2014 年 8 月 14 日岛外四区取消限购；2015 年 1 月 15 日起全岛取消限购

---

① 原则上对已拥有 1 套住房的当地户籍居民家庭、能够提供当地一定年限纳税证明或社会保险缴纳证明的非当地户籍居民家庭，限购 1 套住房（含新建商品住房和二手住房）；对已拥有 2 套及以上住房的当地户籍居民家庭、拥有 1 套及以上住房的非当地户籍居民家庭、无法提供一定年限当地纳税证明或社会保险缴纳证明的非当地户籍居民家庭，要暂停在本行政区域内向其售房。

② 直至 2014 年中期，大部分城市开始陆续取消限购，但以需求旺盛房价高企为主要标志的"一线城市"北京、上海、广州、深圳仍然执行限购措施。

表6-1(续)

城市	实施日期	限购范围	社保年限	备注
广州	2010年10月15日	十区	1年	从化、增城不限购，一个家庭只能新购买一套商品住房，非本市户籍居民家庭需提供1年社保证明；2011年2月24日起实施全国版方案；2013年11月15日起，社保年限调整为3年
大连	2010年10月19日	全市	1年	同一购房家庭只能在本市新购一套商品住房（含二手存量住房）；2011年3月1日起实施全国版方案，购房家庭仅需核查在市内四区和高新区范围内拥有住房情况；2014年9月3日取消限购
武汉	2011年1月15日	中心城区	1年	一个家庭只能新购买一套商品住房，非本市户籍家庭不能提供社保证明则暂停购买；2011年2月23日起实施全国版方案，限购范围调整为全市；2015年9月24日起取消限购
长春	2011年1月28日	全市	1年	2014年7月19日实质取消限购
上海	2011年1月31日	全市	2年	2016年3月25日起，社保年限调整为5年
青岛	2011年1月31日	市辖七区	1年	2014年8月1日起，黄岛、城阳区取消限购，市内三区、崂山区144平方米以上住房取消限购；2014年9月1日全面取消限购
南京	2011年2月19日	全市	1年	2014年9月21日取消限购
宁波	2011年2月20日	全市	1年	2014年7月31日起，除老三区90平方米以下新房外，取消限购
西安	2011年2月25日	市辖区	1年	周至、蓝田、户县、高陵等4县不限购；2014年7月28日取消60平方米以下住房限购；2014年9月1日全面取消限购
哈尔滨	2011年2月27日	全市	1年	2014年08月16日取消限购
杭州	2011年2月28日	全市	1年	2014年7月29日取消限购
天津	2011年3月1日	全市	1年	2014年10月17日取消限购
成都	2011年3月1日	主城区	—	有社保缴纳证明即可；2014年7月16日实质取消
济南	2011年3月1日	全市	1年	2014年7月10日取消限购
沈阳	2011年3月8日	全市	1年	2014年9月11日取消限购
重庆	—	—	—	未实施限购

注：根据限购实施日期排序；社保年限指"当地纳税证明或社会保险缴纳证明"所要求年限。

住房限购，是指对购房者购买住房的套数进行限制。以 2011 年前后实施的住房限购为例，各城市出台的实施细则方案大同小异，即以家庭为单位，在一定时期内对本地户籍家庭和非本地户籍家庭施以不同套数的购买限制。通常情况下，政府管制指对企业进行干预或控制，但是，对可以自由交易的合法商品，从消费者的角度对不同人群施加购买数量的限制，即对需求方而非供应方进行政府管制，在计划经济中相对常见，但在市场经济中和世界范围内较为少见①。对购房者如此直接的交易限制，其效果如何，给房地产市场究竟带来了怎样的影响，值得探究。

（二）住房限购措施的影响

1. 住房限购措施研究综述

针对全国范围内大规模开展的住房限购，学者们从理论和实证方面，基于不同视角进行了大量细致的研究，概括起来主要为以下几个方面：

（1）从理论和实证的角度评估限购对住房价格、交易量的影响

主要关注点包括限购是否对住房价格产生负向影响、效果的大小以及随时间拉长会产生的变化。

Sun 等（2016）基于北京市大型二手房交易服务商"我爱我家"的交易数据，采用断点回归（RD）模型对北京市住房限购的效果进行了实证研究，结果发现，北京市的限购措施导致二手住房价格下降 17%～32%，住房售价租金比下降约 1/4，住房成交量下降约 1/2～3/4，但限购对租房市场的出租量、价影响不显著②。

邓柏峻等（2014）在使用倾向得分匹配法（PSM）的基础上对样本进行双重差分（DID）模型估计，探讨了限购措施对住房价格的调控效果，实证结果表明限购有效地抑制了房价上涨，但其效果具有一定的时滞性，随着时间的推移其效果越来越明显③。

---

① 朱晨. 中英住房"限购"政策比较研究 [J]. 中国软科学，2013（7）：71-76.

② SUN W, ZHENG S, GELTNER D M, et al. The Housing Market Effects of Local Home Purchase Restrictions: Evidence from Beijing [J]. Journal of Real Estate Finance and Economics, 2016 (10)：1-25.

③ 邓柏峻，李仲飞，张浩. 限购政策对房价的调控有效吗 [J]. 统计研究，2014（11）：50-57.

张德荣和郑晓婷（2013）基于 70 个大中城市住房价格指数，巧妙利用部分城市限购措施细则调整所产生的自然实验，在 DID 模型框架下，通过动态面板模型 GMM 估计限购对住房价格的抑制效果，结果发现，限购对非户籍购房者的效果更为明显，且限购范围影响政策效果，限购实施范围若仅在市区则无明显效果①。

王敏和黄滢（2013）考虑供给方对限购措施可能做出的反应，通过构建动态均衡模型对限购的效果进行了理论分析，结果认为限购能有效降低住房价格，但限购将导致惜售行为，即限购在降低需求的同时也降低了供给因而影响有限，市场会呈现"价高量低"的局面，且限购对象的范围越大，限购的时间越长，对住房价格的负向影响越大；基于面板数据模型的实证结果印证了作者的理论预测②。

陈通和张小宏（2012）基于我国 90 个重点城市数据的描述性分析和计量实证分析发现，限购措施的实施使得住房成交数量和价格环比增幅显著下降，在短期内有效抑制了市场投机③。

乔坤元（2012）使用 70 个大中城市面板数据，采用 DID 模型和 PSM 方法测算限购对房价和交易量的影响，结果发现限购对住房价格产生了负面的影响，对交易量产生了正面的影响④。

刘江涛等（2012）通过建立理论模型对限购的效果进行了分析，认为限购能够降低住房价格，但其作用大小与市场对政策预期紧密相关，因此政府对市场的预期管理非常重要，此外，作者认为还应该注意若取消限购所可能引发的"报复性反弹"问题⑤。

（2）构建理论模型讨论限购可能带来的福利损失

冯科和何理（2012）构建了一个基于数量的反需求函数，在福利分析的

① 张德荣，郑晓婷. "限购令"是抑制房价上涨的有效政策工具吗：基于 70 个大中城市的实证研究 [J]. 数量经济技术经济研究，2013（11）：56-72.

② 王敏，黄滢. 限购和房产税对房价的影响：基于长期动态均衡的分析 [J]. 世界经济，2013（1）：141-159.

③ 陈通，张小宏. 限购措施对新建商品住房市场的量价影响研究 [J]. 广东社会科学，2012（6）：53-60.

④ 乔坤元. 住房限购令真的起作用了吗：来自中国 70 大中城市的证据 [J]. 经济与管理研究，2012（12）：25-34.

⑤ 刘江涛，张波，黄志刚. 限购政策与房价的动态变化 [J]. 经济学动态，2012（3）：47-54.

基础上，应用几乎理性需求函数，定量分析了限购的影响，结果表明限购会破坏其他消费市场的均衡，包括推高住房租赁价格、加剧教育医疗等方面的供需矛盾、催生其他投资市场泡沫等，而购房者（无论刚需、改善性还是投资性）则会面临福利损失①。

胡涛和孙振尧（2011）则注意到限购措施下符合资格购房者的支付意愿存在异质性，理论推导显示，异质性越小，福利损失越大②。

（3）限购可能带来的其他影响

刘璐（2012）研究限购对一般均衡中房价的影响，关注到限购措施下"购房套数"成为稀缺资源，购房者更倾向于"一次到位"，从而可能加剧供求失衡③。

张凌和温海珍（2013）通过构建向量自回归（VAR）模型，对35个大中城市住房市场价格和交易量的相关性以及相互作用进行了实证研究，结果表明限购对于抑制我国城市住房市场的价格增长有一定效果，但对价量互动关系影响不大④。

2. 问题的提出

上述研究从理论和实证的角度对限购的效果、所产生影响进行了相对全面、细致的分析与研究。大部分研究都得出限购能有效降低住房价格的结论，但不同研究者所给出的理论与实证研究结论有所差异甚至完全相反。主要包括：

（1）绝大部分研究均表明限购对住房价格有显著的负向影响，但张德荣和郑晓婷（2013）发现若限购范围仅在市区则无明显效果⑤。

（2）限购对住房价格的负向影响效果随时间变化。王敏和黄滢（2013）认为限购短期内能有效降低房价，但效果不大，且政策执行时间越长，效果越

---

① 冯科，何理. 中国房地产市场"限购政策"研究：基于反需求函数的理论与经验分析 [J]. 经济学动态，2012（2）：53-60.

② 胡涛，孙振尧. 限购政策与社会福利：一个理论探讨 [J]. 经济科学，2011（6）：42-49.

③ 刘璐. 限贷和限购政策对一般均衡中房价的影响 [J]. 管理科学学报，2013（9）：20-32.

④ 张凌，温海珍. 我国大中城市住房市场的价量相关性 [J]. 统计研究，2013（10）：40-45.

⑤ 张德荣，郑晓婷. "限购令"是抑制房价上涨的有效政策工具吗：基于70个大中城市的实证研究 [J]. 数量经济技术经济研究，2013（11）：56-72.

小①；而邓柏峻等（2014）的实证研究则表明，限购效果具有一定的时滞性，随着时间的推移，限购措施对房价的抑制效果越来越大且更加明显②。

（3）限购对住房交易量的影响。乔坤元（2012）发现限购对住房交易量产生了正向影响；但张凌和温海珍（2013）基于宏观数据、Sun 等（2016）基于微观数据均发现，限购使得住房交易量有显著下降。

（4）限购对住房租金价格的影响。冯科和何理（2012）基于理论推导认为限购会推高住房租赁价格，而 Sun（2016）的实证研究则表明限购对租金价格影响不显著。

虽然绝大部分研究者采用了先进的实证研究方法，精巧地利用了不同城市之间出台限购措施在时间和内容上的细微差异，但囿于研究者数据来源等方面的限制，已有研究的实证部分主要采用国家统计局发布的全国 70 个大中城市住房价格指数，通过城市间的对比而进行，而这可能是导致研究结论不一致的主要原因。全国 70 个大中城市住房价格指数虽为官方发布权威数据，但基于此进行学术研究可能存在以下缺陷：①累计的宏观数据虽然能够识别出限购对住房价格影响的大体趋势，但基于该数据对影响价格变动"量"的识别以及微观市场所受影响是无法做到准确度量和判定的。②由于之前公布的数据备受社会质疑，70 个大中城市住房价格指数体系于 2011 年 1 月进行了全面改革，大部分城市的限购措施实施时间恰好与此重合，指数的数据基础、计算方法、体系都发生了改变，这也在一定程度上削弱了基于这一指数体系进行纵向对比研究的可靠性。

那么限购对降低住房价格的效果如何？随着时间的推移，限购的效果将会得到进一步强化还是会逐渐弱化？限购对住房价格的负向影响效力是否会因住房套型大小不同而有所不同？是否会因购房者来源不同而有所差异？购房者在限购措施实施后购买选择倾向是否会发生变化？除了住房价格，限购对住房市场还产生了怎样的影响？这些问题的回答，对于指导我国的房地产市场调控有着积极的现实借鉴意义，同时，对于认识政府管制尤其是需求管制的利弊具有特殊的理论探索意义。要对这些问题给出相对全面准确的答案难度较大，城市

---

① 王敏，黄滢. 限购和房产税对房价的影响：基于长期动态均衡的分析［J］. 世界经济，2013（1）：141–159.

② 邓柏峻，李仲飞，张浩. 限购政策对房价的调控有效吗［J］. 统计研究，2014（11）：50–57.

层面宏观数据对有些微观层面的问题无法回答，对有些宏观层面的问题也可能会因为样本量的限制无法得到相对准确的答案。基于此，本章拟基于微观数据对此进行严格科学的实证分析。

二、实证研究策略与数据

（一）实证研究策略：DID 模型

1. DID 模型

对某一地区实施住房限购措施，希望了解限购对住房市场的影响，即限购区域在平均意义上，所关注的因素（变量）接受处理，与若未接受处理的差别，这一差别被称为限购措施实施对限购区域的平均处理效应（average treatment effect，ATE）。需要注意的是，由于既定个体只能处于"接受处理"和"未接受处理"中的一种状态，研究总会面临一种"反事实"状态的数据缺失，不可能同时获得两种状态下的观察数据。由此，研究者会寻找自然与经济环境大体相似，但是不受该政策约束的相邻地区，以用于对比研究。从表 6-1 可以看出，大部分城市限购范围为全市，仅有少数城市仅将主城区作为限购区域，郊区则不在限购范围内，主城区限购而郊区不限购这一具体的实施细则为研究提供了良好的"自然实验"样本。

把研究对象（此处为限购措施实施与否的两类地区）分为两组，$G=0$ 表示不实施限购措施的地区，称之为控制组（control group），而 $G=1$ 表示实施限购措施的地区，称之为处理组（treatment group）。T 代表实施限购的时间虚拟变量，$T=1$ 表示实施处理后（after treatment），$T=0$ 表示实施处理前（before treatment）。考虑如下形式方程：

$$Y = \alpha + \beta G + \gamma T + \lambda (G \cdot T) + \varepsilon \qquad (6-1)$$

其中 Y 为被解释变量，ε 是对 Y 的暂时性冲击。假设 ε 与 T，G 相互独立，且不可观测因素的分布在处理组和控制组存在差别但不随时间而变化，可以证明 ATE 在数值上等于式（6-1）中的系数 λ[1][2]。

---

① 伍德里奇. 计量经济学导论 [M]. 费剑平，译. 北京：中国人民大学出版社，2010.
② 陈强. 高级计量经济学及 Stata 应用 [M]. 2 版. 北京：高等教育出版社，2014.

式（6-1）被称为 DID 模型，其思想是将受限购区域与未限购区域进行对比，将处理组前后进行对比，系数 β 则刻画控制组与处理组之间可能存在的组别差异，系数 γ 刻画两个区域限购实施后相比实施前所关注变量 Y 的变化程度。乘积 $G \cdot T$ 为虚拟变量的交互作用，描述是否为处理组在实施处理后的情形。如果政策的效果是显著的，则系数 λ 的符号应该符合预期并显著通过检验。

本章关注的受影响变量 Y 主要为住房价格。由于住房位置决定了住房是否处于限购区域，并不存在某个楼盘的一部分限购，而另外一部分不限购的情形，因此，本章无法通过控制楼盘的个体固定效应来控制影响住房价格的楼盘层面因素。住房不同于普通商品，影响住房价格的因素众多，本章采用 Hedonic 模型控制可能影响住房价格的其余相关变量。记相关控制变量为 X，对如下形式的 DID 模型进行回归：

$$Y = \alpha + \beta G + \gamma T + \lambda(G \cdot T) + X\eta + \varepsilon \tag{6-2}$$

其中 λ 为模型所关心的系数，反映限购对被解释变量 Y 的影响，X 包括反映楼盘位置、开发商属性、住房属性等多个层面的控制变量。

在研究区域的选择上，DID 模型要求公共政策必须与回归方程的误差项之间不相关，但限购所实施的区域并不是随机选择的，一个区域是否实施限购措施，与区域是否出现"房价过高、上涨过快"的特征有关，有显著的内生性。因此，应尽可能选择除了限购措施实施与否不同，但其他方面高度接近的处理组和控制组，以消除政策选择的非随机性。本章通过选择经济社会发展程度相近、横跨限购分界线的小范围区域，采用住房交易的微观数据进行对比，最大程度消除"内生性"。

2. 内生性问题及其处理

虽然这一研究区域选择策略相对理想，但仍然可能存在以下问题：①平行趋势。若没有限购措施（在反事实状态下），相对于近郊（非限购区域），主城区（限购区域）住房价格走势往往更强（趋势斜率更大，价格环比/回报率更高），因而采用 DID 模型得出的结论是被低估的。即若实证结论能观察到限购措施对住房价格的显著负向影响，则实际影响更大。为此，本章会对控制组与处理组在限购措施实施之前的价格走势进行观察，两者满足平行趋势假设的效果越好，DID 模型的实证结果被低估程度越小，结论越可靠。②由于限购措施实施，希望购房但被政策限制从而无法在限购区域购房的家庭，有可能将购房目标转向毗邻的非限购区域，当然，在户口制度（尤其是基础教育、社会保险等与户口、住房关联）的约束条件下，家庭购房的地域选择由主城区改变为郊区的可能性不大，但只要有少量购房者转移，由于非限购区域需求的增加，对照组的住房价格就有可能被拉高。因此，在此逻辑下，基于本章研究区域选择策略下 DID 模型的实证研究结果可能是被高估的，即对照组在限购措施实施后价格上涨更快，一定程度上夸大了与处理组的差距。

针对上述可能存在的问题，本章采取以下实证策略，以确保结论的可靠性。①若购房者原本在限购区域的购房计划被迫中断，由于有就近选择，购房者不会选择离限购区域更远的郊区作为替代，而只是在离限购区域相对较近的非限购区域购房。因而，为回避可能存在的购房者因限购而转移购房区域的问题，本章选择更远的郊区作为备选对照组。一方面不会有购买者从处理组（限购区域）转移至备选对照组（距离更远的郊区非限购区域）购房这一干扰，因此模型不会高估；另一方面由于更远的郊区住房价格上涨速度更慢，因此实证结果必然是被低估的。若能在被低估的情况下，即从与备选对照组的对比中发现限购对住房价格有显著的负向影响，则研究结论是可靠的。②除了关心限购措施对住房价格是否有显著的负向影响外，其他研究目标（问题）都是系统性的，研究更关心不同分类所受影响之间的相互关系，而非所受影响的绝对程度，为免繁杂，本章在后续其他实证部分，则不再基于备选对照组进行对比，而仅采用横跨限购分界线的小范围区域（处理组和对照组）作为研究区域。

（二）成都住房限购措施与研究区域简介

基于表 6-1 对各城市限购实施的具体情况对比，成都限购区域划定为中心城区，郊区不限购。本章选择较为适宜于实证研究的成都，作为研究限购对住房市场影响的样本城市。

成都市的住房限购具体措施于 2011 年 2 月 15 日发布，要点包括：①限购区域划定为中心城区（含高新区），郊区不限购；②执行全国版限购方案，其中对纳税证明或社会保险缴纳证明没有年限要求，有缴纳证明即可；③政策自发布之日起施行，并规定"新购商品住房时间以商品房买卖合同网上备案时间为准"，该意见充分考虑了"签订住房买卖合同"与"商品房买卖合同网上备案时间"之间可能存在的时间差，限购措施出台之前已经签订合同的，只需要于当年 2 月 28 日前完成住房买卖合同网上备案即可。因此，可以认为成都限购正式实施的时刻为 2011 年 3 月 1 日 0 点。

本章选择的实证研究区域位于成都市西北方位近郊的小块区域，包括属于限购区域的高新西区和与其毗邻的原郫县①犀浦、红光两镇（非限购区域），作为对比研究的样本地域范围。这一区域属于传统的"上风上水"区域，历史文化悠久，环境优美，岷江水系从都江堰发源，流经该区域。高新西区启动建设于 2001 年 3 月，由原郫县原合作镇大部分和犀浦镇小部分的连片区域组成，位于三环路以外，跨绕城高速两边，也就是说，高新西区所在区域原为郊区，是原郫县的一部分。

犀浦、红光两镇与高新西区彼此相邻，犀浦镇主要位于三环至绕城之间，红光镇则主要位于绕城外。经济产业方面，高新西区主要发展电子信息、生物医药、精密机械制造三大高新产业，辖区内有包括英特尔在内的企业 400 余家②，还有电子科技大学（清水河校区）等 5 所高校，保利、恒大、中海、龙湖等知名房地产开发企业均在区域内开发中高端商品住房。犀浦镇为新型的科技型小城镇，红光镇则是新兴的现代工业小城镇；两镇内有西南交通大学犀浦校区等 4 所高校，绿地、华润等知名房地产开发企业在区域内开发中高端商品住房。此外，本章选择同样位于主城区西北方位的原郫县人民政府所在地郫筒镇作为备选对照组③。

（三）数据说明

本章研究采用的微观住房交易数据样本来源分为两部分，其中高新西区的交易数据来源成都市城乡房产管理局房地产市场信息系统，犀浦镇、红光镇、郫筒镇的交易数据来源原郫县房产管理局房地产市场信息系统，均为行政管理系统中的全样本数据。由于房屋交易必须到所在地房管部门备案，因此可以认为该数据为新建商品住房交易的全样本数据。

考虑到二手住房交易价格实行申报制，真实交易价格难以掌握，加之当前二手住房交易量仅占商品住房交易量中的较小部分，样本中未包含二手住房交

---

① 2016 年 12 月 5 日，经国务院批准，撤销郫县，设立成都市郫都区，以原郫县的行政区域为郫都区的行政区域。

② 相关资料为 2011 年年底数据，资料来源：成都高新技术产业开发区年鉴。

③ 距离成都市中心，犀浦镇约 15km，红光镇约 17km，郫筒镇约 22km。

易数据。基于数据同质性的考虑，样本中不包含定向发售的、带有福利性质的住房，全部为面向社会公开发售的市场化新建商品住房；也不包括别墅、花园洋房、普通多层等低层物业，全部为电梯住宅物业。样本数据时间跨度均为2008年3月1日—2014年2月28日，即以成都限购正式实施的时刻2011年3月1日0点为标准，起于该时刻前3年，止于该时刻后3年，共6年的交易样本。

样本的数据变量包括：所在区位、开发商、预售证的批准预售时间（上市时间）、房屋交易备案日期、房屋交易总价、房屋建筑面积、房屋所在楼层、是否为复式住宅、房屋建筑结构、是否绕城外①等。由于剔除了低层物业样本，房屋建筑结构均为钢混结构，因此不作为控制变量。经初步整理后，可用观测值数据共133 531条，其中主要实证研究区域（高新西区、犀浦镇、红光镇，不含备选对照组郫筒镇）范围内观测数据共92 433条。主要实证研究区域范围内主要变量的描述、定义和描述性统计见表6-2。

表6-2　实证研究主要变量描述性统计

变量名称	单位	数据量	均值	标准差	最小值	最大值
住房交易单价	元/平方米	92 433	5 318.27	1 292.84	2 200.82	13 179.07
房屋建筑面积	平方米	92 433	88.35	26.47	32.22	393.33
销售持续时间	月	92 433	7.77	7.30	1	71
房屋所在楼层	层	92 433	12.87	7.70	1	34
是否复式	—	92 433	0.005 7	0.075 2	0	1
是否含地下室	—	924 33	0.000 8	0.028 3	0	1
是否绕城外	—	924 33	0.416 8	0.493 0	0	1
是否知名企业	—	924 33	0.199 8	0.399 9	0	1

按照限购措施出台前后、是否限购区域进行分类，数据量见表6-3。从表中可以看出，限购之后，限购区域住房交易量有小幅下滑，而与之相邻的非限购区域交易量有明显增加。

---

① "是否绕城外"由作者根据楼盘名称，结合搜房网、百度地图等提供的网络信息整理得到。

表 6-3　实证研究区域不同情况分类样本量

	限购区域 （高新西区）	非限购区域		合计
		犀浦、红光镇	郫筒镇	
限购前	13 626	22 840	15 547	52 013
限购后	11 134	44 833	25 551	81 518
变化幅度	-18.3%	96.3%	64.3%	56.7%
合计	24 760	67 673	41 098	133 531

三、对住房价格的抑制效果及其时间趋势

（一）理论分析

可以将住房限购视为市场配额（rationing）众多形式中的一种，西方经济学者对市场配额的研究可以追溯到 20 世纪 40 年代，Rostow（1942）认为无论市场配额的具体形式如何，都是对可使用货币与市场商品总价值之间匹配的一种限制[①]。住房限购措施主要通过限制购买者可购买套数，在短期内减少住房需求，延缓住房需求的快速释放，导致需求曲线向左下方移动，从而使得市场均衡价格下降。此外，住房不同于其他商品，具有投资属性，市场价格预期会在极大程度上影响需求，有研究表明，预期及投机对房价波动都具有较强的解释力[②]。限购在减缓真实需求在短期内快速释放的同时，通过降低人们对住房价格上涨的预期，促使住房投资（投机）减少，进而会导致住房交易量的进一步下降。当两种影响机制在短期内叠加，导致需求减少。

住房供应方面，由于住房不同于普通商品，其生产和前期市场推广周期较长，资金投入大，已经开工建设的住房项目必须按照工程合同进度推进，否则，开发企业将会为此付出较大的资金、信用、法律等成本。也就是说，新增商品住房供应短期内难以快速调整，即住房供应带有较强的黏性特征。此外，调控政策的系列措施中往往同时要求开发企业不能"捂盘惜售"，要一次性公

---

①　ROSTOW W W. Some aspects of price control and rationing［J］. American economic review，1942，32（3）：486-500.

②　况伟大. 预期、投机与中国城市房价波动［J］. 经济研究，2010（9）：67-78.

开所有可售房源。因此，住房供应在短期内无法相应调整。如图6-2所示，住房限购使得住房需求短期内减少，而住房供应无法作出调整，使得住房价格下降，也就是说，限购对住房价格产生负向影响。

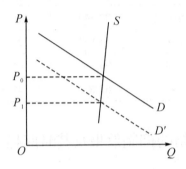

图6-2　限购对住房市场需求及价格影响

将以上分析过程用函数模型形式表示如下。分别设初始需求函数和供应函数为

$$\begin{cases} D(p) = d - \alpha p \\ S(p) = -s + \beta p \end{cases} \tag{6-3}$$

由 $D(p) = S(p)$，容易得到静态均衡价格 $\bar{p}_0$ 为

$$\bar{p}_0 = \frac{d+s}{\alpha+\beta} \tag{4}$$

若市场实行限购，则需求受到冲击，需求函数发生改变

$$\begin{cases} D(p) = d - \alpha p - d_0 \\ S(p) = -s + \beta p - s \end{cases} \tag{6-5}$$

此时市场的静态均衡价格 $\bar{p}_1$ 为

$$\bar{p}_1 = \frac{d+s-d_0}{\alpha+\beta} \tag{6-6}$$

价格下降幅度为

$$\frac{\Delta p}{\bar{p}_0} = -\frac{d_0}{d+s} \tag{6-7}$$

进一步，对限购效果随时间的变化趋势进行理论分析。随着时间推移，当预期或感到市场需求减少时，作为住房产品的供应厂商，房地产开发企业会试图对此做出反应，适当减少或减缓住房新增供应的量或速度，调整其供应策

略以应对需求的变化。由此，随着限购时间的推移，限购对住房价格的抑制逐渐减小（见图6-3左）。此外，如前所述，住房具有投资属性，当购房者预期住房价格下跌时，往往会推迟购房计划持币观望，随着时间的推移，需求进一步减少，需求曲线继续向左下方移动。若需求调整的速度快于供应调整的速度，则会造成住房价格继续下降幅度继续扩大，即随着限购时间的推移，限购对住房价格的抑制逐渐扩大（见图6-3右）。为此，通过实证分析方法对此进行证伪。

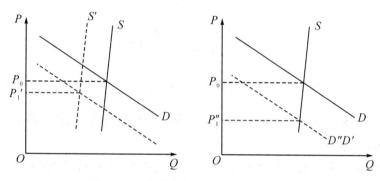

图6-3 限购对住房市场供求及价格影响

将以上分析过程用函数模型形式表示如下。分别设带时间标识的初始需求函数和供应函数为

$$\begin{cases} D_t(p) = d - \alpha p_t \\ S_t(p) = -s + \beta p_{t-1} \end{cases} \tag{6-8}$$

其中供应决策受到上一期（一个决策周期，譬如年）住房价格的影响。长期均衡价格为$\bar{p}_0$为

$$\bar{p}_0 = \frac{d+s}{\alpha+\beta} \tag{6-9}$$

动态价格关系为

$$p_t = -\frac{\beta}{\alpha}p_{t-1} + \frac{d+s}{\alpha} \tag{6-10}$$

若市场实行限购，则需求受到冲击，需求函数变为：$D_t(p) = d - \alpha p_t - d_0$，其中$p_0 = \bar{p}_0$，动态价格关系变为

$$p_t = -\frac{\beta}{\alpha}p_{t-1} + \frac{d+s-d_0}{\alpha} \tag{6-11}$$

由上式容易得到：

$$p_1 = \bar{p}_0 - \frac{d_0}{\alpha}$$

$$p_2 = \bar{p}_0 - \frac{d_0}{\alpha}\left(1 - \frac{\beta}{\alpha}\right)$$

$$p_3 = \bar{p}_0 - \frac{d_0}{\alpha}\left(1 - \frac{\beta}{\alpha} + \frac{\beta^2}{\alpha^2}\right)$$

...

$$p_t = \bar{p}_0 - \frac{d_0}{\alpha} \sum_{i=1}^{t}\left(-\frac{\beta}{\alpha}\right)i - 1 \qquad (6-12)$$

$$\lim_{t \to \infty} p_t = \bar{p}_1 = \frac{d + s - d_0}{\alpha + \beta} \qquad (6-13)$$

也就是说，p_t 随着时间逐渐收敛于 $\bar{p}_1$，但期间呈现蛛网模型特征，限购对价格的影响有所波动。

在回归分析之前，本章首先以图形方式直观展现限购给不同区域住房价格带来的影响，图 6-4 分别给出了高新西区（限购区域）、犀浦红光（主要对比研究非限购区域）、郫筒镇三个区域在控制其他住房特征后的住房价格走势。

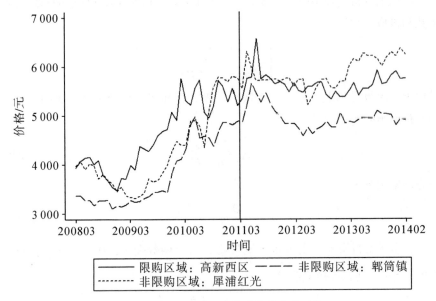

图 6-4　不同区域限购前后价格走势对比

从图中可以观察出：①虽然高新西区为中心城区，犀浦红光两镇为郊区，但高新西区与犀浦红光两镇住房价格绝对值、走势均相对接近，住房价格是城市未来潜力（市场潜能）在当前的反应①，因此可以认为，高新西区、犀浦红光两镇是合适的对比研究对象。②限购措施实施前，高新西区住房价格相对于犀浦红光两镇较高，但限购措施实施后，其价格上涨幅度明显变缓甚至略有下降，而犀浦红光两镇住房价格则有小幅上涨。可以说，限购对住房价格有显著的负向影响。③若在高新西区和郫筒镇之间进行对比，直观上，住房限购对限购区域住房价格的影响效果不太明显。

（二）实证回归结果

进一步，基于 DID 模型进行限购对住房价格影响的实证研究。在式（6-2）中，以住房价格或其自然对数为被解释变量 Y，即对下式回归：

$$price = \alpha + \beta G + \gamma T + \lambda(G \cdot T) + X\eta + \varepsilon \tag{6-14}$$

$$\ln(price) = \alpha + \beta G + \gamma T + \lambda(G \cdot T) + \ln(X)\eta + \varepsilon \tag{6-15}$$

式中除了对 G（是否限购区域）、T（是否限购实施后）、$G \cdot T$（交互项，是否限购实施后限购区域交易）3 个 DID 模型标准回归项外，还在回归中对住房的其他特征进行了控制。回归中所控制的住房特征层面变量，即 X（对数模型中仅对连续型变量取对数）包括：

（1）房屋建筑面积：由于面积较小户型相对来说具有较好的流动性，面积较大户型相对来说居住品质较高，这两类住房单价通常较高，为了捕捉这一可能存在的非线性影响，回归中控制了面积的平方项。

（2）是否绕城外：如前所述，住房位置决定了住房是否处于限购区域，回归中没办法控制楼盘的个体固定效应，本章因而加入"是否绕城外"这一虚拟变量，预期系数为负。

（3）是否知名企业：在预售商品住房制度下，购房者在购买预售住房时，住房质量具有不确定性，开发企业品牌成为住房不确定性质量的标识②。依据"中国房地产企业百强榜单"，选择近年来在该研究区域有商品住房项目的 6

---

① ZHENG S, KAHN M E. China's Bullet Trains Facilitate Market Integration and Mitigate the Cost of Mega City Growth [J]. Proceedings of the National Academy of Sciences of the United States of A-merica（PNAS），2013，110（14）：1248-1253.

② 孙峤. 预售商品住房不确定性质的识别与度量 [M]. 北京：北京师范大学出版社，2012.

家全国著名房地产企业保利、恒大、中海、绿地、龙湖、华润作为品牌房地产企业[1]，以虚拟变量"知名企业楼盘"标识成交样本。预期该变量影响为正。

（4）销售持续时间：一般来说，该时间过长会对住房价格有负向影响。

（5）是否复式：复式住宅相比普通住宅档次更高，预期该变量系数为正。

（6）房屋所在楼层：房屋所在楼层是影响住房价格的重要因素。邓国营等（2010）利用了"5·12"汶川大地震这一外生事件发生前后不同楼层住房价格的变化，研究了房地产市场中的过度反应现象[2]。一般来说，楼层越高，住房单价越高，该因素的系数预期为正。

（7）是否含地下室：其影响不确定。

此外，模型还控制了以月度为单位的时间虚拟变量，以刻画住房价格受宏观经济、社会发展等综合因素以及其他与时间相关不可观测因素的影响。需要特别说明的是，月度虚拟变量与变量 T（是否限购实施后）完全共线性，回归软件在计算过程中会自动剔除共线性变量，因而，变量 T 的系数并无实际意义。

表6-4给出了基于 DID 模型的回归结果，被解释变量均为住房价格，其中（1）（2）为线性模型，（3）（4）为对数模型（连续性解释变量也为对数形式）；第（1）（3）对照组为犀浦红光（标准模型），第（2）（4）对照组为郫筒（低估模型，作为稳健性检验）。模型主要控制变量系数方向均符合预期。

表6-4 限购对住房价格的影响

对照组	线性模型		对数模型	
	（1）犀浦红光	（2）郫筒	（3）犀浦红光	（4）郫筒
T	2 497 *** (53.55)	1 546 *** (51.64)	0.486 *** (0.009 49)	0.349 *** (0.009 93)
G	477.8 *** (10.31)	261.7 *** (9.313)	0.110 *** (0.001 84)	0.071 7 *** (0.001 80)

---

[1] "中国房地产企业百强榜单"由国务院发展研究中心企业研究所、清华大学房地产研究所和中国指数研究院共同研发，每年发布1次。所选择的知名房地产企业近3年在该榜单中的最低排名为第13名，样本中其他房地产企业的最好排名则仅为第28名。

[2] 邓国营，甘犁，吴耀国. 房地产市场是否存在"反应过度"？[J]. 管理世界，2010（6）：41-49.

表6-4(续)

对照组	线性模型		对数模型	
	（1）犀浦红光	（2）郫筒	（3）犀浦红光	（4）郫筒
$G \cdot T$	-855.3***	-49.09***	-0.165***	-0.037 5***
	(13.78)	(11.79)	(0.002 44)	(0.002 28)
是否绕城外	-507.0***	-1,476***	-0.111***	-0.274***
	(6.708)	(12.07)	(0.001 19)	(0.002 31)
是否知名企业	1 373***	412.0***	0.244***	0.084 8***
	(7.767)	(7.415)	(0.001 39)	(0.001 42)
住房面积	-26.41***	-9.333***	-1.745***	-1.561***
	(0.358)	(0.312)	(0.033 9)	(0.039 7)
住房面积^2	0.109***	0.055 8***	0.188***	0.176***
	(0.001 51)	(0.001 15)	(0.003 82)	(0.004 41)
销售持续时间	-3.652***	-7.988***	-0.007 48***	-0.015 7***
	(0.420)	(0.411)	(0.000 660)	(0.000 716)
房屋所在层	3.033***	0.538	0.002 31***	-0.000 402
	(0.391)	(0.337)	(0.000 696)	(0.000 685)
是否复式	1 051***	-348.4***	0.222***	-0.010 6
	(42.86)	(73.45)	(0.007 46)	(0.013 7)
是否含地下室	1 197***	346.5	0.372***	-0.084 7
	(117.1)	(689.4)	(0.020 0)	(0.132)
月度虚拟变量	控制	控制	控制	控制
样本数	92 433	65 858	92 433	65 858
R^2	0.543	0.562	0.588	0.595

注：括号内为标准误；"***""**""*"分别表示在1%、5%和10%的水平下拒绝原假设。

线性模型结果显示，限购导致限购区域住房价格下降855.3元/平方米，以套均面积88.35平方米计算，住房价格平均相对下降7.56万元/套。对数模型结果显示，限购使得住房价格下降16.5%，以套均面积88.35平方米、5 318.27元/平方米计算，导致住房价格平均相对下降7.75万元/套。两个模型结果较为接近。如前所述，这一结果可能是被高估的，为此，同时给出了以郫筒镇作为参照组的回归结果，见表6-4（2）（4）。线性模型和对数模型结果均显示，限购对限购区域住房价格有显著负向影响，由于这一结果是被低估的，因此，限购对住房价格有显著的负向影响这一结论是稳健、可靠的。

为获取限购随时间推移对住房价格影响的实证结果，参照其他文献的做法，构建如下形式DID的回归方程①：

$$price = \alpha + \beta G + \sum_{m=200803}^{201402} \gamma_m T_m + \sum_{m=201103}^{201402} \lambda_m (G \cdot T_m) + X\eta + \varepsilon \qquad (6\text{-}16)$$

其中 T_m 表示样本对应交易月份是否为 m 月（m 前四位为年份、后两位为月份，非连续自然数），λ_m 则为对应月份的影响效果系数。回归实证结果见表6-5，其余控制变量与表6-4（1）相同，主要变量的系数方向均符合预期，除2011年6月系数结果较为异常外（显示为正），其余月份回归结果都显示限购对住房价格都有显著的负向影响。总体上，随着限购实施时间的推移，限购对住房价格的负向影响呈现先逐渐增强，两年后再开始逐渐减弱的态势。

表6-5　限购对住房价格的影响随时间的变化

	2011 年	2012 年	2013 年	2014 年
1 月	—	−771.8*** （84.83）	−1 052*** （43.79）	−1 046*** （62.53）
2 月	—	−403.5*** （69.38）	−1 371*** （69.70）	−879.0*** （74.94）
3 月	−388.7*** （85.36）	−702.7*** （56.62）	−1 150*** （40.07）	—
4 月	−1 015*** （63.49）	−812.4*** （57.47）	−1 437*** （48.02）	—
5 月	−567.1*** （70.32）	−141.8*** （51.51）	−1 369*** （57 65）	—
6 月	397.4*** （58.12）	−293.7*** （59.16）	−1 275*** （47.94）	—
7 月	−419.5*** （58.56）	−430.6*** （61.65）	−1 174*** （55.84）	—
8 月	−280.1*** （61.16）	−588.4*** （55.62）	−791.5*** （61.28）	—

① 邓国营，甘犁，吴耀国. 房地产市场是否存在"反应过度"？[J]. 管理世界，2010（6）：41-49.

表6-5(续)

	2011 年	2012 年	2013 年	2014 年
9 月	−546.6*** (55.84)	−1 256*** (49.35)	−987.0*** (58.67)	—
10 月	−600.4*** (62.71)	−1,278*** (54.60)	−1 083*** (56.01)	—
11 月	−602.8*** (70.21)	−913.3*** (45.61)	−1 015*** (52.68)	—
12 月	−595.6*** (72.93)	−1 305*** (46.05)	−738.7*** (62.75)	—

注：括号内为标准误；"***""**""*"分别表示在 1%、5% 和 10% 的水平下拒绝原假设。

图 6-5 则用图形方式直观展示了表 6-5 中月度系数走势图。这一实证结果与王敏和黄滢（2013）、邓柏峻等（2014）的结论均存在显著差异[1][2]。本章对这一结果的解释是，在实施限购措施之初，拥有定价权的供应方（开发商）通过小步调整的方式降低价格，购房者的降价预期也在这一过程中逐渐得到强化，因而限购效果随着时间的推移不断得到强化。随着时间的进一步推移，大约两年后（与从开发商拿地到形成有效市场供应的平均经验时间相吻合），由于住房需求中刚性需求的支撑（限购不仅未影响这类需求，第 4 节的实证结论还显示，限购有利于刚性需求的释放），市场原有供应逐渐得到释放，与此同时，开发商逐渐调整供应策略，市场逐渐调整为适应新形势（实施住房限购措施）下的状态，限购措施的效果开始缓慢减弱。

---

① 王敏，黄滢. 限购和房产税对房价的影响：基于长期动态均衡的分析 [J]. 世界经济，2013（1）：141-159.

② 邓柏峻，李仲飞，张浩. 限购政策对房价的调控有效吗 [J]，统计研究. 2014（11）：50-57.

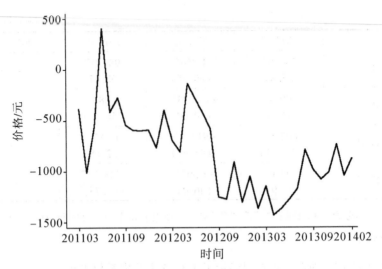

图6-5　限购对住房价格负向影响的时间趋势

四、对不同面积住房的价格抑制效果

（一）理论分析

一般来说，面积较小住房的潜在客户一般为首次置业或首次改善型置业家庭，而中等面积或较大面积住房的潜在客户一般为经济条件优越的家庭，而这样的家庭往往已经拥有住房，甚至拥有多套住房。对限购区域内的住房来说，依据限购措施，如果家庭已有多套住房，则没有再次购房的资格，而那些没有住房以及仅有一套住房的家庭仍然可以购房。因此，限购措施改变了真实交易中购房家庭的结构特征。

由于面积较小住房的潜在客户因限购而失去购房资格的比例较小，从而这部分住房的价格受到冲击较小；相比较而言，中等面积或较大面积住房的潜在客户家庭往往已经拥有住房，甚至拥有多套住房，因此，因限购而失去购房资格的比例较大，从而住房价格受到冲击较大。由此，理论上，限购措施对住房价格的负向影响程度与住房面积有关，且住房面积越大，其价格因限购受到的负向影响越大。

将上述分析用函数形式表示如下。对某面积段 a_i，分别设初始需求函数和供应函数为

$$\begin{cases} D_i(p) = d_i - \alpha_i p... \\ S_i(p) = -s_i + \beta_i p \end{cases} \qquad (6-17)$$

静态均衡价格 $\bar{p}_0^i$ 为

$$\bar{p}_0^i = \frac{d_i + s_i}{\alpha_i + \beta_i} \qquad (6-18)$$

若市场实行限购，则需求受到冲击，需求函数发生改变：

$$\begin{cases} D_i(p) = d_i - \alpha_i p - \delta(a_i) \\ S_i(p) = -s_i + \beta_i p - (-) \end{cases} \qquad (6-19)$$

其中 $\delta(a_i)$ 表示受冲击程度，假设面积越大，受冲击程度越大，即 $\delta'(a_i) > 0$。此时市场的静态均衡价格 $\bar{p}_1^i$ 为

$$\bar{p}_1^i = \frac{d_i + s_i - \delta(a_i)}{\alpha_i + \beta_i} \qquad (6-20)$$

价格下降幅度为

$$\frac{\Delta p^i}{\bar{p}_0^i} = -\frac{\delta(a_i)}{d_i + s_i} \qquad (6-21)$$

即限购对住房价格的负向影响程度与住房面积相关。

（二）实证回归结果

为捕捉限购措施对不同面积段住房价格的影响，本章以 90 平方米、144 平方米作为界限，将样本按建筑面积分成 89 平方米（含）以下、90~144 平方米（含）、145 平方米以上分成三部分，对不同面积段住房交易样本用式（6-14）分别进行回归。以 90 平方米作为分界点，是因为 2006 年国务院出台政策，规定套型建筑面积 90 平方米以下住房面积所占比重，必须达到开发建设总面积的 70% 以上，俗称 "90/70" 政策①。以 144 平方米为分界点，是因为 2005 年国务院出台政策，规定单套建筑面积在 120 平方米以下并符合其他条

---

① 国务院办公厅转发建设部等部门关于调整住房供应结构稳定住房价格意见的通知［EB/OL］. (2006-05-24)［2019-04-22］. http://gk.chengdu.gov.cn/govInfo/detail.action? id=66471&tn=6.

件的住房，可以享受税收优惠政策，但文件同时允许单套建筑面积可以上浮20%，实际中各地基本按照120平方米上浮20%即144平方米为标准执行。

同时，本章还通过在式（6-14）中加入 G、T 与住房面积三项的交叉项，获取限购效果随住房面积的变化，即对下式进行回归：

$$price = \alpha + \beta G + \gamma T + \lambda_0(G \cdot T) + \lambda_1 G \cdot T \cdot unit\_ area + X\eta + \varepsilon$$

$$(6-22)$$

其中限购后限购区域住房价格所受影响由 λ_0、λ_1 及住房面积共同决定。表6-6给出了实证回归结果。

表6-6 限购对不同面积住房的影响

	89m² 以下	90m² ~ 144m²	145m² 以上	全样本
T	2 552 *** (60.93)	1 997 *** (98.46)	1 250 (965.8)	2 503 *** (53.53)
G	345.0 *** (11.98)	892.2 *** (18.73)	1 943 *** (110.8)	475.1 *** (10.31)
$G \cdot T$	−714.6 *** (15.38)	−1 082 *** (24.41)	−1 192 *** (249.2)	−494.8 *** (42.37)
$G \cdot T \cdot$ 住房面积	—	—	—	−3.992 *** (0.444)
其他住房特征	控制	控制	控制	控制
月度虚拟变量	控制	控制	控制	控制
样本数	62 596	27 771	2 066	92 433
R^2	0.610	0.518	0.506	0.543

注：括号内为标准误；"***""**""*"分别表示在1%、5%和10%的水平下拒绝原假设。

结果显示，住房套型越大，限购导致住房价格下降幅度越大；加入 G、T 与住房面积三项的交叉项的式（6-22）回归结果则显示，住房面积每增加1平方米，受到的负向影响增加约3.99元，同样支持理论分析结果。也就是说，住房面积越大，住房价格受限购的负向影响越大。

五、对不同类型购买者购买住房的价格抑制效果

限购措施的逻辑可以理解为通过限制投资、投机性需求，释放合理的自住性（刚性、改善性）需求，调节市场的供求关系，从而减缓住房价格短期内快速上涨的态势。由于无法获取任意一个购房者的购房目的，在具体实施上，政策通过限制本市已经拥有 2 套及以上住房的、外地已经拥有 1 套住房的、外地无房且无本市纳税证明/社会保险缴纳证明的户籍居民家庭购房资格，来调节市场需求。

由于不掌握购房者购房前拥有住房套数情况、户籍信息及外地家庭在本市的纳税/社会保险缴纳证明情况，本章无法按照政策将购房者进行分类。购房者来源方面，本章以购房者身份证前 6 位码作为其户籍所在县级行政区划代码的代理变量。我国县级行政区划代码调整情形较为多见①，本章基于民政部、国家统计局官方网站公布的历年县级行政区划代码表，通过查询各地行政区划沿革信息，系统整理了自 1980 年以来我国县级行政区划调整对照表，并据此将原行政区划代码更新为购房时的行政区划代码。基于更新后的县级行政区划代码，获得购房者家乡所属省级、市级、县级行政区。同时，基于购房者购房日期、身份证出生日期码计算购房时的年龄，数据精确到月份。

基于此，本章将购房者按地域来源分为市内（成都市户籍，以 cd 表示）、省内（四川省非成都市户籍，以 sc 表示）、外省（四川省外，以 ws 表示）三类；按年龄分为 20 岁以下、20～29 岁、30～39 岁、40～49 岁、50～59 岁、60岁以上 6 类。

对购买者进行分类的回归，为稳健起见，本章均同时采用两种方式，一种为对不同分类样本单独回归，另一种为直接采用全样本数据，对限购后限购区域的交易样本，加入是否限购后、是否限购区域、是否所关心分类 3 项共同构成的交叉项。以购买者地域来源分类为例，在全样本中，区分这 3 类购房者进行回归，即对下式进行回归：

---

① 县级行政区划代码调整的主要情形包括从原省级行政区析出新省级行政区（如从原四川省析出重庆市）、市级行政区管辖范围调整、县改区、县改市、市改区等。

$$price = \alpha + \beta G + \gamma T + (\lambda_1 cd + \lambda_2 sc + \lambda_3 ws)G \cdot T + X\eta + \varepsilon \quad (6-23)$$

其中 cd、sc、ws 分别表示是否为市内、省内、外省户籍；系数 λ_1、λ_2、λ_3 分别表示限购对本市、本省、外省购房者的影响。

表 6-7 给出了基于购买者地域来源分类的回归结果。结果显示，市内和外省购买者，尤其是外省购房者受到的影响相对较大，但不同购房者之间的差异不明显。

表 6-7　限购对不同地域来源购买者的影响

	市内	省内	外省	全样本
T	2 164*** (142.2)	2 427*** (66.50)	2 218*** (135.5)	2 497*** (53.55)
G	471.1*** (23.57)	421.0*** (13.02)	578.1*** (24.08)	477.7*** (10.31)
$G \cdot T$	-968.7*** (35.77)	-799.2*** (16.68)	-964.3*** (33.13)	—
$G \cdot T \cdot$ 是否市内	—	—	—	-825.9*** (23.98)
$G \cdot T \cdot$ 是否省内	—	—	—	-856.2*** (15.00)
$G \cdot T \cdot$ 是否外省	—	—	—	-875.8*** (22.14)
其他控制变量	控制	控制	控制	控制
月度虚拟变量	控制	控制	控制	控制
样本数	16 330	59 640	16 463	92 433
R^2	0.523	0.574	0.525	0.543

注：括号内是标准误。"***""**""*"分别表示在1%、5%和10%的水平下拒绝原假设。

表 6-8 给出了不同年龄段购买者的回归结果，控制变量与之前的回归相同。两种不同回归方式的结果均显示，20 岁以下、60 岁以上受到的影响相对较大，但不同年龄段之间差异不明显。

总体上，限购对本市购房者（或 50~59 岁、60 岁以上，一般来说，拥有多套住房的可能性更大）、外省购房者（或 20 岁以下，一般来说没有在本市的纳税/社会保险缴纳证明可能性更大）等更有可能被限购的群体，效果更好，但住房市场是相对均衡的市场，不同子市场没有完全割裂，也不会因为购房者不同而有价格歧视，因而不同类别之间的所受影响差别不大，但本章实证结果从侧面反映了政策所取得的预期效果。

表6-8　限购对不同年龄段购买者的影响

	20岁以下	20~29岁	30~39岁	40~49岁	50~59岁	60岁以下
分子样本	-121 9*** (115.6)	-850.5*** (20.21)	-859.5*** (25.16)	-814.7*** (32.79)	-881.7*** (32.79)	-890.8*** (132.5)
全样本	-961.7*** (63.15)	-855.4*** (16.52)	-852.5*** (18.80)	-819.9*** (22.84)	-936.2*** (42.35)	-938.7*** (59.02)

注：括号内为标准误；" *** "" ** "" * "分别表示在1%、5%和10%的水平下拒绝原假设。

六、对住房市场其他方面的影响

（一）对销售持续时间的影响

住房限购，除了对住房价格产生负向影响外，还可能对住房市场产生其他影响。将一套住房从上市供应（批准预售）到成交（备案）所需的时间定义为销售持续时间，以月为单位。该变量是反映住房市场供求关系的重要观测变量，受到住房价格、住房特性、市场环境等因素的综合影响。当限购措施实施后，由于有资格购买住房的家庭数量减少，在剥离价格因素的情况下，住房销售持续时间可能会发生变化。一方面，购房者观望情绪变得浓厚，购房者购买住房会更加慎重，加之更少的购房者使得住房交易的促成需要更长时间，因此，住房交易持续时间可能变长。另一方面，由于住房价格下降，原本希望购买住房但缺乏购买力的购房者获得了购买力，刚需购房者会抓住机遇购买，因而，住房交易持续时间可能变短。限购是否会导致住房销售持续时间在整体上发生变化，哪种因素会占主导作用，本章对此进行实证研究。

在式（6-2）中，以住房销售持续时间为被解释变量，即对下式回归：

$$unit\_ duration = \alpha + \beta G + \gamma T + \lambda (G \cdot T) + X'\eta + \varepsilon \qquad (6\text{-}24)$$

其中 X' 表示其他控制变量，除包含住房价格但不含销售持续时间外，其余控制变量与前述回归中解释变量相同，回归中同样加入了月份虚拟变量。

表 6-9 给出了对总体数据和不同面积段数据的回归结果，结果显示，总体上，限购使得住房销售持续时间拉长了 0.44 个月，也就是说，限购不仅使得住房价格显著下降，也改变了购房者的心理预期，减缓了住房快速上涨时期的心理恐慌，恐慌性购房的现状得以改观。

表 6-9　限购对住房销售持续时间的影响

	总体	89m² 以下	90~144m²	145m² 以上
T	2.240 *** (0.426)	3.331 *** (0.481)	4.504 *** (0.851)	13.87 *** (5.082)
G	0.636 *** (0.0809)	1.669 *** (0.0932)	2.278 *** (0.166)	1.918 *** (0.623)
$G \cdot T$	0.444 *** (0.110)	-0.471 *** (0.122)	0.718 *** (0.215)	0.932 (1.321)
其他控制变量	控制	控制	控制	控制
月份虚拟变量	控制	控制	控制	控制
样本数	92 433	62 596	27 771	2 066
R^2	0.115	0.084	0.207	0.496

注：括号内为标准误；"***""**""*"分别表示在 1%、5% 和 10% 的水平下拒绝原假设。

与此同时，限购对不同面积段的影响不同，其中 89 平方米以下较小面积住房（潜在客户主要为刚需购房者）销售持续时间平均缩短了 0.47 个月，虽然限购导致 89 平方米以下住房价格下降幅度最小，但对刚需来说，由于住房需求的刚性很强，较小住房价格的下降，会引发需求的快速增加，反映在住房销售持续时间上，销售持续时间反而缩短了。此外，90~144 平方米住房销售持续时间有显著增加，145 平方米以上住房销售持续时间也有增加，但在统计上不够显著。

（二）对购房者购买住房面积的影响

当限购措施实施后，由于家庭受到购买套数的限制，加之政策对住房价格产生负向影响,人们可能更倾向于购房"一步到位",即购买面积更大的住房。对限购区域内的住房交易来说,也存在另外一种可能性。如前所述,限购措施改变了购房家庭的结构特征。假设支付能力更弱的家庭仅能购买面积更小的住房,那么,限购后交易的住房套均面积可能会更小。在 DID 模型中,以住房面积作为被解释变量,即以下式回归:

$$\text{unit\_ area} = \alpha + \beta G + \gamma T + \lambda (G \cdot T) + X''\eta + \varepsilon \qquad (6\text{-}25)$$

其中 X'' 表示其他控制变量,除包含住房价格但不含销售面积外,其余控制变量与前述回归中解释变量相同,回归中同样加入了月份虚拟变量。除了对全样本数据进行回归以观察总体效果以外,本章还对不同面积段、不同地域类型购买者分别进行回归,结果见表 6-10 和表 6-11。

表 6-10　限购对不同面积段购房者购买住房面积的影响

	总体	89 平方米以下	90~144 平方米	145 平方米以上
T	−5.234 *** (1.487)	6.962 *** (0.938)	−15.13 *** (1.592)	−5.334 (20.00)
G	4.817 *** (0.282)	12.69 *** (0.175)	−3.737 *** (0.311)	−27.10 *** (2.378)
$G \cdot T$	2.633 *** (0.385)	−6.980 *** (0.236)	4.147 *** (0.403)	24.23 *** (5.160)
其他控制变量	控制	控制	控制	控制
月份虚拟变量	控制	控制	控制	控制
样本数	92 433	62 596	27 771	2 066
R^2	0.178	0.191	0.201	0.482

注:括号内为标准误;"***""**""*"分别表示在 1%、5% 和 10% 的水平下拒绝原假设。

回归结果显示,限购对住房成交面积的影响是显著的,在控制住房价格及其他因素后,成交面积平均增加了 2.63 平方米,这表明总体上,购买者更倾向于购房"一次到位"。分面积段样本回归结果则显示,限购对不同面积住房的影响存在显著差异。其中购买 89 平方米以下较小户型的家庭,平均购买面积更小,其减小幅度达 6.98 平方米,这可能是由于限购使得住房价格下降,原本没有购房能力的刚性需求家庭开始拥有购房能力,因而平均而言,购房面积有所下降。限购同时导致了 90~144 平方米面积段、145 平方米以上面积段购房者购房面积分别增加 4.15 平方米和 24.23 平方米，即对购买套型越大的客户，面积增加程度越高。

表 6-11 给出了不同地域来源购买者的分类回归情况。结果显示，限购使得不同类型地域购买者购买住房面积都有不同程度的增加，其中本市购买者购买面积增加幅度最大，省内非成都购房者购买面积增加幅度相对较小，这与前文的分类结果（限购措施对本市和外省购买者所购买住房的负向影响更大）相呼应。

表 6-11 限购对不同地域分类购房者购买住房面积的影响

	本市	省内	外省
T	−17.79*** (4.375)	−2.197 (1.725)	−13.35*** (3.877)
G	2.519*** (0.718)	6.365*** (0.332)	3.236*** (0.686)
$G \cdot T$	5.501*** (1.113)	1.816*** (0.435)	3.208*** (0.963)
其他控制变量	控制	控制	控制
月份虚拟变量	控制	控制	控制
样本数	16 330	59 640	16 463
R^2	0.220	0.183	0.173

注：括号内为标准误；"***""**""*"分别表示在 1%、5% 和 10% 的水平下拒绝原假设。

七、结论与启示

住房限购，是指从需求角度对购房者购买住房套数进行限制，通过移动需求曲线，以减缓住房价格在短期内快速上涨的态势，从而维护国家经济金融安全的新建商品住房市场政府管制手段。作为极为特殊的需求端政府管制方式，限购在其他国家和地区、其他行业较为罕见，对住房限购的理论和实证研究因而具有非常重要的理论和现实意义，住房限购问题也引起了关心中国经济尤其是房地产市场发展的国内外学者的广泛兴趣。

与大部分前人的实证研究采用宏观层面的 70 个大中城市月度价格指数不同，本章在理论分析的基础上，基于 DID 模型选取成都市的两个区域作为对比区域，采用 2008 年 3 月—2014 年 2 月房地产交易的全样本微观数据，研究住房限购措施对新建商品住房市场所带来的影响，研究结论更可靠。鉴于本章结果可能存在对限购效果高估的可能性，本章通过找到导致低估的对比区域进行稳健性检验，结果表明，限购对住房价格的负向影响是显著的。进一步，本章研究了限购对住房价格的负向影响随时间变化趋势，这一影响对不同套型住房、不同地域购买者、不同年龄段购买者的差异，以及政策对住房销售持续时间、购房者购买住房面积（决策行为）的影响。实证研究的主要结论与启示如下：

（1）住房限购导致限购区域平均住房价格显著下降，下降幅度介于3.7%～16.7%，住房限购这一短期政府管制政策在缓解住房资产价格在短期内快速上涨的态势上起到了预期效果。

（2）在限购措施实施的初期，其对住房价格的负向影响随着时间的推移不断增强，但由于开发商（供应方）具有调整供应策略的可能，两年后其效果开始逐渐减弱。这一结论的隐含意义为，一旦住房限购取消，若市场需求相对旺盛，由于短期内市场供应难以快速增加，则会引起新一轮住房价格快速上涨，因而住房限购取消的时机选择较为重要。

（3）住房限购对住房价格的负向影响效果与住房面积相关，住房面积越大，受到的影响越大。

（4）限购对不同地域来源、不同年龄段购房者的影响存在微弱差异，总体上，对更有可能被限购的群体，其购买住房的价格负向影响越大，效果更好。

（5）平均意义上，限购使得住房的销售持续时间有显著拉长，但这一效果对不同面积段的影响不同，其中 89 平方米以下较小面积住房销售持续时间不仅未拉长，还缩短了 0.47 个月。对刚需来说，较小住房价格的下降，会引发需求的快速增加，反映在住房销售持续时间上，销售持续时间反而缩短了，限购总体上通过降低购房门槛，改善了收入较低家庭的居住状况。

（6）平均意义上，在受到购买套数限制时，人们更倾向于购房"一步到位"，即购买面积更大的住房。与限购对住房销售持续时间的影响类似，由于限购降低了购房门槛，限购使得购买 89 平方米以下住房的购房者，平均购买面积不仅未增加，反而减小了 6.98 平方米。

总体上，限购降低了购房价格门槛，使得部分原本没有购房能力的刚性购房者解决了购房问题，部分改善性住房购房者也收获了政策红利，与此同时，政策有效抑制了投机炒作。但从限购对不同面积住房的负向影响效果来看，有能力购买更大面积住房的家庭受益更大。

第七章 人口流动与住房价格的空间差异

一、引言

    人口与住房已经成为影响中国经济可持续增长两大无可争议的重要因素。2016 年 12 月召开的中央经济工作会议再次明确指出："要落实人地挂钩政策，根据人口流动情况分配建设用地指标"，紧紧的把两大因素绑定在一起，城市的竞争逐渐演变为"引人"的竞争。鉴于此，本章试图从人口流动的视角探寻住房价格区域空间差异的影响因素，对于房地产市场的健康发展，政府将来"因城（地）施测"精准调控有着重要的借鉴意义。

    人口与住房市场是房地产研究领域的一个重要分支，之前的研究主要集中在人口结构对住房市场的影响，国内外学者的研究思路和框架基本是类似的。影响力最大的当属曼丘和魏尔（Mankiw & Weil，1989）研究 1910—1983 年美国"婴儿潮"对住房市场的影响，并根据人口出生率的变化预测至 2007 年美国住房价格将下降 47%。虽然他们的估计方法、变量选择和模型设计受到后续研究的批评（Hamilton，1991；Alperovich，1995），但其长期的预测趋势得到了事实的验证。同样麦克法登（McFadden，1994）、米尔鲍尔和墨菲（Muellbauer & Murphy，1997）等人给予了更加仔细的测算，但基本上都是在 Mankiw-Weil 的研究框架之内进行的补充性研究。自此引起学术界对人口因素对住房市场影响的高度关注。

    在 21 世纪初，西方学者就人口流动这一视角展开了大量的研究，赛斯

（Suiz，2007）和赛斯和瓦克泰（Saiz & Wachter，2011）对美国大都市住房市场研究发现，移民对房价和房租都是显著的正向影响；同样阿瑟（Ather，2012）等人对加拿大的研究也得出类似的结论，只是影响程度有所下降。很有意思的现象是，对欧洲国家的研究得出了与北美研究相反的结论。Sá（2015）对英国住房市场研究发现，移民对原住民的流出呈现正向的挤出效应，进而对流入地区的房价产生显著的负向效应，并且移民的教育程度越低对房价的负向效应越强。阿切图罗（Accetturo，2012）等人对意大利的研究发现，移民导致城市水平上住房价格的下降，作者认为这种现象是由于移民的进入，使得城市的居住环境变差，导致城市原住民的迁出所导致。同样的现象也在英国存在（Braakmann，2016）。之所以欧美两个地区出现了相反的结论，可能是由于国外的学者关注的都是"国外移民"，移民的质量或者结构大有不同导致。

中国的情况又如何呢？遗憾的是，国内学者的研究主要集中在人口结构和人口规模的角度，而从人口迁移流动的角度分析住房价格的空间差异相对较少。高波等（2012）采用2000—2009年35个大中城市的数据研究得出，区域房价差异导致较高房价区域相对就业减少，进而促使产业的升级。同样，陆铭等（2015）在其研究中也阐明类似的逻辑，认为东部地区在继续成为劳动力流入地的同时，因面临土地供给受限，推动了东部地区的房价，并相对减少了劳动力流入的数量，最终提升了工资。与本章研究更为契合的陆铭等（2014）研究发现，移民占比更高的城市，房价和房价的增长率都显著提高，且移民占比和移民占比变化对房价的影响，主要是通过城市移民和收入水平较高的移民来实现的。李超等（2015）也在Mankiw-Weil框架下研究认为，人口结构因素的影响程度在时间和空间上均得到了明显强化，经济发展速度较快的城市和区域往往对高学历的劳动年龄人口吸引力相对较高进而推高了房价。邹瑾（2015）采用宏观数据和面板误差修正模型研究得出，人口老龄化对房价的影响存在显著的区域差异。中国人民银行南昌中心支行课题组（2016）把产业结构转型、劳动力迁移和住房市场共同纳入到DSGE的框架中研究发现，大量劳动力迁移对住房需求有长期的影响作用。但遗憾的是由于DSGE的推导过程过于复杂，此研究仅考虑了一个地区，并没有根据中国经济区域结构，考虑劳动力在不同区域之间的迁移过程，也并未评估分区域劳动力迁移对房地产价格的影响。

纵观现有文献，主要存在以下几点欠缺：第一，相关中国住房价格和人口互动关系的研究，基本上都是从人口结构、人口规模的角度展开，而从人口迁移流动角度的研究并不多见；第二，针对中国住房市场空间差异化特征的研究较少，文献综述中所列举的部分文献虽有所涉及，但并不是学者们研究内容的重点；第三，由于流动人口数据多来自于人口普查，现有的文献中使用数据多为截面数据，学者们鲜有使用面板数据进行分析，使用地市级层面的面板数据的研究更是少之又少；第四，即使涉及人口迁移流动的相关研究，对流动的指标的测算方法和使用也有待改进。鉴于此，本章首先对中国的城市的流动人口进行了测算，并对中国流动人口的现状进行统计上的描述；其次，利用动态面板模型实证研究了人口流动对住房价格的区域影响差异；最后，运用时空地理加权模型研究了流动人口对中国城市住房价格的空间影响差异。

二、流动人口的测算

城市流动人口的测算是本章研究的关键。从现有文献来看，目前关于流动人口的测算主要有三种方式，一是由全国人口普查资料中公布的人口数据进行测算［堪新民，吴森富（2003）；刘玉（2008）；郭志仪，刘红亮（2013）等］，二是利用国家卫计委公布的流动人口动态监测数据进行测算［李丁，郭志刚（2014）；刘志军，王宏（2014）；林李月，朱宇（2016）等］，三是运用统计年鉴或调查问卷所获取的数据进行测算［翟振武 等（2007）；钱瑛瑛，刘璐（2015）；李拓，李斌（2015）等］。相比之下，前两种方法由于是对流动人口的直接测算，测算结果更为准确真实，但是由于全国人口普查资料中缺乏市级层面的数据，且流动人口动态监测的数据也没有完全覆盖中国所有城市，因此本章采取第三种方法对中国城市的流动人口进行测算，但测算的方式更为精确，如下所示：

本章以城市市辖区的净流入人口作为城市流动人口的指标。城市净流入人口为

$$净流入人口 = 流入人口 - 流出人口 \qquad (7-1)$$

$$流入人口 = 户籍迁入人口 + 户口在本辖区外但居住半年以上人口$$
$$(7-2)$$

$$流出人口 = 户籍迁出人口 + 户口在本辖区内但居住半年以下人口$$
$$(7-3)$$

$$常住人口 - 户口在本辖区内且居住半年以上人口$$
$$+ 户口在本辖区外但居住半年以上人口 \qquad (7\text{-}4)$$

由式（7-3）和式（7-4）可得

$$流出人口 = 户籍迁出人口 + 户口在本辖区内但居住半年以下人口 +$$
$$户口在本辖区内且居住半年以上人口 +$$
$$户口在本辖区外但居住半年以上人口 - 常住人口 \qquad (7\text{-}5)$$

由于

$$本年户籍人口 = 户口在本辖区内但居住半年以下人口 +$$
$$户口在本辖区内且在本辖区居住半年以上人口 \qquad (7\text{-}6)$$

故式（7-5）和式（7-1）可表示为

$$流出人口 = 户籍迁出人口 + 本年户籍人口 +$$
$$户口在本辖区外但居住半年以上人口 - 常住人口 \qquad (7\text{-}7)$$
$$净流入人口 = 户籍迁入人口 - 户籍迁出人口 - 本年户籍人口 + 常住人口$$
$$(7\text{-}8)$$

此外，本年户籍人口还可以表示为

$$本年户籍人口 = 上年户籍人口 + 上年户籍人口自然增长$$
$$+ 户籍迁入人口 - 户籍迁出人口 \qquad (7\text{-}9)$$

故式（7-8）可表示为

$$净流入人口 = 常住人口 - 上年户籍人口 - 上年户籍人口自然增长 \qquad (7\text{-}10)$$

由于在中国各城市的人均 GDP 是以常住进行测算的，因此式（7-10）有可改写为

$$净流入人口 = GDP / 人均 GDP - 上年户籍人口$$
$$- 上年户籍人口 \times 本年户籍人口自然增长率 \qquad (7\text{-}11)$$

式（7-11）中的所涉及的指标在历年《中国城市统计年鉴》中均有公布，因此，根据式（7-11）可测算过中国城市的人口净流入数据。需要说明的是，第一，由于本章研究的是城市流动人口与住房价格差异，式（7-11）中所使用数据均为城市市辖区数据；第二，本章的测算的净流入人口，不仅包括"城↔城"流动人口，还包括"乡→城"流动人口；第三，随着中国城镇化的持续推进，农村人口市民化的持续推进，农村人口不断向城市不断流入，即所谓的"乡→城"流动，会导致城市平均净流入人口为正；如果使用的是全样本的全市数据，理论上城市平均净流入人口为零。

经过整理和测算，本章获取 2006—2012 年中国 283 个城市的净流入人口的数据，并从中发现以下规律：

第一，从全国整体趋势上来看（见图 7-1），一是中国城市净流入人口规模越来越大，由 2006 年 1 400 余万人上升至 2012 年 6 900 余万人，7 年间上升了 4 倍多；二是中国流动人口规模占城市常住人口的比例越来越高，2006 年净流入人口占常住人口比例仅为 3.72%，而到 2012 年这一比值迅速攀升到 15% 左右。由于全国层面的数据的加总，会使得"城↔城"流动人口的数据得不到体现，因此图 7-1 主要反映了"乡→城"流动人口的状况和趋势。

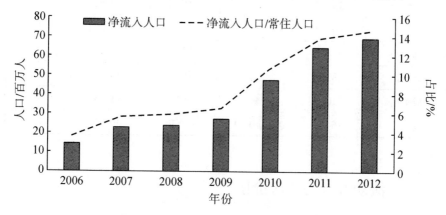

图 7-1　2006-2012 年中国流动人口规模

第二，从流动人口的区域分布上来看（见表 7-1），净流入人口最多的城市主要集中于一线和准一线城市，以 2012 年为例，2012 年 4 个一线城市净流入人口占全国净流入人口 39.47%，净流入人口最多的 10 大城市占全国净流入人口 70.71%，是中国人口流动的主要方向；其次，从净流入人口占比来看，净流入人口占比最高城市主要集中在长三角和珠三角区域，净流入人口占常住人口比重最高的 10 大城市中有 8 个在这两个区域（除天津和厦门），尤其是珠三角地区，流动人口占比最高的前 10 大城市有 5 个都集中于此，并且东莞、深圳、扬州和苏州 4 个城市的净流入人口数量已超过当地的常住人口的 50%，为中国净流入人口占比最高的地区。

表 7-1 2012 年流动人口最多和流动人口占比最大的 10 个城市

净流入人口最多的 10 大城市	人口/万人	排名	净流入人口占比最大的 10 大城市	占比/%	排名
上海市	936.7	1	东莞市	76.57	1
深圳市	729.8	2	深圳市	69.45	2
北京市	673.3	3	扬州市	52.39	3
东莞市	652.4	4	苏州市	52.25	4
天津市	530.2	5	中山市	49.60	5
广州市	401.4	6	佛山市	45.27	6
佛山市	328.1	7	惠州市	44.90	7
苏州市	283.1	8	厦门市	43.49	8
成都市	210.5	9	天津市	41.48	9
杭州市	164.6	10	上海市	40.85	10

三、流动人口与住房价格

通过梳理本章研究的 38 个城市人才招引政策（政策简表见表 7-1），可以发现，政策主要从放开落户限制、支持就业创业、服务人才安居、提供生活补贴等方面发力，广泛招引人才，但不同城市政策力度有所不同。

流动人口对城市住房价格的影响主要体现在两个方面，一是通过自身住房需求影响住房价格；二是通过影响当地居民的住房需求，进一步影响房价。不同收入水平的流动人口将对住房价格产生不同的影响。本章沿袭 Saiz（2007）和 Sá（2015）的思想，将流动人口分为高收入流动人口和低收入流动人口。本章将高收入流动人口定义为能够对住房产生有效需求（消费需求和投资需求）的流动人口，如高薪阶层因工作调动产生的人口流动；低收入流动人口界定为无购房能力且可能会使居住环境变差的流动人口，如珠三角地区流入的大量农民工。

高收入流动人口的流入，首先，会增加城市住房消费需求，推高城市住房价格；其次，在城市化的进程中，可以预期到住房需求将是不断扩大的，如果城市土地和住房供给慢于城市化所带来的住房需求，理性的消费者将会尽早购房；在城市化进程滞后并且城市化加速的背景下，市场参与者容易形成对房价的预期，投资需求不断上升，总的住房需求膨胀，从而导致房价上涨（陆铭等，2014）；最后，当地居民愿意接纳高收入流动人口而不选择迁移，在生产的过程中，高收入流动人口由于与当地低收入居民形成互补，提高了当地低收入居民的劳动收入，从而促使房地产市场的需求扩大，推动房价（何鑫 等，2017）。因此，住房价格的高收入流动人口效应为正。

低收入流动人口的到来，首先由于对住房环境要求不高，通常其选择在租金较低的房屋或者是工厂、单位等提供的职工宿舍居住，不对城市的住房需求产生实质性的影响；其次，低收入流动人口的大量的到来，降低了流入地区的居住环境，对原住民的流出呈现正向的挤出效应，进而对流入地区的房价产生显著的负向效应；最后，低收入流动人口的流入，在生产过程中，与当地低收入居民互斥，降低了当地低收入居民的劳动收入，促使住房需求下降，房价下跌（何鑫 等，2017）。因此，住房价格的低收入流动人口效应为负。

综上，流动人口对流入地区的住房价格影响取决于流动人口的结构，不同类型的城市其流动人口的结构是不相同的，如珠三角地区存在大量的制造业和加工工业，其低收入流动人口的占比肯定要高于北京、天津等地区；因此，流动人口将对城市住房价格呈现明显的空间异质性同时，在中国快速的城市化进程中，大量移民进入城市，随着中国城市化进程的不断推进，大量的人口从农村流向城市，增加了城市实际住房需求，从而推动城市住房价格的上涨。

四、数据与模型

受数据收集限制，本章剔除了数据缺失较多的一些城市，最终所使用样本数据为 2006—2012 年中国 283 个地级及以上城市的面板数据。

考虑到市场预期对城市住房价格的影响作用，本章在模型中引入城市住房价格的一阶滞后项，面板模型设定如下：

$$\ln HP_{it} = \beta_0 + \beta_1 \ln HP_{i,\,t-1} + \beta_2 Mig_{it} + \beta_k X_k + \mu_i + \varepsilon_{it} \qquad (7\text{-}12)$$

式（7-12）中，$\ln HP_{it}$ 为第 i 个城市第 t 年住房价格的自然对数，$\ln HP_{i,t-1}$ 为其一阶滞后项；Mig_{it} 为第 i 个城市第 t 年净流入人口占该城市常住人口的比例；

X_k 为控制变量，包括城市的经济发展水平（lnPergdp）、固定资产投资（lnInvest）、产业结构（IS）和就业密度（Jymd），从需求和供给以及城市自身的特征对城市住房价格进行控制；μ_i 为个体异质性的截距项；ε_{it} 为随机扰动项。

其中，由于中国城市价格在相关统计年鉴和统计公报没有发布，因此住房价格数据无法直接获得。本章住房价格原始数据来自历年《中国区域统计年鉴》，该年鉴对各地级市的年商品房销售额和销售面积进行了统计，可基于此对中国各城市住房价格进行测算。需要说明的是，《中国区域统计年鉴》关于商品房销售额和销售面积的统计是针对全市范围内进行的统计，而不仅仅是市辖区，因此，据此计算出的城市住房价格可能会低于真实水平，但是由于本章主要研究人口流动对住房价格空间差异的影响，该指标可作为真实房价数据的代理变量，所估计的结果也是无偏的；城市的经济发展水平和固定资产投资分别以市辖区人均国内生产总值的自然对数和全社会固定资产投资自然对数衡量；产业结构以第三产业产值占第二产业产值比重表示，即以产业结构高度化程度（干春晖，2011）来衡量产业结构；就业密度采用市辖区第二、三产业从业人员／市辖区建成区面积来衡量；本章数据来自历年《中国城市统计年鉴》和《中国区域统计年鉴》。表 7-2 给出了本章所使用数据的描述性统计。

表 7-2　数据的描述性统计

变量名	变量定义	单位	样本量	均值	标准差	最小值	最大值
lnHP	住房价格	元	1 981	7. 896	0531	5. 982	10. 394
Mig	流动人口占比	—	1 976	−0. 004	0. 189	−1. 822	0. 766 1
lnPergdp	人均 GDP	元	1 958	10. 59	0. 747	8. 568	13. 40
lnInvest	固定资产投资	亿元	1 977	6. 145	0. 977	2. 878	8. 947
IS	产业结构	—	1 981	0. 413	0. 108	0. 085	0. 786
Jymd	就业密度	万人／平方千米	1 980	0. 220	0. 092	0. 000 4	0. 744
Temp	1 月平均气温	0. 1℃	1 981	7. 615	124. 57	−302	209

五、动态面板回归分析

面板数据的模型估计最常用的估计方法是 OLS，但是一旦解释变量内生时，OLS 估计量就不再是无偏和一致的。本章的模型设定中内生性问题主要来自两个方面：一是正如前文文献所述，城市净流入人口的增加，会对城市的住房价格产生影响，同时，城市住房价格的过高，一方面会增加城市的生活成本，使得一部分有意愿向该城市流入的望而却步，甚至从该城市流出，如当今社会中的"逃离北上广"的现象；另一方面，城市的持续房价上涨也会催生市场参与者的投资需求，吸引更多投资者的到来，因此流动人口与城市的住房价格存在一定的内生性问题。二是由于本章的解释变量里面还加入被解释变量的滞后项，该回归元的外生性假设也不再成立，也存在一定的内生性问题。此时，工具变量法就成了最好的估计方法。

采用工具变量法进行估计时，选择合适的工具变量是关键。爱里莱诺和邦德（Arellano & Bond，1991）提出先将方程进行一阶差分，然后使用所有可能的滞后变量作为工具变量，对差分后的方程进行 GMM 估计，即差分 GMM 的估计方法；但这种方法受到了部分学者的批评（Temple，1999），如果解释变量高度持久时，滞后变量便成了一阶差分的弱工具变量；为了解决弱工具变量的问题，布作德尔和邦德（Blundell & Bond，1998）提出了一种更有效率的估计方法，即系统 GMM，该方法将水平方程和差分方程作为一个方程系统进行GMM 估计，与差分 GMM 相比，系统 GMM 提高了估计效率，并且可以估计不随时间变化的变量的系数（陈强，2013）。因此，本章选取系统 GMM 方法对式（7-12）进行估计。

同时，为了增加模型估计的准确性，本章在估计时还引入了额外的工具变量——城市每年 1 月平均气温。之所以选择气温作为流动人口的工具变量，主要基于以下两点考虑：第一，陆铭 等（2014）研究发现气温会通过影响移民间接影响房价，而自身却不会直接影响房价，同时，1 月平均气温不会通过影响投资和产业布局影响房价；第二，任玉玉 等（2010）、张爱英 等（2010）等研究证实中国大陆地区国家级气象台站平均地面气温上升的趋势中，至少有27.3%可归因于城市化的影响，城市化的进程本身就是一种人口流动的形式，即说明气温与流动人口的密切相关；同时，卢洪友等（2017）认为随着气温的升高，人口流动率会显著提高，直接证实了气温对人口流动有显著影响。因此，本章选择城市1月平均气温作为流动人口的工具变量具有一定的科学性和合理性。城市1月平均气温数据来自中国气象数据网，该数据集为中国194个基本、基准地面气象观测站及自动站最新气候资料月值数据集，在与本章283个城市样本进行匹配时，如有该城市内设有地面气象观测站或自动站，则以该气象站或自动站的数据作为该城市气温数据，如无，则以该城市最近的站点统计数据作为该城市气温数据。

按照上述估计方法，对中国283个城市和分区域①对式（7-12）进行估计，同时，Sargan检验结果表明本书所使用的矩约束条件是有效的，最终估计结果如表7-3。

首先，从全样本回归（模型1）来看，流动人口占比的系数为正，且在1%的显著性水平下通过了检验，说明在控制其他条件不变的情况下，流动人口占常住人口比例每提高10个百分点，将导致该城市的房价上升0.67%，提升幅度相对较小。如上文所述，本章所研究的流动人口主要包括"乡→城"流动人口和"城↔城"流动人口两个部分，城市间的人口流动对住房价格不会产生全局性的影响，因为一个城市的人口净流入是其他城市人口的净流出，流动人口对住房价格影响只是因为一个城市更加（或更不）吸引人居住（陆铭等，2014）。因此，从总体上来看，流动人口推动中国城市住房价格上涨的主要原因是：在中国城市化的过程中，大量的人口从农村或乡镇流入城市，通过买房落户或子女上学等，滋生了大量住房需求，对城市的住房价格有显著提升作用。

---

① 参考以往学者的做法，本章将中国分为东北地区（黑龙江省、吉林省、辽宁省）、北部沿海（北京市、天津市、河北省和山东省）、东部沿海（上海市、江苏省、浙江省）、南部沿海（广东省、福建省、海南省）、黄河中游（河南省、陕西省、山西省、内蒙古自治区）、长江中游（湖北省、湖南省、江西省、安徽省）、西南地区（四川省、重庆市、云南省、贵州省、广西省）和西北地区（青海省、甘肃省、宁夏回族自治区、新疆维吾尔族自治区）8大区域进行子样本回归。

表 7-3　2006—2012 年住房价格的动态面板系统矩估计结果

	全样本 模型 1	东北地区 模型 2	北部沿海 模型 3	东部沿海 模型 4	南部沿海 模型 5	黄河中游 模型 6	长江中游 模型 7	西南地区 模型 8	西北地区 模型 9
lnHP	0.727***	0.516***	0.821***	0.840***	0.814***	0.526***	0.542***	0.827***	0.233**
	(0.029 2)	(0.024 7)	(0.029 6)	(0.032 1)	(0.043 1)	(0.010 7)	(0.007 28)	(0.020 4)	(0.091 5)
Mig	0.066 7***	-0.186***	0.202**	0.127**	-0.063 2	-0.015 6**	0.147	-0.098 0***	0.109
	(0.021 9)	(0.027 3)	(0.081 4)	(0.049 6)	(0.043 5)	(0.007 85)	(0.006 31)	(0.013 7)	(0.209)
lnPergdp	0.045 1*	-0.041 2*	0.090 8***	0.052 0***	0.099 2***	-0.052 0***	0.010 5***	-0.002 03	-0.083 9***
	(0.009 14)	(0.009 27)	(0.021 1)	(0.012 5)	(0.012 7)	(0.005 32)	(0.004 04)	(0.009 94)	(0.024 0)
lnInvest	0.159***	0.164***	0.104***	0.073 9***	0.148***	0.183***	0.238***	0.033 9***	0.273***
	(0.015 0)	(0.014 0)	(0.018 6)	(0.027 7)	(0.030 7)	(0.007 10)	(0.003 17)	(0.006 67)	(0.057 6)
IS	-0.031 2	-0.177***	0.155***	0.577***	0.016 1	-0.055 2***	-0.087 7***	-0.049 5**	-0.130***
	(0.021 4)	(0.020 1)	(0.031 6)	(0.117)	(0.014 1)	(0.008 79)	(0.007 63)	(0.022 8)	(0.022 5)
Jymd	-0.026 8	0.090 4	-0.801***	-0.098 4	-0.013 1	-0.221***	-0.111***	-0.606***	-0.115
	(0.079 2)	(0.068 1)	(0.105)	(0.345)	(0.073 1)	(0.035 2)	(0.039 8)	(0.067 4)	(0.880)
C	0.822***	3.419***	-0.130	-0.110	-0.300	3.235***	2.197***	1.445***	5.561***
	(0.233)	(0.207)	(0.355)	(0.308)	(0.289)	(0.080 9)	(0.076 8)	(0.205)	(0.519)
Obs	1 954	233	208	169	220	322	360	302	140
N	283	34	30	25	32	46	52	44	20

注：括号内为标准差，"***""**""*"分别代表 1%，5% 和 10% 的水平下显著。

这一研究结论，与针对北美地区（Saiz，2003；2007；2011）的相关研究有相似之处，即城市的人口净流入对当地的住房价格有正向影响影响效应，当然也有不同，流动人口对中国城市住房价格的影响要小，针对北美地区的研究发现，在其他条件不变的情况下，相当于本地 10% 的人口的净流入，将导致当地住房价格上涨 10% 左右，而本章研究的这一比例仅为 0.67%。

究其原因，本章认为发达国家的城市流动人口结构与发展中国家有明显不同，发达国家已基本完成城市化，其城市净流入人口主要分为两个部分，一是由国内其他城市流入的人口；二是由国外流入到城市的人口。如上文所述对全局性回归结果产生影响的是国外流入的人口，这部分流动人口对房价产生的影响取决于流动人口的结构，正是因为流动人口结构的不同，导致流动人口对北美和欧洲部分国家的影响效应直接相反，如果高收入流动人口所占比重较大，其对城市住房价格的影响程度也越大；而针对中国而言，"乡→城"流动人口中不仅包括因城市化进程从农村或乡镇流入城市的流动人口，这部分流动人口滋生了大量住房需求，推动了城市住房价格的上涨；还包括大量的流入城市农民工群体。在中国长期的城乡二元结构下，农民工在流动人口中所占比例较高，以 2012 年为例，《2012 年全国农民工监测调查报告》显示 2012 年中国外出农民工总量为 16 336 万人，而当期中国城市净流入人口为 6 900 余万，当然，在某城市工作或居住半年以上的农民工所占比例在相关统计资料中没有进行统计，但是假如这一比例仅为 25%（现实中这一比例可能更高），流动人口中农民工占比就达 60%，农民工属于低收入流动人口，其对城市住房价格的影响为负效应。因此，本章认为中国的流动人口对住房价格的正向影响程度低于北美地区的主要原因在于，中国的流动人口中充斥着大量低收入群体，对城市住房能够转化为有效需求的比重较低。

陆铭 等（2014）；李超 等（2015）；何鑫 等（2017），均认为流动人口对中国城市的住房价格有正向影响作用；同时，只有陆铭 等（2014）以移民占比作为变量进行研究，该研究结论为：2000 年移民占比每多出 10 个百分点，2005 年的房价就会高出 8.33%，而在考虑内生性问题以后，这一影响比例仅为 1.77%，且在 10% 的显著性水平下未通过检验，本章认为未通过显著性检验的原因是其样本量过小（样本量为137）①。

其次，从全样本回归（模型1）的控制变量来看，第一，住房价格一阶滞后项的估计系数显著为正（0.727），表明在其他条件不变的情况下，上期的住房价格每上涨10%，将导致当期的住房价格上涨7.27%，说明预期对住房价格有正的影响，这与当前大多数学者的研究结论是一致的；第二，人均GDP和固定资产投资的回归系数均显著为正（0.0451和0.159），这说明在其他条件不变的情况下，经济发展水平越高或固定资产投资越多的地区，其住房价格也更高；第三，产业结构的回归系数未通过显著性检验，表明在全国层面来讲产业结构对住房价格无显著的影响作用，这其实并不奇怪，主要是因为产业结构对城市住房价格存在差异性影响，产业结构高度化对城市住房价格影响效应与自身大小有直接关系（彭银，2017），当产业结构高度化指数较高时，对住房价格的影响效应为正，反之，对住房价格有负的影响效应；第四，就业密度的估计参数也没有通过检验，就业密度是一个反映需求和供给相对关系的指标，回归结果表明在控制了反映需求因素人均GDP后，就业密度中所包含的土地供给因素并不直接显著影响房价。

最后，从子样本的估计结果（模型2~9）来看，流动人口对住房价格的影响呈现出明显的空间异质性，流动人口对中国北部沿海、东部沿海、长江中游等地区有显著的正向影响作用，而对中国东北、黄河中游和西南等地区有显著的负向影响作用，对南部沿海和西北地区则无显著影响作用。具体而言：

北部沿海、东部沿海、长江中游3个区域的流动人口系数均为正，且在5%的显著性水平上通过检验，表明这3个地区的流动人口对城市住房价格有正向影响效应；同时，这几个地区都是中国经济发展水平相对较高的地区，侧面反映了经济发展越好的地区，高收入流动人口占比较高，能够对住房价格产生实际需求，从而推动住房价格的上涨。

当然，南部沿海地区也是中国经济发展水平相对较好的地区，为什么流动人口对其住房价格的没有显著的正向影响呢？究其原因，本章发现，南部沿海的样本中，在剔除了广东省的样本后，流动人口对住房价格的影响系数为负

---

① 陆铭等（2014）研究以中国部分城市作为研究样本，解释变量为2005年房价，被解释变量为2000年移民占比，工具变量为城市1974年1月的平均气温，详见世界经济2014年第1期第50页。

（-0.282），但不显著；而单独对广东省的样本进行回归的话，流动人口对房价的影响系数为正（0.044），系数较小且不显著。因此，本章认为流动人口对福建和海南两省城市的住房价格有负向的影响的效应，不显著的原因是样本量太少（福建和海南两省的样本量仅为11）；流动人口对广东省城市住房价格无显著影响，事实上，从省际层面上来看，广东省是中国净流入人口最多、流动人口占常住人口比例最高的地区，同时也是农民工流入最多的地区，根据《2012年全国农民工监测调查报告》，2012年输入到广东省的农民工占全国20%左右，所占比重为全国省份内最高，比占比第二的浙江省高9个百分点左右，是中国农民工的主要输入地之一。农民工也是本章界定的低收入流动人口，对城市的住房价格产生负的影响；因高收入流动人口的流入对住房价格带来的正向影响效应，被大量低收入流动人口的流入对住房价格造成的负向效应所冲抵，因此，流动人口对广东省城市的住房价格无显著的影响作用。

同时，西北地区的流动人口对城市住房价格也无显著性影响，这其实不难理解。一方面是西北地区的自然环境相比中国其他区域较差，对区域外的人吸引力不够，同时，根据《2013年城市竞争力蓝皮书》提供的数据，西北地区城市整体竞争力差，在中国城市竞争力后20名的城市中，西北地区就占了11个，侧面反映了西北地区对区域外人口的吸引力较低，因此，流入该区域城市内的人口主要为本区域的农村人口，而流入到城市的农村人口其收入水平相对较低，短时间内难以对房屋形成有效需求。另一方面，在样本期间内，西北地区流动人口占常住人口比例最低（中国8大区域中位列第8），流动人口的进入难以对该区域的住房市场产生冲击；因此，流动人口难以对西北地区城市的住房价格产生显著性的影响。

此外，东北地区、西南地区和黄河中游地区的流动人口系数均显著为负，说明这3个区域流动人口的进入对流入地区的住房价格产生了负效应。

东北地区是中国人口流失比较严重的地区，以黑龙江省为例，根据《黑龙江省人口迁移和人口流动研究报告》，黑龙江省2000—2011年，户籍净迁出人口322.5万人，同时在2010年人口普查中，外出半年以上人口539.9万人，占黑龙江全省人口的14.1%；同时，对比第五、第六次人口普查，东北流失的人口中，高层、管理层或生产线的骨干力量占了流失人口的多数（索韩雪，2016）①，这些流失人口收入水平相对较高，高收入人口的流失，降低了住房的有效需求，促进房价下降。此外，结合本章所测算东北地区在样本期间内平均净流入人口为正的结果，表明东北地区城市流入人口主要为农村或城镇人口，低收入流动人口占比较高，对住房价格有负的影响效应。因此，流动人口对东北地区的住房价格有负的影响效应。

黄河中游和西南地区是中国的主要劳务输出地区，尤其是四川和河南两省（2012年四川和河南两省输出的农民工分别占全国7%、8%，仅次于广东省的9%）②；同时，流动人口在选择流入地时，通常会遵循就近原则，在本省内或相近省域内流动的可能性会更大，因此，当大量的低收入流动人口流入到这个地区时，降低了流入地的居住环境，对原住民的流出呈现正向的挤出效应，进而对流入地的房价产生显著的负向效应。黄河中游和西南地区经济发展相对落后，在中国八大区域中，黄河中游和西南地区的人均GDP在样本期间内分别位列第5和第8，低收入群体较多，流入到城市以后不能对购房形成有效需求；因此，从整体上来看，流动人口对黄河中游和西南地区的住房价格有负的影响效应。

六、时空地理加权回归分析

上文利用动态面板模型考察了流动人口对住房价格的影响，但是没有考虑空间因素。本章将采用时空地理加权回归模型（geographical and temporally weighted regression，GTWR）研究人口流动对住房价格的空间影响差异。地理加权回归模型纳入了空间相关和空间差异两种空间效应，是探讨人口流动对住房价格影响的的空间异质性的有效方法。时空地理加权回归模型是地理加权回归模型的拓展，在地理加权回归模型的基础上引入时间维度，使得模型的估计更有效率（Huang，2010）。本章的流动人口与住房价格的GTWR模型可设定为

---

① 索韩雪. 东北人口流失没那么严重：十年流失100多万［EB/OL］.［2016-11-26］. http://finance.sina.com.cn/roll/2016-11-26/doc-ifxyawmm3423209.shtml.

② 数据来源：《2012年全国农民工监测调查报告》。

$$\ln\text{HP}_i = \beta_0(u_i, v_i, t_i) + \sum_{k=1}^{K} \beta_k(u_i, v_i, t_i)X_{ki} + \varepsilon_i \qquad (7-13)$$

式（7-13）中，$\ln\text{HP}_{it}$ 为第 i 个城市住房价格的自然对数，X_{ki} 是一系列解释变量，包括流动人口、住房价格的一阶滞后项和式（7-12）中涉及的控制变量；$\beta_k(u_i, v_i, t_i)$ 是基于观测值的回归参数，是模型估计的关键，ε_i 为随机干扰项。通过加权最小二乘法对该模型进行估计的系数结果为

$$\beta_k(u_i, v_i, t_i) = (X^k W(u_i, v_i, t_i)X) - 1X^k W(u_i, v_i, t_i)\ln\text{HP}_i \quad (7-14)$$

式（7-14）中，X 为流动人口为代表的解释变量构成的矩阵，$W(u_i, v_i, t_i)$ 为时空权重矩阵，该矩阵中每个元素均为每个观测值时空距离的函数值，容易看出，GTWR 的估计结果随着时空权重的变化而变化，因此时空权重的选择至关重要。一般常用的空间距离权值计算方式主要有高斯距离权值、指数距离权值和三次方距离权值这 3 种（吴玉鸣，李建霞，2006），本书运用 Huang（2010）建立的时空加权回归模型的时空距离和高斯函数法的时空权函数，结合了时间信息和空间信息。

时空距离为

$$d_{ij}st = \sqrt{\lambda[(u_i - u_j)^2 + (v_i - v_j)^2] + \mu(t_i - t_j)^2} \qquad (7-15)$$

时空权函数为

$$W(u_i, v_i,, t_i) = diag(\alpha_{i1}, \alpha_{i2}, \cdots, \alpha_{ij})$$

$$\alpha_{ij} = \exp\left\{-\left(\frac{\lambda[(u_i - u_j)^2 + (v_i - v_j)^2] + \mu(t_i - t_j)^2}{h_{st}^2}\right)\right\} \qquad (7-16)$$

其中，u_i，v_i 表示中国 283 个城市的经度、纬度；t_i 表示时间，以年份来衡量；h_{st} 为带宽，通过交叉验证法（CV 准则）来确定最优带宽。

当然，在对流动人口与住房价格进行空间计量分析之前，必须先对住房价格的空间相关性进行检验，如果住房价格存在空间自相关，则说明空间计量分析的方法更能够揭示住房价格空间异质性的规律；反之，则无采用空间计量模型的必要。本章以样本城市质点的经纬度，计算出 283 个城市的空间距离，并以距离倒数作为空间权重矩阵，计算得 2006—2012 年住房价格的莫兰指数[①]（见表7-4）。

---

① 莫兰指数的取值一般在（-1, 1），大于 0 表示正相关；小于 0 表示负相关；接近于 0 表示不相关或相关程度较低。

表 7-4　2006—2012 年住房价格的空间自相关检验

年份	2006	2007	2008	2009	2010	2011	2012
Moran's I	0.137	0.138	0.136	0.139	0.142	0.152	0.129
P-value	0.000	0.000	0.000	0.000	0.000	0.000	0.000
Z 值	20.549	20.676	20.448	20.864	21.385	22.757	19.579

由表 7-4 的检验结果得知，2006—2012 年住房价格的莫兰指数均为正，且在 1% 的显著性水平下通过了检验，且历年的 Z 统计量也表明房价存在自相关效应，说明中国城市住房价格存在明显的空间正相关，高值与高值相邻，低值与低值相邻。因此，空间计量模型更能揭示中国住房价格的差异的内在规律。

时空加权回归的结果如表 7-5[①]，通过 CV 准则确定的最优带宽为 0.317；R^2 为 0.975，说明时空加权回归模型的拟合优度较高。时空地理加权模型清晰的显示了流动人口对住房价格影响参数的时空变化。

第一，从总体上来看，首先，样本期间内，在 10% 显著性水平下，流动人口回归的系数的均值均为正（0.066），说明流动人口对城市住房价格有正向促进效应，与上文的研究结论一致，表明上文回归结果是稳健的，实证结果较为可信。其次，流动人口系数不显著观测值数量占样本的一半左右，说明流动人口对中国的一半左右的城市住房价格的波动的无显著的影响作用，即流动人口对中国一半左右城市的住房价格的波动不能做出解释。最后，流动人口系数显著为负的城市数量相比上文的研究较少，样本期间内平均为 14.64%，说明在考虑住房价格的空间相关性后，流动人口对住房价格的负向影响效应减弱了。

表 7-5　2006—2012 年流动人口 GTWR 系数的分年度描述性统计

年份	2006	2007	2008	2009	2010	2011	2012	年平均
显著为正观测值占比/%	31.45	34.98	32.86	18.02	45.58	22.62	28.62	30.59

---

① 当然，其他控制变量也对住房价格产生了不同程度的异质性影响，受篇幅限制，本章在此仅展示和阐释流动人口的回归系数，不再对其他控制变量进行探讨，如有兴趣，可向作者索要其他控制变量回归结果。

表7-5(续)

年份	2006	2007	2008	2009	2010	2011	2012	年平均
不显著观测值占比/%	55.83	53.36	55.83	37.81	49.83	67.84	62.90	54.77
显著为负观测值占比/%	12.72	11.66	11.31	44.17	4.59	9.54	8.48	14.64
最小值	−0.230	−0.416	−0.489	−2.211	−1.231	−5.318	−5.790	−5.790
均值	0.213	0.093	0.171	−0.116	0.135	−0.048	0.048	0.066
最大值	2.487	2.215	2.707	0.705	0.489	1.234	1.361	2.707
标准差	0.407	0.297	3.099	0.405	0.250	0.805	0.850	0.525

注：①显著性水平取10%；②统计性描述仅限于在10%的显著性水平通过检验的系数。

第二，从时间趋势上来看，在10%的显著性水平下，除2009和2011年外，流动人口对中国城市住房价格的影响效应为正，且影响程度基本呈下降趋势，2006年流动人口的平均估计参数为0.213，而到2012年仅为0.048；同时，部分区域的流动人口对住房价格的影响方向也随时间的推移而变化，如2006年流动人口对南部沿海地区的城市住房价格有显著的正向影响效应，而到2012年影响效应则转变为负或不显著；究其原因，本章推测是这些地区的流动人口的结构发生了变化，受相关资料限制，本章不能对此做进一步研究。

第三，从空间上来看（见表7-6），在10%的显著性水平下，流动人口对不同区域的不同城市的住房价格也存在差异性影响，流动人口对东部沿海和长江中游地区的差异程度相对较小，在10%的显著性水平检验下，流动人口对东部沿海和南部沿海地区的一半以上的观测值没有产生显著性的影响，同时，这两个区域流动人口回归系数的标准差分别为0.094和0.108，区域内部差异化程度较低；西北地区和东北地区的住房价格受流动人口影响的差异化程度较大，其回归系数标准差分别高达1.892和0.311。

表 7-6　2006-2012 年流动人口 GTWR 系数的分区域描述性统计

区域	东北	北部沿海	东部沿海	南部沿海	黄河中游	长江中游	西南	西北
显著为正观测值占比/%	26.05	23.33	41.14	47.32	25.47	34.33	25.32	24.29
不显著观测值占比/%	52.10	54.76	56.57	34.38	55.90	54.22	67.86	58.57
显著为负观测值占比/%	21.85	21.90	2.29	18.30	18.63	11.44	6.82	17.14
最小值	-0.569	-0.409	-0.240	-0.510	-0.449	-0.220	-0.963	-5.790
均值	-0.001	0.009	0.149	0.063	0.103	0.065	0.162	0.704
最大值	0.566	1.312	0.372	0.495	1.153	0.379	0.974	2.707
标准差	0.311	0.221	0.094	0.169	0.266	0.108	0.270	1.892

注：①显著性水平取 10%；②统计性描述仅限于在 10% 的显著性水平通过检验的系数。

七、结论与启示

本章基于中国 283 个地市级数据的研究发现，人口流动是中国城市住房上涨的因素之一。在中国城市化的进程中，大量的人口从农村或乡镇流入城市，产生了大量住房需求，从而推高了城市的住房价格；但从总体上来讲，对城市住房价格的影响程度不是很大。具体而言，在控制了城市经济发展水平和产业结构等因素后，流动人口占常住人口比例每提高 10 个百分点，将导致该城市的房价上升 0.67%；同时，流动人口对城市住房价格的影响存在明显的空间差异，从中国八大区域来看，流动人口对北部沿海、东部沿海和长江中游等地区的住房价格有显著的正向影响，而对东北地区、黄河中游和西南地区有负向效应，对南部沿海和西北地区无显著影响。进一步，结合时空地理加权回归分析发现，流动人口在时间上和空间对中国城市住房价格的影响具有明显的差异性，在时间上，除 2009 和 2011 年外，流动人口对中国城市住房价格的影响效应为正，且影响程度基本呈下降趋势；在空间上，流动人口对东部沿海和南部沿海地区的住房价格影响的差异化程度相对较小，而对东北和西北地区的差异化程度较大。

第八章 城市住房价格对人口 迁移流动的影响研究

一、引言与文献综述

(一)引言

国家卫计委《中国流动人口发展报告 2018》显示,中国流动人口在 2017 年年底达 2.44 亿,到 2020 年流动人口预计将达到 2.91 亿人。可以预见,大规模人口流动的趋势在未来很长一段时间内仍将持续。从人口流动格局来看,当前仍主要呈现出"乡→城""城↔城"两种趋势,一方面大量农民工持续涌入城市寻求工作的机会,另一方面城市间的人口流动规模加剧,流动人口高度积聚在长三角、珠三角、京津冀等沿海城市群(刘涛 等,2015)[1]。同时,中国房地产市场经历了二十多年的快速发展,随着住房价格不断升高,房价收入比持续上升(郭克莎、黄彦彦,2018)[2],高房价已经成为当前经济社会和人民生活普遍关注的话题,并成了人们选择就业或居住地点的重要考量因素(楚尔鸣、何鑫,2016)[3]。

---

① 李凯,刘涛,曹广忠. 城市群空间集聚和扩散的特征与机制:以长三角城市群、武汉城市群和成渝城市群为例 [J]. 城市规划,2016(2):18-26,60.
② 郭克莎,黄彦彦. 从国际比较看中国房地产市场发展的问题及出路 [J]. 财贸经济,2018(1):5-22.
③ 楚尔鸣,何鑫. 不同城市的房价是否具有相同的人口集聚效应:基于 35 个大中城市 PVAR 模型实证分析 [J]. 统计与信息论坛,2016(3):81-89.

流动人口作为流动的生产、消费要素，将带动各类资本的流通，从而给城市带来可持续发展的人力、物力和智力资源，赋予城市新的经济增长动能（陈钊、陆铭，2008）①。人口流入和集聚推动经济的发展，增加住房需求，从而拉升区域房价（孙焱林、张攀红，2015）②；而区域房价的上升在一定程度上又构成了对流动人口的筛选门槛，成为流动人口流入时必然要考虑的条件（王林、陈炜林，2018）③。然而有趣的现象是，东部沿海城市尤其是"北、上、广、深"等大城市在保持房价持续高位的同时，每年仍有大量的外来人口流入。那么，住房价格究竟如何作用于人口流动的，是否起到了显著性的抑制作用，如果存在，那么区域差异性和城市内部人群的去留意愿结构特征又是如何？上述问题不仅影响到我国的城市化进程，同时还关乎社会稳定和民生大局。对上述问题的科学研究，能够为政府出台差别化的人口调控政策和楼市调控政策，利用市场机制来实现劳动力资源的合理配置，从而为人口流动与房地产市场的均衡发展以及城市的可持续发展提供参考思路。

（二）文献综述

　　关于房价对人口流动的影响，国外学者大多考虑到房价与城市资源、收入的相关性，认为房价综合作用于人口流动。托马斯（Thomas，2006）研究了房价和工资对人口流动的影响，发现高房价并没有影响到人口流入，反而这类地区凭借其高工资吸引了大量的人才④。墨菲等（Murphy，2006）认为高昂的房价阻碍了因劳动力市场需求旺盛而吸引的移民，但是高房价城市的繁荣提高了住房的预期资本收益与个人的预期收入⑤。贝克 等（Baker，2016）将个人或家庭收入在社会收入分配中所占的比例处于最低的40%，且将可支配收入的30%用于支付租金或抵押贷款的个人或家庭划分为买不起房的群体，这类群体

---

　　① 陆铭，陈钊. 在集聚中走向平衡：城乡和区域协调发展的"第三条道路" [J]. 世界经济，2008（8）：57-61.

　　② 孙焱林，张攀红. 人口迁移、地方公共支出与房价相互间的影响 [J]. 城市问题，2015（5）：90-96.

　　③ 王林，陈炜林. 基于 PVAR 的住宅房价与区域间人口流动相互影响分析 [J]. 现代城市研究，2018（6）：9-15.

　　④ THOMAS A. The influence of wages and house prices on british interregional migration decisions [J]. Applied Economics，2006（7）：1261-1268.

　　⑤ MURPHY A，MVELLBALL [ER]，CAMERON G. Housing market dynamics and regional migration in Britain [J]. Economics，2006（11）.

倾向于移民到条件更差的地区①。加农加和肖格（Ganongand & Shoag，2017）也进一步指出低技能工人将收入的很大一部分用于住房，而不断上升的房价侵蚀了低技能工人的收入，使得其最终离开高收入地区②。

目前国内部分研究成果仍单独研究房价对人口流动的直接影响。李斌（2008）从流入地的"排斥力"角度出发，提出城市住房价格飙升提高了城市既有住房的价值，有利于拥有住房的城市居民，同时对外来人口构成排斥和筛选③。楚尔鸣等（2016）采用我国 35 个大中城市 2002—2013 年面板数据，构建 PVAR 模型分析得出在控制收入等其他因素的条件下，房价是导致人口流出的主要原因。中国经济增长前沿课题组等（2011）提出土地价格过快上涨导致城市的生产成本和生活成本快速上扬，从而阻碍了人口城市化④。刘志伟（2013）也进一步表示相对房价的升高将导致劳动力生活成本的增加，迫使劳动力流向房价相对更低的城市⑤。黄燕芬、张超（2018）认为商品房价格的上涨推高租金，从而增加了流动人口的经济负担，对此流动人口选择"用脚投票"，偏好流向房价更低的城市⑥。

然而值得注意的是，现实中似乎我国当前的高房价并没有阻碍人口的流入，以"北、上、广、深"为代表的大城市房价高企但仍有大量人口流入。因此，有部分国内学者结合城市资源、收入水平来综合研究房价对人口流动的影响，认为经济繁荣的城市房价往往会上涨，但同时城市产业的多样化与更多的收入增长机会会吸引年轻的高学历一代，进而房价并没有阻碍人口的流入，并不会使得高房价地区在吸引人口上处于劣势（林海波 等，2016）⑦。李超、

① BAKERE，BENTLEY R，LESTER L，et al. Housing affordability and re-sidential mobility as drivers of locational inequality. Applied Geography，2016（5）：65-75.

② GANONG P，SHOAG D. Why has regional income convergence in the U. S. [J]. Journal of Urban Economics，2017（7）：76-90.

③ 李斌. 城市住房价值结构化：人口迁移的一种筛选机制 [J]. 中国人口科学，2008（4）：53-60，96.

④ 中国经济增长前沿课题组，张平，刘霞辉. 城市化、财政扩张与经济增长 [J]. 经济研究，2011（11）：4-20.

⑤ 刘志伟. 城市房价、劳动力流动与第三产业发展：基于全国性面板数据的实证分析 [J]. 经济问题，2013（8）：44-47，72.

⑥ 黄燕芬，张超. 京津冀城市群住房价格波动溢出效应：基于单中心理论视角下的分析 [J]. 中国人口科学，2018（1）：30-33.

⑦ 林海波，梁艳，毛程连. 房价和知识移民吸引是两难吗：基于大中城市面板数据的分位数实证研究 [J]. 人口与经济，2016（1）：10-18.

张超（2018）则直接将房价作为中介变量，利用全国 35 个大中城市的面板数据进行实证检验城市资源对人口流动的影响，结果显示当房价上涨反映的是城市资源质量提升的信号时，城市的人口积聚程度会随着房价的上涨而提高，当房价过快上涨反映的是城市资源质量下降的信号时，城市的人口集聚程度会随着房价上涨而降低①。与本书更契合的张莉等（2017）认为高房价一方面意味着城市更好的发展前景、个人更匹配的工作机会和更大的财富增长空间，另一方面又意味着更加沉重的生活成本，因此房价对流动人口同时具有拉力和阻力。他们通过调查数据发现，房价上涨会对劳动力流动产生先吸引后抑制的倒"U"形驱动，当房价较低时，其上升的拉力作用占主导作用，当房价超过一定临界值时阻力作用增强成为主导力量②。遗憾的是，此研究并没有将流动人口收入水平纳入决策模型，然而现实却是不同收入水平的个体对房价变动的敏感程度不同，在高房价下会作出不同的迁移决策。

纵观过往研究，国内关于房价对人口流动影响的研究并不完善，最终的影响结果也存在争议。鉴于此，本章试图从宏观和微观两个角度入手，对房价作用于人口流动的机制进行综合分析，尤其是将收入因素纳入微观个体迁移决策模型中，分析房价变动对不同收入群体的影响。同时，过往研究关于流动人口的定义比较混乱，难以准确反应人口流动的状况，本书为流动人口明确了定义和更为科学的计算方式，相信对将来相关领域的研究具有一定的参考价值。

接下来本章将从宏观层面基于市级面板数据进行实证分析，利用微观数据对相关结论进行稳健性检验，最后进行小结。

---

① 李超，张超. 城市资源与人口集聚：房价的中介与调节效应 [J]. 华南师范大学学报（社会科学版），2018（5）：125-133.

② 张莉，何晶，马润弘. 房价如何影响劳动力流动 [J]. 经济研究，2017（8）：155-170.

二、基于宏观层面的实证分析

（一）模型设定

本章将基于城市层面的面板数据①直接研究房价与人口流动的关系，由于数据收集的限制，剔除了数据缺失较多的一些城市，最终使用的样本数据为286个地级市2005—2016年的面板数据。基本的面板模型设定如下：

$$\text{migrant}_{it} = \alpha_0 + \beta_1 \text{price}_{it} + \beta_2 X_{2t} + \cdots + \beta_j X_{jt} + u \qquad (8\text{-}1)$$

其中，i 表示城市，t 表示时间，u 为随机干扰项。migrant_{it} 作为被解释变量，表示人口流动；price_{it} 作为核心解释变量，表示住房价格。为了尽可能地减少因遗漏变量导致的偏误，在模型中控制一组城市特征变量和一组城市基础设施与公共服务变量，其中城市特征变量包括就业密度、产业结构、高新产业、投资比重4项，城市基础设施与公共服务变量包括人均用水、人均床位、人均教师和人均绿地4项。人口流动、城市特征变量和城市基础设施与公共服务变量的数据均来自《中国城市统计年鉴》，住房价格相关数据来自于 Wind 数据库，具体处理方法如下：

（1）人口流动。本章选取净流入人口作为人口流动的代理变量，具体计算方法为基于2005—2016年的《中国城市统计年鉴》，根据当年城市城区的地区生产总值和地区人均生产总值得到各城市常住人口，再用常住人口减去各城市城区的户籍人口，最终得到城区净流入人口②。

（2）住房价格。由于各城市住宅销售价格的数据无法直接获取，因此采用住宅平均销售价格作为其代理变量，根据 Wind 数据库中各个城市历年的住宅销售总额和住宅销售面积，计算两者的比值来获得各个城市不同年份的住宅

---

① 在数据整理的过程中存在较多的问题，包括行政区划改革，以及西部的部分城市数据缺失，对于此类变量我们一并舍弃。同时，对于具有明显错误的变量，我们通过对照多个数据库进行校正或者通过差值法来进行填充。

② 净流入人口＝户口在本辖区外但在本辖区居住半年以上＋户籍迁入人口－户籍迁出人口＝常住人口－（户口在本辖区人也在本辖区居住＋户口在本辖区但离开本辖区半年以下的人）＋户籍迁入人口－户籍迁出人口＝常住人口－（上年户籍人口＋户籍迁入人口－户籍迁出人口＋户籍人口自然增长）＋户籍迁入人口－户籍迁出人口＝常住人口－上年户籍人口－户籍人口自然增长。

平均销售价格。

（3）城市特征。本章通过城区的第二产业和第三产业就业人口与建成区面积之比得到就业密度；通过城区第二产业产值与第三产业产值的比值得到产业结构；选择城区计算机服务、金融和科教行业的从业人员占城区总从业人员的比重来反映城市高新技术发展状况；选择城区固定资产投资总额占城区总产值的比重来反映固定资产投资占比。

（4）城市基础设施与公共服务变量。人均用水为居民生活用水总量与城区常住人口的比值；人均床位为城区医疗单位总床位数与城区常住人口的比值；教师数为城区普通中学教师数与城区常住人口的比值；人均绿地为公园绿地面积与城区常住人口的比值。

以上所有解释变量均取对数。

（二）描述性统计分析

表 8-1 为所有数据经处理以后的描述统计。

表 8-1　变量描述统计

变量名称	单位	观测值	均值	标准差	最小值	最大值
净流入人口	万人	2 325	16.914 9	93.056 5	-133.256 1	1 513.537
住房价格	元	2 535	8.039	0.571	6.155	10.72
就业密度	万人/平方千米	2 920	-1.584	0.442	-7.801	0.093 9
产业结构	—	2 934	-0.174	0.506	-2.361	1.573
高新产业	—	2 919	1.665	0.831	-0.446	5.807
投资占比	—	2 868	-0.487	0.478	-10.25	1.722
人均用水	万吨/万人	2 895	4.273	0.725	-8.048	7.087
人均床位	张/万人	2 898	3.952	0.508	-8.145	6.608
人均教师	人/万人	2 899	3.695	0.342	-7.838	5.870
人均绿地	公顷/万人	2 878	1.880	0.690	-10.37	6.357

（三）初步回归分析

住房价格与人口流动之间存在复杂的相互关系，就住房价格对人口流动的作用而言：一方面，高房价加重了居民生活的负担，增加了流动人口的生活成本，可能会抑制人口的流入；另一方面，高房价可能与更高的收入和更丰富的城市资源挂钩，能够带来更多的收益，可能会吸引人口的流入，因此，人口最终是否流入取决于其对成本和收益的权衡。就人口流动对住房价格的作用而言：一方面，大量的人口流入会增加住房的需求，从而推高房价；另一方面，人口流入给房地产开发商带来房屋需求上升的预期，进而增加住房供给，平抑房价。因此，人口流动对住房价格的影响取决于住房供给与需求的相对状况。

为了消除内生性的影响，避免结果出现偏误，我们采用人均土地出让面积作为住房价格的工具变量[①]。在土地国有的背景下，我国各个城市的土地供应受到中央和省级政府的严格管控，土地出让作为政策变量，本身即是外生的，不会受到人口流动的影响，也不会直接影响人口流动[②]。同时，商品住宅开发的土地本身必须经由出让的方式供应，因此，人均土地出让面积将直接影响可用于住宅开发的土地量，进而影响住房价格。

表 8-2 中 3 个回归均是以人均土地出让面积作为住房价格的工具变量，回归（1）为采用工具变量的混合回归，回归（2）为采用工具变量的面板数据固定效应模型，回归（3）为采用工具变量的面板数据随机效应模型。回归结果显示，住房价格的系数均在 1% 的水平下显著为负，说明在控制城市特征、基础设施与公共服务的条件下，仅直观地从房价来看，高房价对人口净流入具有明显的抑制作用。可以理解为，在控制了城市的基本特征以后，假如"北上广深"等城市的房价没有现在这样高，那么将会有更多的人口涌入到这些城市里。

表 8-2　住房价格对人口流动的回归

	（1）	（2）	（3）
方法	混合回归	固定效应	随机效应
变量	人口流动	人口流动	人口流动
住房价格	-199.8***	-70.40***	-81.92***
	(74.54)	(26.49)	(28.79)

---

① 陆铭，张航，梁文泉. 偏向中西部的土地供应如何推升了东部的工资［J］. 中国社会科学，2015（5）：59-83，204-205.

② 2016 年 12 月召开的中央经济工作会议明确指出："要落实人地挂钩政策，根据人口流动情况分配建设用地指标"，但是本章的数据只到 2016 年，因此并不影响本章中人均土地出让面积作为房价工具变量的有效性。

表8-2(续)

	(1)	(2)	(3)
就业密度	14.23*	-13.62	-15.39
	(8.096)	(9.297)	(9.394)
产业结构	26.76***	1.169	3.478
	(8.749)	(4.795)	(4.630)
高新产业	111.9***	148.7***	128.5***
	(25.29)	(31.08)	(23.72)
投资占比	5.477	7.704*	11.47**
	(11.57)	(4.381)	(5.358)
人均用水	5.578	-30.18***	-31.83***
	(5.295)	(5.226)	(6.095)
人均床位	-34.86***	-10.67	-3.063
	(7.661)	(8.501)	(9.867)
人均教师	-126.2***	-84.37***	-86.85***
	(19.09)	(7.497)	(7.367)
人均绿地	49.34***	8.478	13.09**
	(15.35)	(5.249)	(5.960)
常数	1 963***	791.4***	893.3***
	(599.6)	(141.5)	(169.7)
观测值	1 860	1 860	1 860

注:"***""**""*"分别代表1%、5%和10%的水平下显著。

在城市特征层面,就业密度、产业结构、高新产业与投资占比均对人口净流入有着显著的正向作用。就业密度越高,代表劳动生产率越高,城市经济发展驱动力越强,越能吸引人口流入。工业尤其是制造业是吸纳外来人口的最主要的行业,第二产业产值比重越高,代表城市劳动力需求越大,越能吸引劳动力流入。而高新技术产业已经成为地区经济发展的重要推动力,高新技术产业越发达,地区经济增长越快,社会的就业机会和岗位需求也越多,越能吸引人口的流入。从表8-2可以看出,在控制其他因素的条件下,城市特征层面,对流动人口的正向拉动作用最强的为高新产业，在一定程度上体现出高新技术产业的发展已经成为一个城市提高竞争力从而吸引人口流入，最终实现经济可持续增长的重要因素。

城市基础设施条件越完善以及公共服务水平质量越高，往往越能推动经济的发展，增加就业岗位和收入，最终吸引人口的流入。然而现实中拥有完善的基础设施和高质量的公共服务的城市往往同时拥有庞大的城市人口基数，例如当前的一、二线大城市，出现完善的城市基础设施、高水平的公共服务与极高的人口密度并存的现象。庞大的城市人口基数"稀释"了城市的各类资源，表现为设施越完善、公共服务水平越高的城市人均资源反而越少。因此，当落脚到个体水平上时，反而可能呈现出人均资源越少，越能吸引人口流入的现象。从表8-2的结果来看，人均用水、人均床位、人均教师的系数显著为负，与推断的结果相符合。

上述回归并未将收入考虑进去，鉴于房价与收入之间有着极强的相关性，接下来采用房价收入比再次进行回归。房价收入比已经成为综合反映房价高低和居民房屋购买力的重要指标之一。一般来说，房价收入比越大，居民购房压力越大，房屋购买力越低。本章通过住宅平均销售价格除以城市居民家庭人均可支配收入获得房价收入比。

从表8-3的结果来看，房价收入比的系数均在1%的水平下显著为负，说明在控制其他因素的条件下，房价收入比的上升将会显著地抑制人口净流入。当房价上涨的速度大于收入上涨的速度时，会加重人口的购房压力，在一定程度上降低人口的房屋购买力，最终促使流动人口放弃流入或选择流出。现实中，2014年年底以来，中国人民银行宣布降息，推出去库存政策，大量资金流入楼市，房价涨幅不断扩大。与此同时，在面对经济下滑的压力下，我国家庭人均可支配收入增速持续处于低位徘徊，由此导致我国房价收入比自2014年开始持续上行，最终可能导致我国整个城市化进程放缓。

表8-3　房价收入比对人口流动的回归

	（1）	（2）	（3）
方法	混合回归	固定效应	随机效应
变量	人口流动	人口流动	人口流动

表8-3(续)

	（1）	（2）	（3）
房价收入比	−143.8***	−65.33***	−64.44***
	（27.55）	（22.94）	（20.86）
就业密度	23.62***	23.81***	23.60***
	（5.945）	（8.844）	（8.112）
产业结构	13.70***	−2.170	−2.163
	（4.187）	（4.699）	（4.346）
高新产业	25.03***	−11.88	−9.591
	（5.018）	（28.81）	（25.78）
投资占比	−38.38***	−7.365**	−7.441**
	（5.242）	（3.750）	（3.478）
人均用水	16.48***	−20.89***	−20.55***
	（4.141）	（4.106）	（3.809）
人均床位	−62.57***	−46.86***	−46.80***
	（7.517）	（7.721）	（7.123）
人均教师	−75.16***	−74.60***	−74.84***
	（8.425）	（7.534）	（6.945）
人均绿地	−11.93**	−11.75***	−11.67***
	（5.753）	（4.327）	（3.985）
常数	−720.3***	101.6	103.2
	（211.0）	（123.5）	（119.4）
观测值	1 842	1 842	1 842

注："***""**""*"分别代表1%、5%和10%的水平下显著。

（四）子样本回归分析

为了研究住房价格对人口流动的影响是否存在区域异质性，本章接下来按一定的划分标准①，将样本分为东、中、西3大区域分别进行回归。表8-4中的3个回归均采用住房价格作为主要解释变量，仍然选择人均土地出让面积作为住房价格的工具变量，采用面板数据固定效应模型进行回归。其中回归（1）为东部地区的城市，回归（2）为中部地区的城市，回归（3）为西部地区的城市。从表8-4可以看出，在控制其他因素的条件下，东部地区住房价格的系数显著为负；中部地区住房价格系数为负但不显著；西部地区住房价格的系数虽然显著为负，但是系数本身的绝对值远小于东部地区系数的绝对值。总的来看，住房价格对人口净流入的抑制作用在东部最强，中、西部逐渐减弱甚至不显著，这可能是由于当前中西部地区房价仍远低于东部地区导致的。

表8-4 住房价格对人口流动分区域回归

区域	（1）	（2）	（3）
	东部	中部	西部
变量	人口流动	人口流动	人口流动
住房价格	−171.8*	−17.76	−35.75**
	(89.08)	(16.49)	(17.68)
就业密度	−6.388	−6.618	−8.709
	(21.05)	(6.375)	(6.990)
产业结构	63.98***	−5.792**	−10.35***
	(21.87)	(2.827)	(3.993)
高新产业	272.9***	60.27***	62.50***
	(102.3)	(18.06)	(21.72)
投资占比	−2.000	7.022*	2.534
	(13.63)	(4.007)	(2.517)
人均用水	−75.26***	−9.430***	−9.684***
	(17.50)	(3.169)	(3.749)

---

① 借鉴《中国卫生统计年鉴》的划分标准：东部地区包括北京、天津、河北、辽宁、上海、江苏、浙江、福建、山东、广东、海南11个省（市），中部地区包括黑龙江、吉林、山西、安徽、江西、河南、湖北、湖南8个省，西部地区包括内蒙古、广西、重庆、四川、贵州、云南、西藏、陕西、甘肃、青海、宁夏、新疆12个省（区、市）。

表8-4(续)

	（1）	（2）	（3）
人均床位	−45.32*	−8.259	3.045
	（24.69）	（6.631）	（4.972）
人均教师	−135.8***	−33.90***	−29.85***
	（22.08）	（5.339）	（6.001）
人均绿地	14.39	−1.967	6.711
	（11.95）	（3.783）	（4.137）
常数	1,934***	243.2***	307.8***
	（482.5）	（88.69）	（98.45）
观测值	606	707	547

注："***""**""*"分别代表1%、5%和10%的水平下显著。

城市特征层面，从产业结构来看，中、西部地区产业结构的系数显著为负，这与当前中、西部区域产业所处的发展阶段有关，中、西部地区对第二产业尤其是制造业的依赖度高，且产业正处于从劳动密集型向资金密集型和技术知识密集型转型阶段，随着劳动生产率不断提高，整个产业的产值也不断增长，但对劳动力的需求却相对减少，反而不利于吸引人口流入。值得注意的是，东、中、西三大区域中，高新产业的系数均显著为正，且东部地区高新产业的系数最大，表明东部地区的高新产业对流动人口的吸引作用比中西部地区更强。

本章接下来选择房价收入比来分区域采用固定效应模型进行回归，从表8-5可以看出，东、中、西区域房价收入比的系数均显著为负，说明无论是东、中、西哪个区域，房价收入比上升带来人口购房压力的上升，均显著地抑制人口净流入。具体来看，东部地区房价收入比的系数更大，显著性更强，中、西部地区房价收入比的系数较小，显著性也有所降低。

表8-5　房价收入比对人口流动分区域回归

	（1）	（2）	（3）
区域	东部	中部	西部
变量	人口流动	人口流动	人口流动

表8-5（续）

	（1）	（2）	（3）
房价收入比	-148.2***	-23.56***	-36.46*
	（42.06）	（8.370）	（19.82）
就业密度	58.19***	5.947	8.456
	（18.58）	（4.360）	（6.549）
产业结构	19.82	-6.250**	-7.795**
	（15.17）	（2.627）	（3.643）
高新产业	-99.74	13.75	-25.20
	（54.06）	（10.81）	（25.85）
投资占比	-26.07**	-1.607	-3.353
	（10.72）	（2.706）	（2.313）
人均用水	-58.47***	-6.378***	-4.574
	（12.78）	（2.449）	（3.034）
床位	-118.5***	-22.11***	-11.45**
	（18.10）	（4.436）	（5.008）
教师数	-129.6***	-27.62***	-23.27***
	（18.66）	（4.610）	（6.363）
人均绿地	-14.07*	-8.694***	-6.174
	（8.202）	（2.613）	（3.947）
常数	308.1	29.95	-97.93
	（221.3）	（47.53）	（118.7）
观测值	603	698	541

注："***""**""*"分别代表1%、5%和10%的水平下显著。

三、基于微观层面的实证分析

（一）模型设定

从宏观数据回归结果来看，无论是住房价格，还是房价收入比的上升，都会对人口流动具有显著的抑制作用。接下来本章将从微观的角度建立模型以检验微观个体对于城市的居留意愿的选择，这也是从另外一个层面对宏观层面的结果进行了进一步的验证。

模型的被解释变量为流动人口的居留意愿（stay），根据流动人口有无在流入城市长期居住的打算来确定流动人口居留意愿，当流动人口有长期居住打算时定义变量 stay 为 1，当流动人口并无长期居住打算时定义 stay 为 0。同样采用住房价格的对数 lnprice 来衡量房价水平，lnincome 为流动人口上个月收入的对数。其他控制变量包括流动人口婚姻状况 married、流动人口年龄 age、流动人口年龄平方 age^2、流动人口受教育年限 edu①，其中婚姻状况为虚拟变量，取已婚为 1，未婚为 0。

通常情况下，考虑房价对流动人口居留意愿的影响为线性模型：

$$stay = \alpha\ lnprice + \beta Z + \varepsilon \tag{8-2}$$

此模型实际上假设了房价对所有人居留意愿的影响是相同的，但是现实生活中，同样的房价对不同收入水平的人群居留意愿的影响可能是不同的。一般来说，高收入人群对房价变动的承受能力更强，低收入人群对房价变动的承受能力相对弱一些，但是低收入人群往往购房意愿不强，因此受房价变动的冲击有限。因此，我们假设房价对不同收入水平人群的居留意愿的影响效果是不一样的，或者说房价对流动人口居留意愿的影响效果是随着收入水平的变化而变化的，即房价的影响效果是关于收入（lnincome）的函数，具体模型为

$$stay = \alpha(lnincome) * lnprice + \beta Z + \varepsilon \tag{8-3}$$

上述模型即是所谓的半参数变系数部分线性模型，采用剖面最小二乘法估计上述模型。具体步骤如下：

---

① 记小学受教育年限为 6 年，初中受教育年限为 9 年，高中及中专受教育年限为 12 年，大专受教育年限为 15 年，大学本科受教育年限为 16 年，研究生受教育年限为 19 年。

式（8-3）可以写作：

$$\text{stay}^* = \alpha(\text{lnincome}) * \text{lnprice} + \varepsilon \qquad (8-4)$$

其中 $\text{stay}^* = \text{stay} - \beta Z$。

这样就将半参数变系数部分线性模型转变为一个变系数模型，可以采用局部线性回归来估计系数函数 α（lnincome），对某一 lnincome_0 的一个小区间内的 lnincome，α（lnincome）可以通过 Taylor 展开式：

$$\alpha\,\text{lnincome} = \alpha(\text{lnincome}_0) + \alpha'(\text{lnincome}_0) * (\text{lnincome} - \text{lnincome}_0)$$
$$= a + b \cdot (\text{lnincome} - \text{lnincome}_0)$$

来逼近。

此时问题变为求下面的加权局部最小二乘问题的求解：

$$\sum_{k=1}^{n} \left[\text{stay}^* - \{a + b(\text{lnincome}_k - \text{lnincome}_0)\} \cdot \text{lnprice} \right]^2 K_h(\text{lnincome}_k - \text{lnincome}_0) \qquad (8-5)$$

其中 K 是一个核函数，h 为窗宽，文中采用实证偏差方法（Ruppert，1997）[①] 来选择窗宽，benwe $K_h(\cdot) = K(\cdot/h)/h$。

记 $\mathbf{Y} = (\text{lnincome}_1, \cdots, \text{lnincome}_n)^T$，$\mathbf{Z} = (\mathbf{Z}_1, \cdots, \mathbf{Z}_n)^T$，$\mathbf{Z}_i = (Z_{i1}, \cdots, Z_{iq})^T$，$\mathbf{X} = (\mathbf{X}_1, \cdots, \mathbf{Z}_n)^T$，$\mathbf{X}_i = (X_{i1}, \cdots, X_{iq})^T$，

$\mathbf{W}_{\text{lnincome}} = \text{diag}(K_h(\text{lnincome}_1 - \text{lnincome}), \cdots, K_h(\text{lnincome}_n - \text{lnincome}))$，

那么式（8-5）可以写成：

$$\mathbf{M} - \begin{pmatrix} \alpha(\text{lnincome}_1) \cdot \text{lnprice}_1 \\ \vdots \\ \alpha(\text{lnincome}_n) \cdot \text{lnprice}_n \end{pmatrix}, \quad \mathbf{D}_{\text{lnincome}} = \begin{pmatrix} \mathbf{X}_1^T & \dfrac{\text{lnincome}_1 - \text{lnincome}}{h}\mathbf{X}_1^T \\ \vdots & \vdots \\ \mathbf{X}_n^T & \dfrac{\text{lnincome}_1 - \text{lnincome}}{h}\mathbf{X}_1^T \end{pmatrix}$$

那么式（8-5）可以写成：

$$\mathbf{Y} - \mathbf{Z}\boldsymbol{\beta} = \mathbf{M} + \boldsymbol{\varepsilon}$$

可以得到式（8-5）的解为

$$[\hat{a}(\text{lnincome}), h\hat{b}(\text{lnincome})]^T = \{\mathbf{D}_{\text{lnincome}}^T \mathbf{W}_{\text{lnincome}} \mathbf{D}_{\text{lnincome}}\}^{-1} \mathbf{D}_{\text{lnincome}}^T \mathbf{W}_{\text{lnincome}} (\mathbf{Y} - \mathbf{Z}\boldsymbol{\beta})$$

那么 $\mathbf{M}$ 的估计量为

① REPPERT D, SHEATHER S J, WAND M P. An effective bandwidth selector for local least squares regression [J]. Journal of the American Statistical Association, 1995: 1257-1270.

$$\hat{\mathbf{M}} = \begin{pmatrix} \begin{bmatrix} \mathbf{X}_1^T & 0 \end{bmatrix} \left\{ \left\{ \mathbf{D}_{\text{lnincome}_1}^T \mathbf{W}_{\text{lnincome}_1} \mathbf{D}_{\text{lnincome}_1} \right\}^{-1} \mathbf{D}_{\text{lnincome}_1}^T \mathbf{W}_{\text{lnincome}_1} \right\} \\ \vdots \\ \begin{bmatrix} \mathbf{X}_n^T & 0 \end{bmatrix} \left\{ \left\{ \mathbf{D}_{\text{lnincome}_n}^T \mathbf{W}_{\text{lnincome}_n} \mathbf{D}_{\text{lnincome}_n} \right\}^{-1} \mathbf{D}_{\text{lnincome}_n}^T \mathbf{W}_{\text{lnincome}_n} \right\} \end{pmatrix} (\mathbf{Y} - \mathbf{Z}\boldsymbol{\beta}) = \mathbf{S}(\mathbf{Y} - \mathbf{Z}\boldsymbol{\beta})$$

其中是 S 一个平滑矩阵，仅依赖于 $\{(lnincome, \mathbf{X}_i^T), i = 1, \cdots, n\}$，将 $\hat{\mathbf{M}}$ 代入，可以得到

$$(1 - \mathbf{S})\mathbf{Y} = (1 - \mathbf{S})\mathbf{Z}\boldsymbol{\beta} + \boldsymbol{\varepsilon}$$

其中是 S 一个平滑矩阵，仅依赖于 $\{(lnincome, \mathbf{X}_i^T), i = 1, \cdots, n\}$，将 $\hat{\mathbf{M}}$ 代入，可以得到

$$(1 - \mathbf{S})\mathbf{Y} = (1 - \mathbf{S})\mathbf{Z}\boldsymbol{\beta} + \boldsymbol{\varepsilon}$$

最小二乘法求解得到

$$\hat{\beta} \left\{ \mathbf{Z}^T (1 - \mathbf{S})^T (1 - \mathbf{S}) \mathbf{Z} \right\}^{-1} \mathbf{Z}^T (1 - \mathbf{S})^T (1 - \mathbf{S}) \mathbf{Y}$$

代入式可得

$$\hat{\mathbf{M}} = \mathbf{S}(\mathbf{Y} - \mathbf{Z}\hat{\boldsymbol{\beta}})$$

（二）描述性统计分析

我们利用 2012 年、2014 年以及 2015 年《全国流动人口卫生计生动态监测调查》数据与《区域统计年鉴》数据进行匹配，得到一个流动人口混合微观数据库。全国流动人口卫生计生动态监测调查是国家卫生计生委开展的流入地监测工作，覆盖全国 31 个省（区、市）和新疆建设兵团，总样本量 20 万人，涉及 50 万流动人口。《区域统计年鉴》包含各城市商品房销售额和商品房销售面积，可以得到住房价格相关数据。模型所涉及的数据的描述性统计如表 8-6 所示。

表 8-6　变量描述性统计

变量	单位	观测值	均值	标准差	最小值	最大值
居留意愿	—	307 582	0.882	0.322	0	1
收入	元	378 004	3 608	4 776	0	1 500 000
年龄	周岁	438 086	34.14	9.759	15	92
婚姻状况	—	438 085	0.773	0.419	0	1
受教育年限	年	438 086	10.03	2.719	0	19

（三）实证结果分析

图 8-1 描述了全国层面住房价格对流动人口居留意愿的影响与流动人口收入之间的关系，从图中可以明显看出，在不同收入水平下，房价对流动人口居留意愿的影响呈现出"U"形，在满足显著性的条件下，住房价格对流动人口居留意愿的系数始终为负。由此可以得出，在全国层面上，住房价格上升将会显著地降低流动人口的居留意愿，这在一定程度上证实了前文宏观模型所得出的结论，即房价对人口净流入具有显著的抑制作用，房价上升，流动人口往往放弃流入城市或选择流出。但对不同收入水平的流动人口而言，住房价格抑制作用的强度不同，收入较高和收入较低的群体，其居留意愿受房价的影响相对较小，就收入最高的群体而言，此类群体对房价压力的承受能力强，更愿意追求高质量的工作和生活环境，而房价越高的城市就业机会越丰富，收入越高，城市配套生活资源质量也越高，因此高房价背后的收益可能在一定程度上缓解了高房价对该类群体居留意愿的抑制作用；就收入最低的群体而言，此类群体大部分从事需要专业技能少的工作，本身并没有在大城市买房的意愿与需求，因此受房价的冲击影响较小。

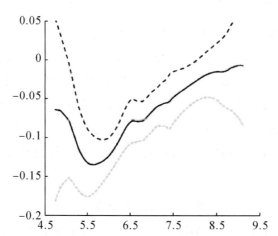

图 8-1　全国层面房价对流动人口居留意愿的系数与流动人口收入之间关系

接下来本章分别针对北京、上海、广州、深圳 4 个城市再次进行估计，图 8-2 依次描述了北京、上海、广州、深圳 4 个城市流动人口居留意愿的影响与流动人口收入之间的关系。从 8-2 可以得到两点信息，这 4 个城市中，不同收入水平下，流动人口居留意愿仍然全部呈现出"U"形，且全部位于 X 轴的上方。需要注意的是，这里的"U"形曲线仅反映收入水平与流动人口居留意愿的关系，并不是图 8-1 中关于房价的系数。第一，收入水平与居留意愿的关系呈现先降后增的"U"形关系，正是每个城市内部收入水平与居留意愿的关系，形成了全国层面收入水平作为房价的系数的"U"形关系。第二，由于这四个城市的平均工资水平已远超其他各个城市拐点处的收入水平，从而呈现的结果就是人口仍然向北、上、广、深聚集。导致这种现象出现的原因可能是这 4 个城市高房价的背后，是更为丰富的就业机会、更高质量的医疗教育资源、更为广阔的发展前景，不但抵消了房价本身对人口居留意愿的抑制作用，反而还会促使人口在城市中居留，尤其是对城市资源和就业前景更为敏感的高收入群体。

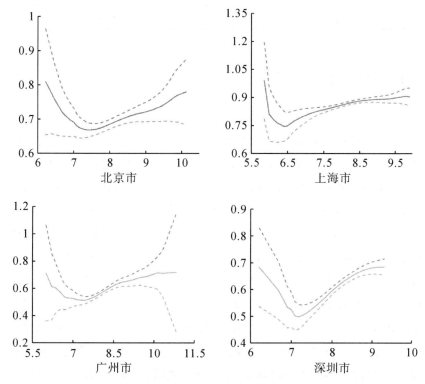

图 8-2　北、上、广、深房价对流动人口居留意愿的系数与流动人口收入的关系

表 8-7 汇报了其他控制变量的系数估计结果，流动人口年龄的系数显著为正，而年龄的平方的系数显著为负，表明在控制其他因素的条件下，流动人

口的年龄与居留意愿的关系呈倒"U"形，拐点大概位于 33 周岁，当年龄小于 33 周岁时，流动人口的居留意愿随着年龄越大而越强，当年龄大于 33 周岁时，流动人口的居留意愿随年龄越大而越弱；婚姻状况的系数显著为正，表明流动人口中已婚比未婚的居留意愿更大；受教育年限的系数显著为正，表明在控制其他因素的条件下，流动人口的受教育程度越高，越倾向于留在城市。

表 8-7 其他控制变量的参数估计系数

常数项	0.649 9
年龄	0.005 9
年龄的平方	−0.000 08
婚姻状况	0.057 9
受教育年限	0.004 5

四、结论与启示

本章旨在考察住房价格对人口流动的综合作用机制。宏观层面，基于 2005—2016 年 286 个地级市的面板数据分析得出，住房价格和房价收入比的上升，均显著地抑制人口的净流入，抑制作用表现为从东部到西部逐渐减弱。微观层面，采用半参数变系数部分线性回归模型分析了住房价格上涨对不同收入群体居留意愿的影响，对宏观结果进行了稳健性检验。结果显示，住房价格上涨对不同收入群体居留意愿的影响呈现出"U"形，低收入群体往往没有购房的需求，而高收入群体对房价的承受能力更强；北上广深 4 个城市流动人口收入水平与居留意愿的关系也呈现先降后增的"U"形关系，由于这 4 个城市的平均工资水平已远超其他各个城市拐点处的收入水平，从而呈现的结果就是人口仍然向北上广深聚集。证实了宏观实证结果，同时也在一定程度上解释了为何高房价和高收入现象并存的东部沿海城市不断吸引大量人口流入并常住。

参考文献

［1］国务院关于印发在全国城镇分期分批推行住房制度改革实施方案的通知［EB/OL］.（1988-02-25）［2019-04-22］. https://mall. cnki. net/magazine/Article/SCZB198804000. htm.

［2］国务院关于进一步深化城镇住房制度改革加快住房建设的通知［EB/OL］.（1988-07-03）［2019-04-24］. https://xuewen. cnki. net/CJFD-SCZB199823001. html.

［3］国务院关于促进房地产市场持续健康发展的通知［EB/OL］.（2003-08-12）［2019-04-24］. http://www. gov. cn/test/2005-06/30/content_ 11344. htm.

［4］马忠东. 改革开放40年中国人口迁移变动趋势：基于人口普查和1%抽样调查数据的分析［J］. 中国人口科学，2019（3）：16-28.

［5］李文宇，陈健生，刘洪铎. 为什么区域政策越来越重视"抢人"：基于一个拓展的线性模型研究［J］. 中央财经大学学报，2019，377（1）：100-110.

［6］陈钊，陆铭. 从分割到融合：城乡经济增长与社会和谐的政治经济学［J］. 经济研究，2008（1）：22-33.

［7］王桂新，黄祖宇. 中国城市人口增长来源构成及其对城市化的贡献：1991—2010［J］. 中国人口科学，2014，34（2）：2-16.

［8］陆铭，欧海军，陈斌开. 理性还是泡沫：对城市化、移民和房价的经验研究［J］. 世界经济，2012（1）：32-56.

［9］陈斌开，张川川. 人力资本和中国城市住房价格［J］. 中国社会科学，2016（5）：43-64.

［10］王俊豪. 管制经济学原理［M］. 2版. 北京：高等教育出版社，2014.

［11］刘洪玉，郑思齐. 住宅资产：居民家庭资产组合中的重要角色［J］. 经济与管理研究，2003（4）：39-41.

[12] 甘犁，尹志超，贾男，等. 中国家庭资产状况及住房需求分析 [J]. 金融研究，2013（4）：1-14.

[13] 吴忠观. 人口科学辞典 [M]. 成都：西南财经大学出版社，1997.

[14] 中华人民共和国建设部. 房屋登记办法 [M]. 北京：中国建筑工业出版社，2008.

[15] 余凯. 我国寡头垄断下的房地产价格形成机制研究 [J]. 城市发展研究. 2007（3）：63-71.

[16] 黄振宇. 中国住宅市场结构与住宅价格的关系分析 [J]. 宏观经济研究. 2010（5）：50-55.

[17] 郑思齐. 住房需求的微观经济分析：理论与实证 [M]. 北京：中国建筑工业出版社，2007.

[18] 温海珍. 城市住宅的特征价格：理论分析与实证研究 [M]. 北京：经济科学出版社，2005.

[19] 马思新，李昂. 基于 Hedonic 模型的北京住宅价格影响因素分析 [J]. 土木工程学报，2003（9）：59-64.

[20] 邱少君. 我国房地产市场的分化及其趋势 [J]. 中国房地产，2014（7）：33-35.

[21] 王京海，孙晨，姚婉，等. 公共服务设施可达性对房价影响及其空间解读：以南京市鼓楼区与建邺区为例 [J]. 2015 中国城市规划年会，2015：384-393.

[22] 梁云芳，高铁梅. 中国房地产价格波动区域差异的实证分析 [J]. 经济研究，2007（8）：133-142.

[23] 魏玮，王洪卫. 房地产价格对货币政策动态响应的区域异质性：基于省际面板数据的实证分析 [J]. 财经研究，2010（6）.

[24] 袁科，冯邦彦. 货币政策传导对区域房地产市场非对称性效力研究 [J]. 南方金融，2007（9）：20-22.

[25] 王先柱，毛中根，刘洪玉. 货币政策的区域效应：来自房地产市场的证据 [J]. 金融研究，2011（9）：42-53.

[26] 余华义，黄燕芬. 货币政策效果区域异质性、房价溢出效应与房价对通胀的跨区影响 [J]. 金融研究，2015（2）：95-113.

[27] 刘学良. 中国城市的住房供给弹性、影响因素和房价表现 [J]. 财贸经济，2014（4）：125-137.

［28］陆铭, 张航, 梁文泉. 偏向中西部的土地供应如何推升了东部的工资［J］. 中国社会科学, 2015 (5)：60-84.

［29］韩立彬, 陆铭. 供需错配：解开中国房价分化之谜［J］. 世界经济, 2018, 41 (10)：126-149.

［30］倪鹏飞. 货币政策宽松、供需空间错配与房价持续分化［J］. 经济研究, 2019, 54 (8)：87-102.

［31］吴晙. 中国城市住房价格短期波动规律研究［D］. 北京：清华大学, 2009.

［32］冯皓, 陆铭. 通过买房而择校：教育影响房价的经验证据与政策含义［J］. 世界经济 (12)：91-106.

［33］刘洪玉, 郑思齐. 城市与房地产经济学［M］. 北京：中国建筑工业出版社, 2007.

［34］白钦先, 主父海英. 我国房地产业的金融负外部性考察［J］. 经济评论, 2011 (6)：97-103.

［35］中华人民共和国建设部. 房地产市场信息系统技术规范：CJJ/T 115-2007［S］. 北京：中国建筑工业出版社, 2007.

［36］谢家瑾. 房地产这十年：房地产风雨兼程起起伏伏之内幕［M］. 北京：中国市场出版社, 2009.

［37］位志宇, 杨忠直. 长三角房价走势的趋同性研究［J］. 南京师大学报 (社会科学版), 2007 (3)：43-48.

［38］贺京同, 战呈宁, 万志华. 房地产市场中的羊群行为及其对商品房交易量的影响［J］. 浙江大学学报 (人文社会科学版), 2009 (2)：172-180.

［39］况伟大. 房价变动与中国城市居民消费［J］. 世界经济, 2011 (10)：21-34.

［40］李春风, 陈乐一, 刘建江. 房价波动对我国城镇居民消费的影响研究［J］. 统计研究, 2013 (2)：14-22.

［41］杜莉, 沈建光, 潘春阳. 房价上升对城镇居民平均消费倾向的影响：基于上海市入户调查数据的实证研究［J］. 金融研究, 2013 (3)：44-57.

［42］林江, 周少君, 魏万青. 城市房价、住房产权与主观幸福感［J］. 财贸经济, 2012 (5)：114-120.

［43］陈彦斌, 邱哲圣. 高房价如何影响居民储蓄率和财产不平等［J］. 经济研究, 2011 (10)：25-38.

［44］罗时空，周亚虹. 房价影响企业投资吗：理论与实证［J］. 财经研究，2013（8）：133-144.

［45］夏高发. 高房价对大学毕业生择业的影响［J］. 中国青年研究，2011（6）：56-59.

［46］郑翔. 中国房地产开发用地政府管制研究［M］. 北京：北京交通大学出版社，2011.

［47］王松涛，刘洪玉. 土地供应政策对住房供给与住房价格的影响研究［J］. 土木工程学报，2009（10）：117-121.

［48］任荣荣，刘洪玉. 土地供应对住房价格的影响机理：对北京市的实证研究［J］. 价格理论与实践，2007（10）：40-41.

［49］任荣荣，刘洪玉. 土地供应对住房供应的影响研究［J］. 建筑经济，2008（3）：25-27.

［50］黄忠华，虞晓芬，杜雪君. 土地供应对住房价格影响的实证研究：上海市为例［J］. 经济地理，2009（4）：625-627+634.

［51］杜江，许多，李恒. 中国大中城市地价对房价影响的实证研究［J］. 重庆大学学报（社会科学版），2011（1）：30-34.

［52］白忠菊，杨庆媛. 土地供应、房价波动与地方政府的或然态势［J］. 改革，2012（11）：83-90.

［53］丰雷，苗田，蒋妍. 中国土地供应管制对住宅价格波动的影响［J］. 经济理论与经济管理，2011（2）：33-40.

［54］张东，杨易. 中国房地产市场供给对房价影响的实证分析［J］. 统计与决策，2014（12）：133-136.

［55］陆铭，张航，梁文泉. 偏向中西部的土地供应如何推升了东部的工资［J］. 中国社会科学，2015（5）：59，83，204-205.

［56］威廉·配第. 赋税论［M］. 马妍，译. 北京：中国社会科学出版社，2010.

［57］张良悦，刘东. 道是非法却有情：小产权房开发的经济学分析［J］. 财贸经济，2009（4）：104-110.

［58］刘学良. 中国城市的住房供给弹性、影响因素和房价表现［J］. 财贸经济. 2014（4）：125-136.

［59］住房和城乡建设部房地产市场监管司. 房地产管理基本制度与政策［M］. 北京：人民出版社，2011.

［60］邢海峰. 城市规划调控住房供应的功能及其实现途径：基于公共政策理论视角的分析［J］. 城市规划. 2011（1）：72-76.

［61］陶金，于长明. 城市规划对住房可支付性的影响［J］. 城市问题，2011（9）：42-47，76.

［62］胡若函. 北京住房建设规划对住房可支付性的影响［J］. 城市规划，2015（3）：81-85.

［63］丁杰，李仲飞. 开发商行为、土地管制与住房供给的动态调整［J］. 当代财经，2014（9）：18-27.

［64］熊毅. 房价需要政府管制吗：基于市场垄断和政府职能的考察［J］. 东南大学学报（哲学社会科学版），2008a（2）：55-58，127.

［65］谢波，施建刚. 价格管制政策对住房价格的干预机理与效果分析［J］，统计与决策. 2014（10）：131-134.

［66］陈斌开，徐帆，谭力. 人口结构转变与中国住房需求：1999—2025：基于人口普查数据的微观实证研究［J］. 金融研究，2012（1）：129-140.

［67］黄燕芬，陈金科. 我国人口年龄结构变化对住房消费的影响研究：兼论我国实施"全面二孩"政策的效果评估［J］. 价格理论与实践，2016（2）：12-19.

［68］李超，倪鹏飞，万海远. 中国住房需求持续高涨之谜：基于人口结构视角［J］. 经济研究，2015（5）：118-133.

［69］刘学良，吴璟，邓永恒. 人口冲击、婚姻和住房市场［J］. 南开经济研究，2016（1）：58-76.

［70］徐建炜，徐奇渊，何帆. 房价上涨背后的人口结构因素：国际经验与中国证据［J］. 世界经济，2012（1）：24-42.

［71］杨华磊，温兴春，何凌云. 出生高峰、人口结构与住房市场［J］. 人口与经济，2015（5）：87-99.

［72］邹瑾. 人口老龄化与房价波动：来自中国的经验证据［J］. 财经科学，2014（6）：115-124.

［73］温海珍，卜晓庆，秦中伏. 城市湖景对住宅价格的空间影响：以杭州西湖为例［J］. 经济地理，2012（11）：58-64.

［74］李京梅，许志华. 基于内涵资产定价法的青岛滨海景观价值评估［J］. 城市问题，2014（1）：24-28.

［75］包振宇，王思锋. 旅游城市住宅市场负外部性及其矫正策略研究

[J]. 人文地理，2011（2）：150-153.

[76] 胡婉旸，郑思齐，王锐. 学区房的溢价究竟有多大：利用"租买不同权"和配对回归的实证估计 [J]. 经济学（季刊），2013（4）：1195-1214.

[77] 毛丰付，罗刚飞，潘加顺. 优质教育资源对杭州学区房价格影响研究 [J]. 城市与环境研究，2014（2）：53-64.

[78] 刘润秋，孙潇雅. 教育质量"资本化"对住房价格的影响：基于成都市武侯区小学学区房的实证分析 [J]. 财经科学，2015（8）：91-99.

[79] 张牧扬，陈杰，石薇. 租金率折价视角的学区价值测度：来自上海二手房市场的证据 [J]. 金融研究，2016（06）：97-111.

[80] 周业安，王一子. 教育资源、教育政策对城市居住用地价格的影响：基于北京市土地市场的数据分析 [J]. 中国人民大学学报，2015（5）：79-89.

[81] 蔡昉. 人口迁移和流动的成因、趋势与政策 [J]. 中国人口科学，1995（6）：8-16.

[82] 段成荣，吕利丹，王宗萍. 我国流动儿童生存和发展：问题与对策：基于2010年第六次全国人口普查数据的分析 [J]. 南方人口，2013，28（4）：44-55.

[83] 朱宇，林李月，柯文前. 国内人口迁移流动的演变趋势：国际经验及其对中国的启示 [J]. 人口研究，2016，40（5）：50-60.

[84] 段成荣，谢东虹，吕利丹. 中国人口的迁移转变 [J]. 人口研究，43（2）：14-22.

[85] 顾朝林，蔡建明，张伟，等. 中国大中城市流动人口迁移规律研究 [J]. 地理科学进展，1998，66（3）：204-212.

[86] 严善平. 中国省际人口流动的机制研究 [J]. 中国人口科学，2007（1）：71-77.

[87] 马红旗，陈仲常. 我国省际流动人口的特征：基于全国第六次人口普查数据 [J]. 人口研，2012（6）：89-101.

[88] 段成荣，谢东虹，吕利丹. 中国人口的迁移转变 [J]. 人口研究，2019，43（2）：14-22.

[89] 王桂新. 新中国人口迁移70年：机制、过程与发展 [J]. 中国人口科学，2019（5）：2-14.

[90] 张善余. 我国省际人口迁移模式的重大变化 [J]. 人口研究，1990（1）：2-8.

[91] 王桂新, 潘泽瀚. 中国人口迁移分布的顽健性与胡焕庸线 [J]. 中国人口科学, 2016 (1): 2-13.

[92] 丁金宏, 刘振宇, 程丹明等. 中国人口迁移的区域差异与流场特征 [J]. 地理学报, 2005 (1): 106-114.

[93] 蒋小荣, 汪胜兰. 中国地级以上城市人口流动网络研究: 基于百度迁徙大数据的分析 [J]. 中国人口科学, 2017 (2): 35-46.

[94] 李拓, 李斌. 中国跨地区人口流动的影响因素: 基于 286 个城市面板数据的空间计量检验 [J]. 中国人口科学, 2017 (02): 75-85.

[95] 张耀军, 岑俏. 中国人口空间流动格局与省际流动影响因素研究 [J]. 人口研究, 2014, 38 (5): 54-71.

[96] 潘竟虎, 李天宇. 甘肃省人口流动空间格局和影响因素的 ESDA 分析 [J]. 统计与信息论坛 2009 (9): 63-67.

[97] 于涛方. 中国城市人口流动增长的空间类型及影响因素 [J]. 中国人口科学, 2012 (4): 49-60.

[98] 张坤. 中国农村人口流动的影响因素与实施对策: 基于推拉理论的托达罗修正模型 [J]. 统计与信息论坛, 2014 (07): 23-29.

[99] 杨晓军. 城市公共服务质量对人口流动的影响 [J]. 中国人口科学, 2017 (2): 104-114.

[100] 卢洪友, 文洁, 许文立. 气候变化对中国人口流动的效应研究 [J]. 湖北社会科学, 2017 (2): 77-83.

[101] 任行伟, 张强. 服务业发展对房地产价格的影响研究: 基于产业结构升级视角 [J]. 价格理论与实践, 2018 (12): 147-150.

[102] 况伟大. 预期、投机与中国城市房价波动 [J]. 经济研究, 2010 (9): 67-78.

[103] 谌新民, 吴森富. 流动人口的结构特征与影响因素研究: 以广东省为例 [J]. 中国人口科学, 2003 (1): 7.

[104] 高波, 陈健, 邹琳华. 区域房价差异、劳动力流动与产业升级 [J]. 经济研究, 2012 (1): 14.

[105] 郭志仪, 刘红亮. 甘肃省流动人口的结构特征: 基于六普数据的分析 [J]. 西北人口, 2013 (1): 5.

[106] 李超, 倪鹏飞, 万海远. 中国住房需求持续高涨之谜: 基于人口结构视角 [J]. 经济研究, 2015, 50 (5): 16.

[107] 李丁，郭志刚. 中国流动人口的生育水平：基于全国流动人口动态监测调查数据的分析 [J]. 中国人口科学，2014（3）：13.

[108] 李拓，李斌. 中国跨地区人口流动的影响因素：基于 286 个城市面板数据的空间计量检验 [J]. 中国人口科学，2015（2）：11.

[109] 林李月，朱宇. 中国城市流动人口户籍迁移意愿的空间格局及影响因素：基于 2012 年全国流动人口动态监测调查数据 [J]. 地理学报，2016.

[110] 刘志军，王宏. 流动人口医保参保率影响因素研究：基于全国流动人口动态监测数据的分析 [J]. 浙江大学学报（人文社会科学版），2014，445：161-174.

[111] 卢洪友，文洁，许文立. 气候变化对中国人口流动的效应研究 [J]. 湖北社会科学，2017（2）：77-84.

[112] 陆铭，欧海军，陈斌开. 理性还是泡沫：对城市化、移民和房价的经验研究 [J]. 世界经济，2014（1）：25.

[113] 陆铭，张航，梁文泉. 偏向中西部的土地供应如何推升了东部的工资 [J]. 中国社会科学，2015（5）：25.

[114] 钱瑛瑛，刘璐. 户籍迁入人口对上海市商品住房价格的影响：基于面板数据的实证 [J]. 中国房地产，2015（36）：7.

[115] 段成荣. 户籍制度 50 年 [J]. 人口研究，2008（1）：43-50.

[116] 蔡昉，都阳，王美艳. 户籍制度与劳动力市场保护 [J]. 经济研究，2001（12）：41-49.

[117] 王海光. 当代中国户籍制度形成与沿革的宏观分析 [J]. 中共党史研究，2003（4）：22-29.

[118] 陆益龙. 1949 年后的中国户籍制度：结构与变迁 [J]. 北京大学学报（哲学社会科学版），2002（3）：123-130.

[119] 张玮. 中国户籍制度改革地方实践的时空演进模式及其启示 [J]. 人口研究，2011（9）：71-80.

[120] 蔡昉. 中国城市限制外地民工就业的政治经济学分析 [J]. 中国人口科学，2000（4）：1-10.

[121] 余佳，丁金宏. 中国户籍制度：基本价值、异化功能与改革取向 [J]. 人口与发展，2008（5）：23-32.

[122] 陆铭. 教育、城市与大国发展：中国跨越中等收入陷阱的区域战略 [J]. 学术月刊，2016（1）：75-86.

［123］章元，王昊．城市劳动力市场上的户籍歧视与地域歧视：基于人口普查数据的研究［J］．管理世界，2011（7）：42-51.

［124］吴晓刚，张卓妮．户口、职业隔离与中国城镇的收入不平等［J］．中国社会科学，2014（6）：118-140.

［125］郑冰岛，吴晓刚．户口、"农转非"与中国城市居民中的收入不平等［J］．社会学研究，2013（1）：160-181.

［126］谢桂华．中国流动人口的人力资本回报与社会融合［J］．中国社会科学，2012（4）：103-124.

［127］陆益龙．户口还起作用吗：户籍制度与社会分层和流动［J］．中国社会科学，2008（1）：149-162.

［128］白雪梅．教育与收入不平等：中国的经验研究［J］．管理世界，2004（6）：53-58.

［129］杨俊，李雪松．教育不平等、人力资本积累与经济增长：基于中国的实证研究［J］．数量经济技术经济研究，2007（2）：37-45.

［130］杨俊，黄潇，李晓羽．教育不平等与收入分配差距：中国的实证分析［J］．管理世界，2008（1）：38-47.

［131］任强，傅强，朱宇姝．基于户籍制度的教育回报差异：对工资歧视的再考察［J］．人口与发展，2008（3）：37-46.

［132］成都市人民政府关于促进商品房消费增长的若干意见［EB/OL］．（2003-06-24）［2019-04-22］．http：//gk. chengdu. gov. cn/govInfo/detail. action？id＝14558&tn＝6.

［133］中共成都市委 成都市人民政府关于深化户籍制度改革深入推进城乡一体化的意见（试行）［EB/OL］．（2006-10-20）［2019-04-22］．http：//gk. chengdu. gov. cn/govInfo/detail. action？id＝128597&tn＝2.

［134］成都市人民政府关于进一步改善居民居住条件促进房地产市场健康发展的实施意见［EB/OL］．（2008-11-29）［2019-04-22］．http：//gk. chengdu. gov. cn/govInfo/detail. action？id＝15117&tn＝6.

［135］成都市人民政府关于完善我市购房入户政策的通知［EB/OL］．（2014-06-01）［2019-04-22］．http：//gk. chengdu. gov. cn/govInfo/detail. action？id＝66471&tn＝6.

［136］冯皓，陆铭．通过买房而择校：教育影响房价的经验证据与政策含义［J］．世界经济，2010（12）：89-104.

［137］国务院办公厅转发建设部等部门关于调整住房供应结构稳定住房价格意见的通知［EB/OL］. （2006-05-24） ［2019-04-22］. http://gk. chengdu. gov. cn/govInfo/detail. action？ id=66471&tn=6.

［138］国务院发展研究中心课题组. 中国住房市场发展的基本判断与住房政策走向前瞻［J］. 改革，2007 （12）：5-12.

［139］吕江林. 我国城市住房市场泡沫水平的度量［J］. 经济研究，2010 （6）：28-41.

［140］郑世刚. 我国住房市场的经济学分析及政策建议［J］. 华中师范大学学报 （人文社会科学版），2008 （5）：64-68.

［141］邢飞，王石. 90 平米政策已不合适中国目前经济形势［EB/OL］. ［2008-12-8］. http://www. ce. cn/cysc/fdc/gj/200812/08/t20081208_ 17604648. shtml.

［142］胡葆森. 市场不再需要90/70 限制［EB/OL］. ［2009-3-6］. http://finance. ifeng. com/topic/lianghui2009/news/20090306/424098. shtml.

［143］杨红旭. 低迷楼市中的一颗"地雷"［EB/OL］. ［2008-10-28］. http://blog. sina. com. cn/s/blog_ 48f783610100b1md. html.

［144］孟捷，唐安民，白涛珍. 新建住房套型比例的合理性研究［J］，数理统计与管理. 2011 （5）：404-413.

［145］宋思涵，王欣荣，李晓龙. 上海中小套型普通商品房需求与供应分析［J］. 上海房地，2007 （2）：18-20.

［146］王松涛. 中国住房市场政府干预的原理与效果评价［J］. 统计研究，2011 （1）：27-35.

［147］国土资源部 住房城乡建设部关于优化 2015 年住房及用地供应结构促进房地产市场平稳健康发展的通知［EB/OL］. （2015-03-25） ［2019-04-22］. http://www. gov. cn/xinwen/2015-03/27/content_ 2839604. htm.

［148］恩德斯. 应用计量经济学时间序列分析［M］. 杜江，袁景安，译. 北京：机械工业出版社，2012.

［149］国务院办公厅关于促进房地产市场平稳健康发展的通知［EB/OL］. （2010-01-07） ［2019-04-22］. http://www. gov. cn/zwgk/2010-01/10/content_ 1507058. htm.

［150］尹伯成，尹晨. 限购：楼市健康发展的合理要求［J］. 探索与争鸣，2011 （5）：53-55.

［151］朱晨. 中英住房"限购"政策比较研究［J］. 中国软科学，2013（7）：71-76.

［152］邓柏峻，李仲飞，张浩. 限购政策对房价的调控有效吗［J］. 统计研究，2014（11）：50-57.

［153］张德荣，郑晓婷."限购令"是抑制房价上涨的有效政策工具吗：基于 70 个大中城市的实证研究［J］. 数量经济技术经济研究，2013（11）：56-72.

［154］王敏，黄滢. 限购和房产税对房价的影响：基于长期动态均衡的分析［J］. 世界经济，2013（1）：141-159.

［155］陈通，张小宏. 限购措施对新建商品住房市场的量价影响研究［J］. 广东社会科学，2012（6）：53-60.

［156］乔坤元. 住房限购令真的起作用了吗：来自中国 70 大中城市的证据［J］. 经济与管理研究，2012（12）：25-34.

［157］刘江涛，张波，黄志刚. 限购政策与房价的动态变化［J］. 经济学动态，2012（3）：47-54.

［158］冯科，何理. 中国房地产市场"限购政策"研究：基于反需求函数的理论与经验分析［J］. 经济学动态，2012（2）：53-60.

［159］胡涛，孙振尧. 限购政策与社会福利：一个理论探讨［J］. 经济科学，2011（6）：42-49.

［160］刘璐. 限贷和限购政策对一般均衡中房价的影响［J］. 管理科学学报，2013（9）：20-32.

［161］张凌，温海珍. 我国大中城市住房市场的价量相关性［J］. 统计研究，2013（10）：40-45.

［162］伍德里奇. 计量经济学导论［M］. 费剑平，译. 北京：中国人民大学出版社，2010.

［163］陈强. 高级计量经济学及 Stata 应用［M］. 2 版. 北京：高等教育出版社，2014.

［164］孙峤. 预售商品住房不确定性质的识别与度量［M］. 北京：北京师范大学出版社，2012.

［165］邓国营，甘犁，吴耀国. 房地产市场是否存在"反应过度"？［J］. 管理世界，2010（6）：41-49.

［166］索韩雪. 东北人口流失没那么严重：十年流失 100 多万［EB/OL］.［2016 - 11 - 26］. http：// finance. sina. com. cn/roll/2016 - 11 - 26/docifxyawmm3423209. shtml.

[167] 郭克莎，黄彦彦. 从国际比较看中国房地产市场发展的问题及出路 [J]. 财贸经济，2018（1）：5-22.

[168] 楚尔鸣，何鑫. 不同城市的房价是否具有相同的人口集聚效应：基于 35 个大中城市 PVAR 模型实证分析 [J]. 统计与信息论坛，2016（3）：81-89.

[169] 陆铭，陈钊. 在集聚中走向平衡：城乡和区域协调发展的"第三条道路"[J]. 世界经济，2008（8）：57-61.

[170] 孙焱林，张攀红. 人口迁移、地方公共支出与房价相互间的影响 [J]. 城市问题，2015（5）：90-96.

[171] 王林，陈炜林. 基于 PVAR 的住宅房价与区域间人口流动相互影响分析 [J]. 现代城市研究，2018（6）：9-15.

[172] 李斌. 城市住房价值结构化：人口迁移的一种筛选机制 [J]. 中国人口科学，2008（4）：53-60，96.

[173] 中国经济增长前沿课题组，张平，刘霞辉. 城市化、财政扩张与经济增长 [J]. 经济研究，2011（11）：4-20.

[174] 刘志伟. 城市房价、劳动力流动与第三产业发展：基于全国性面板数据的实证分析 [J]. 经济问题，2013（8）：44-47，72.

[175] 黄燕芬，张超. 京津冀城市群住房价格波动溢出效应：基于单中心理论视角下的分析 [J]. 中国人口科学，2018（1）：30-33.

[176] 林海波，梁艳，毛程连. 房价和知识移民吸引是两难吗：基于大中城市面板数据的分位数实证研究 [J]. 人口与经济，2016（1）：10-18.

[177] 李超，张超. 城市资源与人口集聚：房价的中介与调节效应 [J]. 华南师范大学学报（社会科学版），2018（5）：125-133.

[178] 张莉，何晶，马润弘. 房价如何影响劳动力流动 [J]. 经济研究，2017（8）：155-170.

[179] 陆铭，张航，梁文泉. 偏向中西部的土地供应如何推升了东部的工资 [J]. 中国社会科学，2015（5）：59-83，204-205.

[180] ZHENG S，JING C，KAHN M E，et al. Real estate valuation and cross-boundary air pollution externalities：evidence from Chinese cities [J]. Journal of real estate finance & economics，2014，48（3）：398-414.

[181] OLSEN，E O. A competitive theory of the housing market [J]. American Economic Review，1969，159（4）：612-622.

[182] MACLENNAN D. Housing economics [M]. New York: Longman Press, 1979.

[183] COURT A T. Hedonic price indexes with automotive examples: The dynamics of automobile demand [M]. New York: General Motors Corporation, 1939.

[184] ROSEN S. Hedonic prices and implicit markets: product differentiation in pure competition" [J]. Journal of Political Economy, 1974, 82 (1): 34-55.

[185] JIM C Y, Chen W Y. Consumption preferences and environmental externalities: a hedonic analysis of the housing market in Guangzhou [J]. Geoforum, 2007, 38 (3): 414-431.

[186] WU J, Deng Y, Liu H. House price index construction in the nascent housing market: the case of china [J]. Journal of Real Estate Finance and Economics, 2014, 48 (3): 522-545.

[187] WU J, DENG Y. Intercity information diffusion and price discovery in housing markets: evidence from Google searches [J]. The Journal of Real Estate Finance and Economics, 2015, 50 (3): 289-306.

[188] CASETTI E. Generating models by the expansion method: applications to geographical research [J]. Geographical Analysis, 1972, 4 (1): 81-91.

[189] BITTER C, MULLIGAN G F. Incorporating spatial variation in housing attribute prices [J]. Journal of Geographical Systems, 2007 (9): 81-91.

[190] FARBER S, YEATES M. A comparison of localized regression models in a hedonic price context [J]. Canadian Journal of Regional Science, 2006: 29-42.

[191] HELBICH M. Spatial heterogeneity in hedonic house price models: The case of Austria [J] Urban Studies, 2014 (51): 1-22.

[192] BAUMONT, CATHERINE, ERTUR, et al. Spatial analysis of employment and population density: The case of the agglomeration of Dijon 1999 [J]. Geographical Analysis, 2004, 36 (2): 146-176.

[193] DU H, MA Y, AN Y. The impact of land policy on the relation between housing and land prices: Evidence from China [J]. Quarterly Review of Economics & Finance, 2011, 51 (1): 19-27.

[194] GLAESER E L, GOTTLIEB J D, TOBIO K. Housing booms and city centers [J]. American Economic Review, 2012, 102 (3): 127-133.

[195] GALVAO J R, ANTONIO F. Quantile autoregressive distributed lag

model with an application to house price returns [J] Oxford Bulletin of Economics and Statistics, 2013 (75): 7-321.

[196] BURKE T, HAYWARD D. Melbourne's housing past, housing futures [J]. Urban Policy & Research, 2011, 19 (3): 291-310.

[197] ZHENG S, CAO J, KAHN M E. Chinese's rising demand for green cities: evidence from cross-city real estate price hedonics [J]. NBER Working Papers, 2016 (9): 92.

[198] GENG B, BAO H, LIANG Y. A study of the effect of a high-speed rail station spatial variations in housing price based on the hedonic model [J] Habitat International, 2015 (49): 333-339.

[199] HOLMANS A. House prices: changes through time at national and sub-national level [R]. GovernmentEconomicServiceWorking Paper, 1990 (10).

[200] HO L S, MAY, HAURIN D R. Domino effects within a housing market: the transmission of house price changes across quality tiers [J]. Journal Real Estate Financial Economy. 2008 (37): 299-316.

[201] ZHANG D, CHENG W, NG Y K. Increasing returns, land use controls and housing prices in China [J]. Economic Modelling, 2013 (31): 789-795.

[202] CAI H, WANG Z, ZHANG Q. To build above the limit? implementation of land use regulations in urban China [J]. Journal of Urban Economics. 2016 (4): 1-11.

[203] YAMADA Y. Affordability crises in housing in Britain and Japan [J]. Housing Studies, 1999, 14 (1): 99-110.

[204] BLACK S E. Do better schools matter? Parental valuation of elementary education [J]. Quarterly Journal of Economics, 1999, 114 (2): 577-599.

[205] RAVENSTEIN E G. The laws of migration [J]. Journal of Royal Statistical Society, 1885 (52): 241-301.

[206] HEBERLE R. The causes of rural-urban migration a survey of german theories [J]. American Journal of Sociology, 1938, 43 (6): 932-950.

[207] LEWIS W A. Economic development with unlimited supplies of labour [J]. Manchester School, 1954, 22: 139-191.

[208] TODARO M P. A model of labor migration and urban unemployment in less developed countries. [J]. American Economic Review, 1969, 59 (1): 138-148.

[209] GROGGER, JEFFREY, HANSON, et al. Income maximization and the selection and sorting of international migrants [J]. Journal of Development Economics, 2011, 95 (1): 42-57.

[210] GLENN C BLOMQUIST, MARK C BERGER. Mobility and destination in migration decisions: the roles of earnings, quality of life, and housing prices [J]. Journal of Housing Economics, 1992, 2 (1): 37-59.

[211] PEDERSEN P J, PYTILKOVA M, SMITH N, et al. Selection or network effects? migration flows into 27 OECD countries, 1990—2000 [J]. Iza Discussion Papers, 2008, 52 (7): 1160-1186.

[212] ZELINSKY W. The hypothesis of the mobility transition [J]. Geographical Review, 1971, 61 (2): 219-249.

[213] MANKIW N G, WEIL 1 D N. The baby boom, the baby bust, and the housing market [J]. Reg Sci Urban Econ, 1989, 19 (2): 235-258.

[214] ARELLANO M, BOND S. Some Tests of Specification for Panel Data: Monte Carlo Evidence and an Application to Employment Equations [J]. Review of Economic Studies, 1991 (58): 277-297.

[215] MA X, ZHANG J, DING C, et al. A geographically and temporally weighted regression model to explore the spatiotemporal influence of built environment on transit ridership [J]. Computers, Environment and Urban Systems, 2018 (70): 113-124.

[216] MCFADDEN D L. Demographics, the Housing Market, and the Welfare of the Elderly [J]. Nber Chapters, 2009 (7861): 225-288.

[217] WATTAM S. Are there booms and busts in the UK housing market? [J]. stuart wattam, 2005.

[218] CAI F. Hukou System Reform and Unification of Rural-urban Social Welfare [J]. China & World Economy, 2011, 19 (3): 33-48.

[219] DONG Y, GAN L, WANG Y. Residential Mobility, Neighborhood Effects, and Educational Attainment of Blacks and Whites [J]. Econometrics Reviews, 2014, 34 (6): 762-797.

[220] MUKHOPADHYAY S, OXBORROW D. The Value of an Employment-Based Green Card [J]. Demography, 2012, 49 (1): 219-237.

[221] ENDERS W, SANDLER T, CAULEY J. Assessing the Impact of Ter-

rorist-Thwarting Policies: An Intervention Time Series Approach [J]. Defense Economics, 1990, 2 (1): 1-18.

[222] WORTHINGTON A, VALADKHANI A. Measuring the Impact of Natural Disasters on Capital Markets: an Empirical Application using Intervention Analysis [J]. Applied Economics, 2004, 36 (19): 2177-2186.

[223] SUN W, ZHENG S, GELTNER D M, et al. The Housing Market Effects of Local Home Purchase Restrictions: Evidence from Beijing [J]. Journal of Real Estate Finance and Economics, 2016 (10): 1-25.

[224] ROSTOW W W. Some aspects of price control and rationing [J]. American economic review, 1942, 32 (3): 486-500.

[225] HENG S, KAHN M E. China's Bullet Trains Facilitate Market Integration and Mitigate the Cost of Mega City Growth [J]. Proceedings of the National Academy of Sciences of the United States of America (PNAS), 2013, 110 (14): 1248-1253.

[226] THOMAS A. The influence of wages and house prices on british interregional migration decisions [J]. Applied Economics, 2006 (7): 1261-1268.

[227] MURPHY A, MVELLBALL, CAMERON G. Housing market dynamics and regional migration in Britain [J]. Economics, 2006 (11).

[228] BAKERE, BENTLEY R, LESTER L, et al. Housing affordability and residential mobility as drivers of locational inequality. Applied Geography, 2016 (5): 65-75.

[229] GANONG P, SHOAG D. Why has regional income convergence in the U. S. [J]. Journal of Urban Economics, 2017 (7): 76-90.

[230] REPPERT D, SHEATHER S J, WAND M P. An effective bandwidth selector for local least squares regression [J]. Journal of the American Statistical Association, 1995: 1257-1270.